Le chemin
des neuf mondes

Eric Julien

Le chemin des neuf mondes

Les Indiens Kogis de Colombie
peuvent nous enseigner
les mystères de la vie

Préface de Pierre Richard

Albin Michel

Collection Essais/Clés

*Ouvrage publié sous la direction
de Patrice Van Eersel*

© Editions Albin Michel S.A./C.L.E.S., 2001
22, rue Huyghens, 75014 Paris

www.albin-michel.fr

ISBN 2-226-12807-7
ISSN 1275-4714

À Zébulon et Gentil

Préface

Des aventures, on en est abreuvé dans les journaux, à la télé : celui qui roule le plus vite, celui qui plonge le plus profondément, celui qui grimpe le plus haut... performances, performances !

Là, il s'agit tout simplement d'une aventure humaine, en ce qu'elle réveille chez l'homme des sentiments enfouis, des perceptions étouffées dans le fracas du monde moderne... un jeune Occidental et des Indiens Kogis qui l'ont arraché à une mort certaine.

Et celui qui croit tout savoir s'aperçoit qu'il ne sait pas grand-chose. Ces Indiens sont porteurs de beauté, de légèreté, une beauté magique issue d'un équilibre subtil entre les êtres et les choses.

Et leur beauté l'irradie. Il s'initie à l'art de la vie et tente à son tour de nous réveiller de nos torpeurs, nous apprendre à être joyeux, justes et transparents comme le lui ont enseigné les Indiens.

Il s'agit là de performances de l'âme, autrement plus difficiles à réaliser que de flanquer un ballon entre deux bouts de bois.

Après avoir refermé son livre, je me suis levé et j'ai bousculé une chaise sur mon passage, je me suis surpris à m'excuser auprès d'elle...

Tiens ! tiens !... c'est bon signe.

Pierre Richard

Avant-propos

« Tu dois me prêter attention pour me voir... »
Verset d'un vieil évangile copte

Je me suis longtemps demandé s'il était pertinent de raconter cette histoire. Tout n'a-t-il pas déjà été dit, écrit ? L'aveuglement de l'homme, sa difficulté à progresser sur les chemins de la conscience : conscience du monde, de ses liens avec ce monde, de son intériorité, de ses prisons. Le rôle primordial des traditions et du langage symbolique pour transmettre, faire voir et faire comprendre.

Depuis que l'homme s'essaie à témoigner de son expérience, à transmettre à d'autres, ailleurs, il a écrit, produit, réalisé une multitude d'ouvrages, de textes, de films, de rituels... qui évoquent, avec plus ou moins de talent et de justesse, cet invisible essentiel, cette dimension cachée qui fonde les êtres et les choses. Il a sculpté, peint, chanté, il a même construit des temples ou des cathédrales où l'essentiel devait être relié et trouver sens

Aujourd'hui, mots, phrases, notes de couleur ou de musique sont toujours là, présents, disponibles, aux yeux et au cœur de ceux qui savent voir et sentir. Et pourtant ! c'est à croire que l'homme est en permanence condamné à redécouvrir l'évidence comme s'il ne pouvait y avoir d'expérience et de compréhension du monde que personnelle. Comme si cette connaissance-là échappait à tout processus cumulatif pour n'être qu'éternel recommencement.

Car, chose curieuse, chaque génération, chaque être humain se doit de réinventer avec ses mots, son regard, cet éternel chemin qui mène au sens et à l'unité du monde. Il faut retrouver les mots : « Chacun doit reprendre possession d'une posture au monde. »

Comme un cycle infini qui amène l'homme à revivre la création du monde, il se doit de dépasser son monde pour retrouver « le » monde, de revivre la découverte immense, libératrice, mais combien effrayante de son unité avec le vivant et l'univers. Dans cette immensité, nous ne sommes plus rien, ou si peu, petites brindilles de vie ballottées par les éléments. De façon presque paradoxale, c'est bien quand nous ne sommes plus rien, quand nous saisissons le sens de cette évidence, que nous pouvons commencer à être libre.

Avec ses mots, ses symboles, à travers sa culture, il n'est pas une communauté humaine qui n'ait saisi cette évidence, pas une communauté qui n'ait tenté de proposer à ses membres un chemin d'ouverture pour permettre à chaque être humain de trouver son juste équilibre entre les forces négatives et les forces positives qu'il rencontre au cours de son existence.

La question n'est donc pas tant le savoir en tant que tel, il est là, disponible, mais bien l'accès ou peut-être la transmission de ce savoir. Et même cette simple question, combien d'hommes de connaissance, de sages, combien de traditions se la sont posée ?

Comment transmettre l'essence du monde dont la connaissance, mais surtout l'incarnation, seule, peut permettre à l'homme d'être humain ? Que faire et comment faire pour que des mots comme humilité, harmonie, écoute, si

Avant-propos

souvent prononcés, s'incarnent enfin dans des gestes et des pratiques quotidiennes ? Quel est le chemin qui amène un être humain à ouvrir son cœur, son esprit pour s'ouvrir à l'autre et à la légèreté du monde ?

À ces questions, certaines cultures ont répondu par le rituel et la tradition, d'autres ont laissé faire le hasard. Hasard de la vie qui, par ruptures successives, condamne l'être humain à progresser sur les chemins de son humanité, « à parcourir les chemins de la conscience ».

Dans le premier cas, les forces de vie sont canalisées, organisées, pour nourrir le groupe et ceux qui le font vivre ; dans l'autre, libre court est laissé au chaos désordonné, violent et à terme destructeur.

Aujourd'hui, c'est à un choix terrible que nous sommes confrontés. Celui des règles de l'éthique contre la violence du chaos, de la vie contre la mort. Non pas une éthique totalitaire, basée sur une idéologie, une parmi d'autres, imposée de l'extérieur, mais une éthique intérieure liée à l'expérience et au sens de la vie qu'elle révèle.

Parfois, il arrive que la vie nous offre, superbe cadeau, le possible de croiser un lieu, un édifice, un être à travers lesquels sont préservés ces chemins d'expériences qui mènent à l'unité de l'esprit. Ces êtres ou ces lieux dégagent une telle beauté, une telle force que nos esprits perdus, égarés, essaient encore et toujours d'en saisir la puissance et l'invisible ; un invisible qui nous échappe et qui pourtant nous fonde et nous habite.

Au-delà d'un lieu ou d'une personne, les Indiens Kogis font partie de ces quelques cultures qui ont su préserver et entretenir ces chemins d'équilibre. Depuis plusieurs centaines d'années, ils explorent les différentes facettes du vivant, entretiennent des connaissances étonnamment développées dans des domaines essentiels à la compréhension du monde ; des connaissances qu'il pourrait être intéressant de redécouvrir pour redonner sens à nos sociétés contemporaines.

« La vraie nouveauté naît toujours dans le retour aux sources. Pourquoi Jean-Jacques Rousseau a-t-il été si prodigieusement nouveau : parce qu'il a voulu se pencher sur la source de l'humanité, l'origine de la civilisation et, dans le fond, toute nouveauté doit passer par le ressourcement et le retour à l'ancien [1]... »

En me mettant sur le chemin des Indiens Kogis, les hasards de la vie m'ont permis d'effleurer l'essentiel, de retourner vers les sources de l'humanité. Ils m'ont offert l'opportunité de réinventer un chemin, d'essayer de l'adapter aux mots et aux formes d'une époque.

Et puis, j'ai repensé au plaisir que j'ai pu avoir à la découverte de certains ouvrages, à cette émotion ressentie lorsque des mots ont réveillé des émotions enfouies, des souvenirs ou m'ont simplement fait découvrir les univers infinis, explorés ou créés par l'imaginaire humain, à la jubilation, la liberté que nous offre la connaissance, à l'humilité qu'elle suggère. Alors j'ai écrit ce livre, sorte de compromis entre une histoire et le réel, tentative imparfaite d'explorer cet « entre mondes », cet interstice porteur d'incertitudes qui sépare l'univers Kogi de notre société moderne.

Livre témoignage, évocation d'un chemin, celui qui m'a amené à cette rencontre, puis à cet engagement auprès de ce peuple, pour lui permettre de rester Kogi sur un territoire Kogi. Que ce chemin puisse être une invitation à mille autres chemins ; des chemins qu'il convient de réinventer d'urgence si nous voulons redécouvrir les valeurs humaines nécessaires pour notre survie.

Quoi qu'il en soit, j'espère que vous aurez autant de plaisir à parcourir ces quelques pages, à découvrir ce *Che-*

---

1. Edgar Morin, *Amour, poésie et sagesse*, Le Seuil, 1997.

Avant-propos

min des neuf mondes que j'en ai eu à les écrire et à essayer de vous les faire partager.

À l'issue de ce livre, peut-être comme moi ferez-vous cette curieuse découverte : on ne naît pas indien, on le devient.

« La rencontre avec le monde indien n'est plus un luxe aujourd'hui. C'est devenu une nécessité pour qui veut comprendre ce qui se passe dans le monde moderne. Comprendre n'est rien, mais tenter d'aller au bout de tous les corridors obscurs, essayer d'ouvrir quelques portes : c'est-à-dire, au fond, tenter de survivre[1]. »

---

1. J.-M.G. Le Clézio, *Haï*, Albert Skira éditeur, 1991.

Au début, il y avait la mère. Tout était obscur. Il n'y avait pas de soleil, pas de lune. La mer était partout. La mer était la mer, puis est venu le monde...

Le monde a la forme d'un œuf, un œuf très grand, posé avec la pointe vers le haut. Dans cet œuf sont les neuf terres. Ce sont de grandes plates-formes arrondies, les unes posées au-dessus des autres. Nous, nous vivons sur la terre du milieu, nous l'appelons Senenùmayang. Au-dessus de ce monde, jusqu'en haut, il y a quatre mondes, Bunkuàneyumang, Alunayumang, Elnauyang et Koktomayang. Ces terres sont bonnes, elles s'appellent Nyuinulang, les terres du soleil. En dessous, il y a quatre autres mondes, Kaxtashinmayang, Kaxyùnomang, Munkuànyumang et Séyunmang. Ces terres sont sombres, difficiles, elles s'appellent Séi-nulang. L'univers, ce grand œuf, est très lourd. Il est soutenu et porté sur deux larges poutres, et quatre hommes le soutiennent, deux à l'ouest et deux à l'est. Sous le monde, il y a de l'eau. Sur l'eau, il y a une grande pierre, plane et particulièrement belle. Sur cette terre, la mère est assise. Elle donne de l'eau et à manger aux quatre hommes qui soutiennent le monde, pour qu'ils ne se fatiguent pas. Quand l'un des quatre hommes change

Le chemin des neuf mondes

la poutre d'épaule, alors, la terre tremble. C'est pour cela qu'il n'est pas bon de s'agiter, de lancer des pierres, de faire des éboulements dans la montagne ou de crier. Si l'on fait cela, le monde va trembler, et il risque de tomber des épaules des quatre hommes qui le soutiennent.

Chacun des neuf mondes a sa mère, son soleil et sa lune et en chacun de ces mondes vivent des gens. Dans les terres les plus hautes vivent les géants. Dans les plus basses vivent des nains. Ils s'appellent Noanayomang.

Dans les temps très anciens, les gens de notre terre allaient visiter les terres d'en haut, des terres où l'on ne vieillissait pas. Aujourd'hui, ce n'est plus possible. Notre terre est la neuvième fille de la mère, la terre noire. Avant, il n'y avait que des Indiens qui vivaient ici, que des frères entre des frères. Puis, sont arrivés les Blancs. Ils ont poursuivi les Indiens avec leurs maladies, leur méchanceté. Ils sont venus d'une autre terre, d'une terre d'en bas. C'est pour cela que ce sont des gens mauvais.

Un jour, les quatre hommes qui soutiennent la terre vont être fatigués. Ils n'auront plus de force pour soutenir le monde. L'un d'entre eux va laisser tomber une poutre, puis un autre, l'univers va alors se renverser et tomber dans l'eau. [...] Seule la mère restera, mais tous les gens vont mourir. Quand cela va arriver, alors, le monde va s'arrêter. Puis, les pères et les mères viendront de nouveau.

Mythologie Kogi
D'après Gerardo Reichel-Dolmatoff

Chapitre 1

Premier monde

> *Le premier monde, c'est la mère, l'eau et la nuit, il n'y a rien que l'esprit (Aluna) et le possible des choses. « Tout est esprit et pensée. » La mère s'appelait Se-ne-nulàng. Il y avait aussi un père qui s'appelait Katakéne-ne-nulang. Ils avaient un enfant qui s'appelait Bùnkua-sé. Mais ce n'était pas des gens, rien. Ils étaient Aluna, l'esprit.*
>
> *Au début, il n'y a rien, rien et tout à la fois. Les éléments, le ciel, l'air, les montagnes puissantes et magnifiques. Et l'envie, l'envie première, profonde de marcher, d'aller ailleurs, devant, plus loin. L'être est là, mais il n'est pas. Il est sans conscience. Peut-être pourra-t-il devenir. Peut-être... Cela dépend de lui. Mais le chemin est long, si long et si court à la fois. Il y a ces labyrinthes, ces textes obscurs, il y a la liberté et les prisons, il y a tout, il n'y a rien comme au début... c'est le possible inexistant.*

Cette histoire débute en octobre 1985. Jeune coopérant de vingt-cinq ans, je suis envoyé par le gouvernement français en Colombie pour travailler auprès de l'ambassade de France et de la Télévision colombienne. De ce pays, j'ignore à peu près tout, son histoire, ses habitants. Je sais

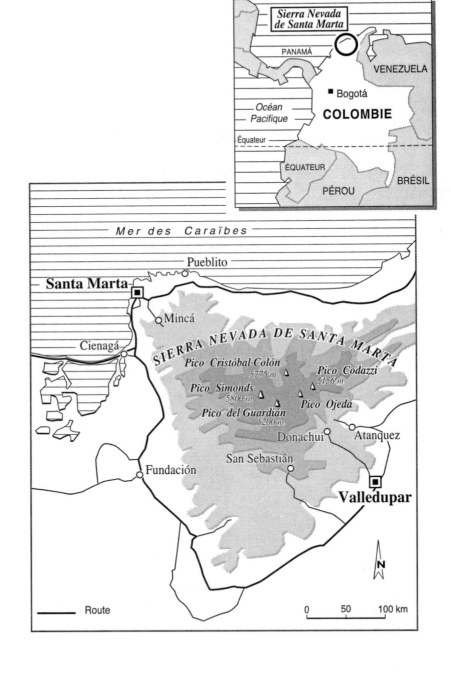

Premier monde

que c'est un pays d'Amérique latine où l'on parle espagnol ; pour le reste, je dois avouer une ignorance crasse. En farfouillant dans les rapports écrits par mes prédécesseurs, j'apprends que la monnaie en usage est le peso, que dans certains grands magasins on trouve tout ce dont on peut avoir besoin. Que la violence est latente, partout présente, et qu'elle peut survenir à tout moment sans prévenir. Avant de partir, des amis d'amis m'ont raconté des expériences vécues ou entendues, parfois amusantes, parfois moins. Il y a eu ce coopérant, parti seul au-dessus de Bogotá, et rapidement dépouillé de ses biens et de ses vêtements. Choqué, il est reparti en France quelques jours après son arrivée. Ou cet autre coopérant enlevé par la guérilla à la sortie de l'ambassade alors qu'il était invité à une conférence, et libéré plusieurs jours plus tard. Ils m'ont parlé d'assassinats, d'enlèvements, mais ils m'ont décrit aussi un pays chaleureux, magnifique, grand comme deux fois la France où l'on rencontre toutes les beautés et la diversité du continent sud-américain. Voilà tout ce que je sais de la Colombie lorsque, le 25 octobre 1985, j'arrive à l'aéroport El Dorado à Santafé de Bogotá.

Située à 2 600 mètres d'altitude, Bogotá est une ville pesante, qui s'étire au pied d'une longue chaîne de montagne orientée nord-sud. La route de l'aéroport, situé à l'est, conduit directement au centre-ville, le quartier des affaires, ensemble de tours et d'immeubles où l'on trouve les banques, et quelques administrations. Les quartiers gris du centre laissent peu à peu la place vers le nord à de grandes résidences de briques rouges où se sont repliées la bourgeoisie et les classes dirigeantes du pays. Derrière grilles, murets de pierre et milices privées, se cache un univers cossu, luxueux où, plus que jamais, l'apparence sert à marquer une différence, à se dissocier de l'autre, de sa pauvreté et de la menace qu'il représente. Vers le sud, en revanche, on s'enfonce dans les quartiers pauvres, déshérités, construits à la va-vite par les milliers de réfugiés qui fuient la violence et la pauvreté des campagnes.

Dans ces quartiers immenses qui ondulent sur les flancs abrupts des montagnes, les difficultés sont sans fin et la survie... un combat quotidien. Dès l'aube, des milliers d'hommes et de femmes, accrochés aux flancs de *busetas* colorées, remontent vers le nord pour essayer de trouver les quelques pesos nécessaires à leur survie. Immenses migrations, reflet de cet éternel déséquilibre entre ceux qui ont et ceux qui n'ont pas, ceux qui mangent et ceux qui attendent et désespèrent. De fait, le nord barricadé et le sud en errance sont les deux pôles d'une ville asphyxiée par la pollution, où l'on relève l'un des plus forts taux de criminalité au monde.

Seul le quartier de la Candelaria rattache la ville à son histoire. Blotti sous l'église Egypto, point de convergence entre la Bogotá du nord et celle du sud, ses ruelles étroites et escarpées accueillent une oasis chaleureuse, vivante, imaginative. Derrière les murets, au fond de courettes pavées et colorées, on joue, on chante, on scénarise la vie et la mort, on cherche désespérément à exorciser l'absurdité d'un quotidien violent et destructeur.

En octobre 1985, lorsque je découvre Bogotá, l'ambassade de France est située en plein centre-ville. C'est l'une des rares ambassades occidentales à ne pas s'être repliées vers le nord. Protégée par d'épais murs jaune et blanc, surveillée à l'extérieur par la police colombienne et à l'intérieur par des gendarmes français, je découvre un minimonde refermé sur lui-même, où l'on passe plus de temps à gérer conflits et non-dits qu'à promouvoir l'image de la France ou à accompagner les projets de ses ressortissants. Je ne sais pas pourquoi, dernières utopies d'un étudiant en sciences politiques, je m'attendais à trouver autre chose.

Premier monde

Diplomatie, ambassade sont des mots qui éveillaient en moi un mélange d'éducation, d'élégance au sens presque chevaleresque du terme, de respect et de sens d'une fonction. La déconvenue est cruelle. Dans ce petit microcosme, loin de la métropole, tous les travers et toutes les faiblesses humaines sont à l'œuvre, qui génèrent souffrances, dysfonctionnements et désillusions. Heureusement, je serai accueilli par un homme et une femme extraordinaires. Malgré toutes les difficultés, ils essaieront toujours de progresser dans le sens de leur travail en associant et en respectant leurs collaborateurs. Des personnages rares qui me feront confiance et m'aideront à faire mon chemin en Colombie.

C'est dans une soirée entre coopérants que j'ai rencontré Paul-Louis. Mince, élancé, les cheveux courts et grisonnants, il s'est présenté comme professeur de philosophie au lycée français de Bogotá. Grand amateur de montagne, il préparait une expédition au cœur de la plus haute chaîne du monde en bordure de mer, la Sierra Nevada de Santa Marta. Pour compléter son équipe, il recherchait des participants qui aient si possible une bonne expérience. Pour l'accompagnateur de montagne que j'étais, m'associer à une telle expédition était une superbe opportunité. La plus haute chaîne du monde en bordure de mer. Je me souviens m'être demandé si depuis les sommets on pouvait voir la mer des Caraïbes.

Un ami réalisateur, chez qui j'étais hébergé à cette époque, me confia que son séjour dans cette montagne l'avait profondément marqué.

— Il y a quelques années, j'ai tourné un film là-bas. J'ai traversé la Sierra du sud au nord. Tu verras, c'est une montagne extraordinaire, la plus haute montagne du monde en bordure de mer. Il y a des Indiens qui y vivent, les Kogis, des gens étranges et magnifiques. Ils sont toujours habillés en blanc. Leur dignité et leur noblesse sont incroyables. Quand tu les rencontres, il se passe vraiment quelque chose, ils sont dans un autre monde. Mais ils ne se laissent pas facilement approcher.

Coïncidence ou hasard de la vie, j'allais avoir la chance de découvrir l'une des plus belles montagnes du monde et de rencontrer ces habitants, les Indiens Kogis, des habitants dont je savais seulement qu'ils étaient « étranges et magnifiques ». En un seul voyage, j'allais vivre un concentré des trois éléments qui ont toujours structuré l'essentiel de ma vie : la montagne, la nature et les Indiens.

Mais le 15 décembre 1985, lorsque j'arrive à l'aéroport pour rejoindre Paul-Louis, je n'ai aucune idée de ce qui m'attend. Je ne connais rien des Kogis, de la Sierra, je ne sais même pas où elle est située ; quant à imaginer que ces quelques semaines vont marquer plus de quinze ans de mon existence... ! Je sais seulement que nous devons nous rendre à Santa Marta, une ville de la côte caraïbe située à l'extrême nord de la Colombie et que là nous prendrons un bus pour Valledupar, l'une des portes de la Sierra, perdue à l'intérieur des terres. Pour le reste, je m'en remets à Paul-Louis.

Capitale du département du César, Valledupar est une ville étouffante et sans âme. Coincée entre la Sierra Nevada de Santa Marta et la Sierra de Perija, on dirait une petite ville de province qui n'aurait pas pris conscience de sa taille et de sa croissance. À part quelques immeubles qui dominent le centre-ville, on se croirait dans une immense banlieue sillonnée par des rues rectilignes bordées de maisons carrées et grillagées. La ville est en grande partie gérée par les quelques propriétaires terriens qui contrôlent la région. Une fois par an, pendant trois jours, Valledupar devient la capitale du *vallenato*, cette musique si particulière qui, autour de l'accordéon, raconte la Colombie et les histoires d'amour de ses habitants. De toutes les régions,

Premier monde

on vient écouter les nouveaux talents qui, parfois dès l'âge de dix ans, emportent une foule enthousiaste. Dans les bus, les taxis, les bars, les rues de la ville, les villages, il n'est pas une maison, une voiture qui ne diffuse du vallenato. La légende veut qu'un cargo chargé d'accordéons se soit échoué sur la côte non loin de Santa Marta. Depuis cette époque, l'accordéon est devenu le symbole de toute une région, un instrument que même certaines communautés indiennes ont adopté. Ici, on vit pour, par et autour du vallenato, ou on ne vit pas.

Arrivés dans l'après-midi au terminal de bus de la ville, nous prenons une vieille Jeep-taxi pour rejoindre les autres membres de l'expédition qui nous attendent dans une pension de famille voisine. Je me souviens même du nom, « Hôtel Éxito », le Succès, tout un programme. À part Paul-Louis avec qui j'ai voyagé, il y a Marie-Jo, la quarantaine, grande fille un peu dégingandée, professeur de maths au lycée français de Bogotá ; son frère, dont j'ai oublié le prénom ; Marie, jeune étudiante qui vient de terminer ses études de médecine ; Dominique, son mari, un grand blond athlétique, vient lui aussi de terminer ses études, c'est l'un des plus simples et des plus gentils ; et puis, il y a Yves, autrement appelé Gillou, un peu perdu, sans doute entraîné malgré lui dans cette histoire. Étrange équipe qui, sans le savoir, va m'accompagner dans ce premier monde, monde de ruptures et de découvertes. Étrange équipe qui devra cohabiter pendant trois semaines, adapter ses envies, ses représentations pour donner vie au minimum de collectif nécessaire à ce genre d'expédition.

Profitant de notre dernière nuit en ville, nous faisons connaissance en dégustant l'une des spécialités locales, la *carne a la llanera*, énorme tranche de viande grillée accompagnée d'une délicieuse sauce piquante. Paul-Louis, grand organisateur devant l'Éternel, un talent sans doute hérité de son passé de parachutiste, nous fait part du planning. Demain, à la première heure, deux Jeeps viennent nous chercher pour nous emmener à Nabusimaké, « Là où naît le Soleil », un village de pierre, hérité de la colonisation espagnole. Nous y trouverons des mules et des guides qui nous emmèneront au pied des sommets enneigés de la Sierra Nevada de Santa Marta.

Je ne réalise pas grand-chose de ce que je suis en train de vivre. Comme si les événements et les rencontres n'avaient pas prise sur moi. Je ne suis d'ailleurs même pas sûr de les vivre. Je les parcours, je les vois, mais je ne les intègre pas. J'avais déjà cette impression au lycée, et plus tard à l'université. Impression curieuse d'être le spectateur de sa propre vie, un spectateur inerte qui n'envisage pas une seconde qu'il peut choisir sa vie, en être acteur, et lui donner le sens qu'il désire. Et puis, que faire d'une telle liberté, d'une telle découverte ? Ce n'est pas tout d'être libre, encore faut-il pouvoir en faire quelque chose. Un jour, un ami m'a dit avoir été étonné par un oiseau à qui il avait ouvert la cage et qui ne s'envolait pas : « C'est curieux, il préfère sa cage dorée à la liberté. » La cage, on en connaît les limites, contre elles on peut se dresser, mais la liberté ? Parfois, la vie, cette magicienne, vous amène l'air de rien à sortir le nez, puis une main, puis l'autre, puis une jambe, puis le corps entier de votre cage. Lorsque, hasard ou nécessité, elle vous oblige à vivre, à naître, puis renaître encore à la conscience du monde, lorsqu'elle tisse devant vous ce chemin invisible qui relie les choses et les êtres, alors là...

Mais ce jour-là, je suis loin, très loin de pouvoir formuler ce genre d'observation. Je me contente d'être l'accompagnateur de montagne chargé d'apporter son aide et ses compétences lorsque en temps voulu nous arriverons dans les zones d'altitude. Pour l'instant, je n'ai qu'à suivre le groupe et à m'en remettre à Paul-Louis, ce qui me convient tout à fait.

Premier monde

Pour se rendre dans la Sierra et traverser les territoires indiens, il faut obtenir un permis délivré par la délégation aux Affaires indiennes, émanation du ministère colombien de l'Intérieur. Un permis qu'il faut négocier a la « Casa indígena », une bâtisse sans âme où se croisent les Indiens lorsqu'ils sont obligés de descendre en ville. Certains ne s'arrêtent qu'une nuit ou deux, pressés de rejoindre leur village. D'autres, seuls ou en famille, finissent par occuper à demeure l'une des pièces du lieu. « Citindiens » ou Indiens des villes, ils viennent se perdre sur la frontière fragile qui sépare l'homme libre, Indien ou non, de l'homme perdu pour qui le sens de la vie ne reste qu'un lointain souvenir. Casquette, tee-shirt et short fatigués remplacent les longues tuniques blanches, symbole du sens et de la beauté de leur existence.

Parfois, comme s'ils sentaient obscurément ce qu'ils étaient en train de perdre, ils remettent leurs vêtements traditionnels et retrouvent, l'espace d'un instant, la dignité et la légèreté de la posture juste. Mais ce n'est souvent que le pâle sursaut du condamné, de celui qui sent que la vie, sa vie, est en train de lui échapper.

Le jeune Occidental que j'étais était bien incapable d'apprécier ces nuances, ces enjeux subtils qui séparent l'être du déséquilibre et le déséquilibre de la mort. Il était fasciné, dépassé par cette réalité qui s'offrait à lui. Il y en avait trop. Trop de couleurs, d'odeurs, de différences, son esprit saturé ne pouvait que regarder et sentir. À peine regarder, tout juste sentir.

Pendant que Paul-Louis négocie le permis, je m'assieds à l'ombre d'un manguier. Quelques Aruacos, proches cousins des Kogis, sont assis sur les marches. Je suis intimidé par leur présence. Digne dans sa grande tunique de laine, l'un d'entre eux me regarde fixement.

Je me souviens de son regard profond, lumineux, comme deux étoiles perdues au milieu d'un visage sombre.

Le chemin des neuf mondes

Assis de part et d'autre du trottoir, nous nous dévisageons discrètement. Étrangers l'un pour l'autre, attirés l'un par l'autre. Il semble présent et absent à la fois. Peut-être attend-il quelqu'un, un ami, quelque chose. Au demeurant, cela n'a que peu d'importance, mais ça, je ne le comprendrai que plus tard. Pour l'instant, je suis là et je regarde. C'est la première fois que je vois un Indien, que je mets une réalité, un visage sur les rêves et les fantasmes de mon enfance. Pour moi, l'Indien habitait un autre univers, un autre côté, un envers du monde, lointain et inaccessible. Il n'avait sa place, sa vie, que dans mon imaginaire ; un imaginaire confus, nourri de westerns, de bandes dessinées et d'expériences fortes, vécues dans la forêt ou lors des vacances familiales dans les Alpes. Et puis, je pensais que c'était loin, que tout cela n'existait plus, que les Indiens faisaient partie d'un passé révolu, oublié, qu'ils avaient été emportés par la logique implacable d'un développement aveugle, dont je ne percevais, d'ailleurs, ni la logique ni même l'existence. Balayés par la modernité. Et là, pour la première fois de ma vie, j'étais face à un Indien, un vrai. Le lointain devenait proche, le rêve réalité. Que faire, que dire, face au regard d'un rêve ?

Ce jour-là, je n'aurai pas besoin de chercher une réponse. Paul-Louis va me sauver. Il sort des bureaux fatigués de la Casa indígena en brandissant le précieux permis. « On y va ! » Je me lève et rejoins rapidement les deux Jeeps qui doivent nous emmener vers la Sierra. Sur le trottoir, mon premier Indien me suit du regard. À quoi peut-il bien penser en regardant nos voitures s'éloigner ? Sans doute que nous sommes bien naïfs ; naïfs de penser qu'un permis délivré par des Blancs va autoriser d'autres Blancs à traverser un territoire qui n'est pas le leur. Quand j'y repense, je suis saisi par la capacité que nous avons à nous imprégner d'évidences, qui ne sont évidences que parce qu'elles sont le fruit de notre propre conception du monde.

Premier monde

Mais comment penser « des » mondes, lorsque l'on n'a même pas conscience d'être prisonnier d'un monde ?

Nos deux chauffeurs se fraient un passage à coups de klaxon dans le désordre et la pagaille du centre-ville. Il n'est que sept heures du matin, et déjà la chaleur commence à se faire sentir. Un dernier rond-point, la place Bolívar, éternelle place de toutes les villes colombiennes, et nous partons vers le sud, le long d'impressionnantes *fincas* d'élevage, propriétés des grandes familles de la région.

À la sortie de la ville, un barrage de police marque la limite entre les territoires plus ou moins contrôlés par les autorités et un vaste no man's land où, à tout moment, guérilla et paramilitaires peuvent lancer leurs opérations : papiers d'identité, fouille des bagages. Quelques minutes d'attente et nous rejoignons les cohortes de bus colorés qui s'élancent sur la route de l'ouest.

Au bout de quelques minutes, à l'entrée d'une grande courbe, deux bus arrivent vers nous. Ils occupent toute la largeur de la chaussée. Un coup de volant à droite et notre Jeep mord le bas-côté. Éclats de rire. Et le chauffeur de nous expliquer que, pour rompre la routine, certains bus engagent des paris sur le temps qu'ils mettront avant d'arriver à destination. Le but du jeu ? Parcourir le plus de distance possible avant de croiser l'autre bus, celui qui fait le même trajet, mais dans l'autre sens. Pour gagner, il faut aller vite, très vite. Cramponnés à leur volant, parfois même encouragés par les passagers et par de nombreux signes de croix, les chauffeurs lancent leurs bus dans des courses folles, une façon comme une autre de traquer la liberté, d'oublier l'absurdité du quotidien, la vie, la mort... qui peut savoir ce que sera demain ?

Quelques kilomètres, nous laissons rapidement filer la

route goudronnée vers l'ouest, puis nous tournons à droite sur une piste sablonneuse qui monte vers le village de Pueblo Bello, « le Beau Village ». En fait de beau village, Pueblo Bello est un village-rue où les maisons, alignées de part et d'autre d'une longue allée centrale, semblent somnoler sous le soleil. Trois commerces où l'on vend de tout et de rien, à peine l'essentiel, un bar fatigué et la musique, le vallenato toujours ! Lorsque l'on arrive, tout est tranquille ; une tranquillité trompeuse derrière laquelle on devine une énergie puissante, voilée, dont les convulsions sont dévastatrices. Un peu comme un corps d'adolescent qui ne maîtriserait ni sa force ni ses mouvements. Jalousie, colère, peur, la violence est là, qui peut survenir à tout moment. Dans l'alignement des maisons, un trou béant, incongru, témoigne de cette omniprésence. Il y a quelques jours la guérilla a fait sauter le poste de télécommunication et la coopérative agricole. Que dis-je, sauté ?... Rasé. Des bâtiments, il ne reste rien, hormis ce trou béant, un peu idiot et quelques gravats épars qui jonchent le sol. Pourtant, tout est si calme.

Le temps de changer une roue, de boire une dernière bière fraîche, et nous rejoignons la piste ravinée qui relie Pueblo Bello à Nabusimaké. Au fur et à mesure de la montée, la température devient plus fraîche. La végétation change, des lambeaux de forêt tropicale font leur apparition. Quelques Indiens chargés de bois, de légumes ou d'iguanes attachés par une cordelette et suspendus sur l'épaule, remontent lentement le long de la piste. Un coup de klaxon, une mule se cabre, deux mondes se croisent. Le nôtre rapide, pressé, bruyant, qui, en quatre heures de chaos et de ravines, nous mènera sans difficultés jusqu'au village de Nabusimaké. Le leur, silencieux, difficile, presque lointain, ailleurs sûrement. Deux mondes humains qui s'ignorent, à la fois si proches et si éloignés.

Un col, enfin, les sommets sont là étincelants, magnifi-

Premier monde

ques. Arrêt photos — toute l'équipe est excitée. La vue de ces montagnes enneigées, posées sur un horizon lointain, est une vraie émotion. Je n'ai jamais bien su ce qui animait les montagnards, ce qui les poussait à aller plus haut, plus loin, à parcourir encore et toujours ces espaces inhospitaliers qui les habitent. Je sais seulement que la vue des montagnes, celles-là ou d'autres, apaise, donne de la force. Je sais aussi que ceux qui en reviennent ont toujours une petite lueur de joie et de bonheur dans les yeux. Peut-être est-ce leur beauté, leur grandeur qui nous dépassent, et nous remettent à notre juste place. Peut-être est-ce les horizons qu'elles dévoilent et qui promettent d'autres rêves, d'autres possibles. Ou peut-être est-ce la redécouverte obscure, puissante, d'une grande solidarité avec le vivant. Avec les déserts et la mer, la montagne fait partie de ces derniers espaces où, entre soi et le monde, il n'y a plus rien, rien que le mouvement et l'unité de la vie... et ça !

— *Nabusimaké está allá lejos, abajo en el valle.* [Nabusimaké est là-bas, en bas dans la vallée.]

Claquement de portes. Les freins grincent doucement, puis les deux Jeeps basculent vers le fond de la vallée. Entre les contreforts jaunes et pelés de la Sierra, on devine du vert, et quelques maisons bordées d'arbres. D'ici, on dirait presque une oasis, une île de vie au milieu d'un désert.

Village-frontière, Nabusimaké marque la limite entre la Colombie moderne et le territoire des Indiens Aruacos, proches cousins des Indiens Kogis. Nabusimaké, « Là où naît le Soleil », est une petite vallée magique, verdoyante, blottie entre les premières montagnes arides des contreforts de la Sierra Nevada de Santa Marta. Une de ces vallées dont la nature a le secret. Une vallée où tout semble doux, harmonieux, réglé sur des rythmes subtils et millénaires. Apparente harmonie des êtres et des choses, derrière laquelle il faut du temps pour percevoir les tensions et les mutations profondes qui traversent et déchirent ses habitants. Ici, dans des convulsions douloureuses et parfois mortelles, se croisent et s'affrontent des visions du monde que tout oppose.

Il y a les touristes locaux qui montent profiter de la fraîcheur du lieu. De la ville, ils amènent des caisses de bière et une musique tonitruante qui résonne et bouscule la tranquillité de la vallée. Plus rares, il y a quelques touristes étrangers, attirés, comme nous, par la beauté et l'exotisme du lieu ; des touristes qui passent, qui prennent et qui s'en vont. Il y a les colons qui, après avoir fui la violence des basses terres, sont venus s'installer dans cette vallée sans trop se préoccuper de savoir à qui elle appartenait et qui étaient ces Indiens qui y vivaient.

Il y a la guérilla et les paramilitaires qui font des incursions régulières dans le village. Parfois, ils ne font que passer, d'autres fois, ils menacent les habitants, en exécutent certains dénoncés par un voisin ou par la rumeur. Règlement de comptes, engagement politique, erreur, on ne sait plus.

Il y a l'Église, les capucins qui, depuis 1917, exploitent à leur profit l'essentiel des terres agricoles de la vallée. Pour asseoir leur domination, ils jouent habilement des divisions entre les Indiens, les colons et les métis dont ils ont largement favorisé le développement. Mariages mixtes, séparation des enfants et des parents, chantage, tout est bon pour soumettre d'autres hommes et d'autres femmes qui n'ont le tort que d'être différents. En 1985, conscients d'être exploités et utilisés, métis et Indiens s'unissent enfin pour expulser les capucins de ces terres qui ne leur appartiennent pas. En décembre, lorsque nous arrivons, l'Église a plié bagages, mais les blessures sont encore là, profondes, entre ceux qui ont accepté cette domination, qui l'ont favorisée, et ceux qui l'ont subie. Accepter l'hébergement de l'un ou l'autre des habitants de la vallée est une façon

Premier monde

subtile de marquer son camp et d'entrer, par une porte, dans l'histoire chargée de la vallée.

Un dernier chaos et notre Jeep s'arrête en grinçant devant deux petites maisons blanches bordées de fleurs multicolores. Sur la gauche, un long potager méticuleusement entretenu s'étend sur plusieurs dizaines de mètres.

Nous sommes chez Margharita. Large tablier à fleurs, visage buriné, des cheveux grisonnants tirés et remontés en chignon serré, Margharita est une vraie *mamá*. Une de ces mamas plantureuses qui vous accueillent avec un large sourire, comme si vous aviez toujours fait partie de la famille.

— Vous installer chez moi ? Bien sûr, mais je n'ai pas de lits pour tout le monde. Si vous avez des tentes, vous pouvez les installer dans le jardin.

Déjà, notre hôtesse repart vers son antre, une cuisine sombre dans laquelle elle s'empresse de réactiver ses fourneaux. Tentes, sacs à dos, vivres, nos bagages sont rapidement déchargés et entassés le long d'un mur de pierre. Allongé le long d'un petit fossé d'herbes rases, un Indien, vêtu de sa longue tunique blanche, semble dormir.

— *Está borracho. No te preoccupes, siempre está así.* [Il est ivre. Ne t'inquiète pas, il est toujours comme ça.]

Du bout du pied, l'un de nos chauffeurs pousse son corps et le fait rouler dans le fossé. Son visage est déformé, son regard vide. Un filet de bave coule sur sa joue. L'alcool, c'est dommage, j'aurais voulu garder cette image de dignité, de fierté que j'avais des Indiens, c'est triste... Et puis, après tout, pourquoi un Indien n'aurait-il pas le droit de se saouler ? Mais il y a quelque chose qui ne colle pas. J'ai l'impression de quelque chose de brisé. Dans la cuisine, Paul-Louis questionne déjà Margharita pour essayer de trouver un guide et des mules. On est sept, il faut trouver au minimum cinq mules.

— Un guide ? Il faut demander Gnako, c'est lui qui peut vous emmener là-haut, il connaît parfaitement la montagne.

Ce soir, première nuit sous tente, je cherche un endroit plat. Dans le jardin, sur de longues bandes de béton, la dernière récolte de café sèche au soleil. Des Indiennes silencieuses séparent les grains de café de leur gangue protectrice. La nuit s'avance doucement entre les arbres. La fraîcheur est là. Nabusimaké est à 2 000 mètres d'altitude. À six heures précises, Margharita nous invite à partager le dîner autour d'une grande table à la nappe colorée. Dans un coin de la pièce, une dizaine de jeunes Indiens sont agglutinés devant une petite télévision à l'image hésitante. Un groupe électrogène bourdonnant fournit les quelques kilowatts nécessaires pour éclairer la maison et faire fonctionner « la » télévision de Nabusimaké. Sur les murs, vierges, crucifix, diplômes et photos de famille composent un patchwork kitsch et coloré.

— *Gnako, entra, entra.*

Accompagné par l'une des filles de Margharita, un homme sec, un peu gauche, entre dans la pièce. Un sourire timide, mais lumineux, éclaire son visage. Cheveux courts, veste et pantalon fatigués, Gnako est l'un des fils douloureux de cette colonisation incessante qui a laminé la vallée et ses habitants. Il n'est pas vraiment Aruaco, même s'il en a gardé certaines habitudes, mais il n'est pas occidental non plus. Il est métis, enfant de cet « entre mondes », qui n'est pas vraiment, et qui n'est plus tout à fait. J'apprécie cet homme, ce qu'il dégage. La Sierra, il connaît, son oncle vit à deux jours de marche d'ici dans le hameau de Mamankanaka. Il va régulièrement le voir pour lui apporter les nouvelles et redescendre ses récoltes, des pommes de terre et des oignons. D'après lui, il nous faudra environ

Premier monde

quatre jours pour rejoindre les lacs de Naboba, ces lacs glacés perdus au cœur de la Sierra. Généralement, c'est là que les étrangers installent leur camp de base avant de partir « faire » les sommets environnants. Y a-t-il un chemin jusqu'aux lacs ? combien d'heures de marche faut-il compter par jour ? combien de mules faut-il prévoir ? pourra-t-on se ravitailler en cours de route ? les questions fusent. Fils d'un lieu, de son histoire, on sent qu'il en maîtrise les moindres détails, les méandres subtils. À mots comptés, il raconte la Sierra, ses pièges, les étapes que nous devrons parcourir. Ce doit être un bon guide, quelqu'un avec qui il doit être agréable de partir en montagne.

Partir ! Arrive le temps des négociations. Il y a Gnako, son assistant, les mules. Il y a aussi le propriétaire de deux des mules. Il veut bien les louer, mais il veut venir avec elles. La tête hors de la tente, sous la voûte étoilée, je crois que je me suis endormi heureux, simplement heureux avec cette petite pointe d'excitation qui précède toujours les grandes courses et les départs en montagne.

Cinq heures du matin, l'aube... instant privilégié du jour qui vient. Brumes et fumées bleutées voilent encore les êtres et les choses. Bâtées et chargées par Gnako et son assistant, six mules s'avancent vers la rivière et la passerelle qui permet d'accéder aux premiers contreforts de la Sierra. Un long frisson le long de l'encolure, quelques gorgées d'eau fraîche, et la première mule s'engage dans l'eau tumultueuse de la rivière. J'aime cet instant, ce démarrage. Les muscles sont froids, l'esprit engourdi. Chacun s'engage à son rythme dans la journée qui commence. Nous partons vers la Sierra, vers le cœur du monde. Le temps est clair, la journée va être magnifique.

La Sierra est une montagne dense, puissante. Les grandes masses granitiques qui la composent sont marquées, sculp-

Le chemin des neuf mondes

tées par d'anciennes moraines glaciaires. Les *frailejones*, ces candélabres duveteux, caractéristiques des montagnes tropicales, parsèment les immenses dorsales de roche et de sable que nous allons parcourir jour après jour. J'aime le rythme régulier de la marche, ce rythme qui permet de retrouver la légèreté du corps et de l'esprit. Dans la marche, il y a une régularité, un partage avec les êtres et le monde, un équilibre retrouvé, une émotion. Un pas, un autre, puis encore un autre, la marche est une complice précieuse qui offre du temps, qui permet une découverte du monde par le petit bout des choses. Une pierre qui roule sous le pied, des herbes brûlées par le soleil, un torrent entendu, deviné, où l'on s'arrête, pour rien, pour une ou deux gorgées d'eau fraîche. Puis de nouveau un pas, puis un autre, et ces pensées solitaires qui vous gagnent, vous accompagnent et vous habitent. Au début, elles sont nombreuses, agitées, turbulentes. Puis, elles se posent et se mettent au rythme du corps et de la marche. Bientôt, il ne reste plus que le mouvement, le silence et la paix... Marcher !

Les premières heures, notre caravane remonte de longues pentes d'herbes sèches et brûlées par le soleil. Quelques rares huttes de chaume et de torchis apparaissent derrière un repli de terrain, autour d'une source, ou cachées par un muret de pierre.

Une longue côte, quelques Indiens silencieux, à peine un regard. La caravane s'étire. Avec les mules, Gnako est déjà loin. Au début de l'après-midi, toute une famille arrive vers nous. Le père digne, magnifique dans sa tunique blanche rayée de noir, ses *mochilas*[1] colorées en bandoulière, la mère et ses colliers de corail, et les deux enfants juchés sur un buffle noir aux cornes longues et effilées. Il y a beaucoup de force et de noblesse. Ils vien-

---

1. Petits sacs aux motifs géométriques que les hommes portent en bandoulière.

Premier monde

nent vers nous, et pourtant on a l'impression qu'ils ne nous voient pas, que nous sommes transparents. Fébrile, Marie-Jo sort son appareil photographique. Faire une photo, capter une image, là, maintenant, sans savoir, sans comprendre, sans connaître ou reconnaître. À la vue de l'appareil, la jeune femme lève le bras devant ses yeux. Le visage de son compagnon se ferme.

Un col, quelques sommets lointains, un regard, puis je m'engage sur le versant escarpé d'une vallée profonde et lumineuse. En bas, gagnées par les premières ombres du soir, trois ou quatre huttes semblent posées sur un grand tapis d'herbes sèches. Quelques plants d'ail et d'oignons s'accrochent à la terre. Duimena, notre première étape. Il n'y a que le silence et le vent. Décharger les mules, monter les tentes, préparer les repas, dormir, préparer le petit déjeuner, démonter les tentes, charger les mules, la vie en expédition est simple et répétitive. De plus en plus simple et répétitive, au fur et à mesure de notre progression et de la fatigue des membres de l'équipe. Duimena, Mamankanaka, les jours passent. La végétation a quasiment disparu, seuls quelques bouquets d'herbes drues s'accrochent encore entre les roches et le sable. Le chemin est devenu une piste, une trace, puis plus rien. Le paysage est éblouissant, les sons, presque cristallins, résonnent dans la tête et dans l'espace.

Je me souviens du dernier jour, magique, lumineux. Le bleu intense du ciel, l'ocre des roches et le blanc des glaciers construisent un paysage irréel. Une longue falaise, puis une gorge profonde, la caravane progresse lentement dans le labyrinthe de roches et de pierriers qui caractérise le cœur de la Sierra. Les sommets sont là, à la fois proches et lointains. On dirait qu'ils nous invitent, qu'ils nous font la grâce de nous accorder quelques instants. Mais ne nous y trompons pas, ce n'est qu'une invitation. La gorge devient plus étroite, escarpée. Les mules peinent à trouver leur chemin, leurs sabots cognent les roches arrondies, sculptées par le vent.

Enfin, un dernier ressaut, la mule qui me précède se hisse d'un coup de reins sur une petite plate-forme rocheuse. Elle s'arrête un moment. Son échine frissonne. Un vent froid et sec nous frappe le visage. Devant moi, d'immenses lacs posés sur un plateau de sable blanc. La lagune de Naboba, le cœur du monde. C'est sublime, magnifique. Les couleurs sont lumineuses, presque brillantes. Ma respiration est difficile. Je suis fatigué. Pourtant, la journée n'a pas été particulièrement éprouvante. J'essaie de me ressaisir. Il faut continuer, arriver jusqu'au camp de base. Après je pourrai me reposer. Les deux mules qui me précèdent sont déjà loin. Emmenées par Gnako et son assistant, elles traversent l'immense plateau de Naboba pour rejoindre un ensemble rocheux à l'abri du vent. Je suis heureux d'être là, physiquement, dans cette montagne, de voir tous ces sommets enneigés. Il y a la Reina, lointaine et secrète, la plus difficile d'accès ; le Guardián dont les barres rocheuses dominent la vallée ; les pics Bolívar et Colón qui se dressent face à la mer. Ces quatre sommets forment une sorte d'écrin, un énorme cirque rocheux qui enferme la vallée et la coupe du monde extérieur. Les mules à peine déchargées, Gnako repart vers la vallée, il reviendra nous chercher dans dix jours. Nous sommes seuls, nous sommes au cœur du monde.

Malgré les derniers rayons de soleil, la température descend rapidement. Un bref repas, deux barres de pâte d'amande, après tout nous sommes le 24 décembre, et chacun part se réchauffer dans son sac de couchage. De nouveau, le vent se lève, régulier, presque lancinant. La nuit est claire, lumineuse, demain sera une belle journée. Demain...

Premier monde

Au milieu de la nuit, c'est l'angoisse. Je me réveille en sursaut. J'ai l'impression désagréable d'avoir un poids sur le ventre, non, sur les côtes. Je ne peux plus respirer. Vite m'asseoir, me redresser. Je perds mes forces. Non, pas maintenant, pas ici. Bizarrement, le moindre geste me demande un effort considérable. Adossé au piquet de la tente, le souffle court, je cherche désespérément une bouffée d'oxygène, puis une autre. J'entends les bourrasques de vent qui s'engouffrent dans la vallée. Elles sont devenues plus dures, presque violentes. On dirait qu'elles expriment leur mécontentement de nous voir sur leur territoire. « Nous sommes le vent, esprit de ces lieux, vous devez partir », semblent-elles nous dire. Ne pas paniquer, et pourquoi paniquer, d'ailleurs ? Respirer calmement, posément, lentement, une goulée, une autre, voilà, ça va mieux. La nuit avance, mon corps semble se dérober comme s'il ne m'appartenait plus, masse informe, dont le moindre mouvement me demande de terribles efforts. Je n'ai pas mal, je ne ressens pas de peur ni de douleur, simplement une immense fatigue. L'envie de me laisser glisser vers un sommeil profond... définitif. Et cette nuit qui n'en finit plus. Mais que m'arrive-t-il ? Dans la tente, une aube blafarde s'insinue entre les sacs, et les caisses de vivres. J'ai froid. Dehors, j'entends des pas. Enfin quelqu'un ! La porte de la tente s'ouvre rapidement. Paul-Louis.

— Ça ne va pas, Paul-Louis, je ne sais pas ce qui se passe, mais ça ne va vraiment pas.

Des gargouillis étranges commencent à sortir de ma gorge. J'ai la curieuse impression de me noyer de l'intérieur. Dominique, arrivé avec Paul-Louis, se glisse derrière moi et écoute ma respiration.

— Un œdème, ça ressemble à un œdème, il faut descendre.

— C'est quoi ça, un œdème ?

Le chemin des neuf mondes

— De l'eau dans les poumons, le passage de l'oxygène dans le sang ne se fait plus.

Il me faut un moment avant de réaliser ce que me dit Dominique.

— Comment ça se soigne ?

— Ici, on ne peut rien faire, il faudrait des diurétiques. Et encore !

— C'est grave ?

— Ça peut être mortel, tu dois descendre. Et vite.

Descendre... Je reste un moment immobile. Descendre maintenant si près de ces montagnes.

Déjà, Paul-Louis prépare un sac chargé d'une tente, de quelques affaires chaudes et d'un peu de nourriture. La petite équipe s'organise. Paul-Louis décide de partir seul, le plus vite possible pour essayer de trouver une mule ou des gens pour nous aider. Dominique et Joël, eux, vont m'accompagner à pied pour que je commence à descendre. Il y a urgence. Ma respiration devient « sifflante », difficile. Je regarde les sommets magnifiques qui entourent le lac de Naboba, et ce plateau immense que nous devons traverser.

En temps normal une heure, peut-être deux auraient été suffisantes, mais là ! Je me lève. J'ai l'impression que ma tête est prise dans un étau. Je commence à compter mes pas. À cinquante, ma respiration devient haletante. Encore vingt, encore dix, bientôt je ne peux plus avancer, et ce maudit plateau de sable et de roche qui n'en finit plus. Dominique et Joël me prennent sous les épaules. Encore dix pas de gagnés. Je relève la tête. Nous n'avons pas traversé la moitié du plateau. Je n'en peux plus. Le soleil commence à décliner. La température descend. J'ai de plus en plus froid.

Je concentre toute mon énergie pour essayer de repartir, de mettre encore un pied devant l'autre. Lutte dérisoire.

Soudain, d'une petite gorge gagnée par les premières

Premier monde

ombres de la nuit émerge la tête d'une mule, puis une deuxième. Paul-Louis a trouvé des secours. Je n'y croyais plus. Accompagné d'un jeune Indien, deux mules sellées s'arrêtent à nos côtés. Dominique me fait la courte échelle, pendant que Paul-Louis et Joël me hissent tant bien que mal sur la selle. Un sac, je ne suis plus qu'un gros sac de pommes de terre qu'il faut fixer et amarrer. Je finis par trouver un équilibre, cramponné à l'encolure d'une belle mule blanche à l'arrière-train tacheté. Soulagement ! Fatigué, l'esprit ailleurs, j'oublie de remercier Joël et Dominique de m'avoir porté jusqu'ici. Je pensais le faire plus tard, une fois que j'aurais retrouvé ma santé. Chose étrange, je ne les reverrai plus jamais. Ils ont disparu de ma vie, comme ça, au détour d'un sentier, quelque part au cœur de la Sierra Nevada de Santa Marta.

Un claquement sec, et les deux mules se remettent en marche, précédées par notre jeune guide coiffé d'un chapeau sans forme ni couleur. Profitant des derniers moments de lumière, nous nous engageons sur une piste raide et poussiéreuse.

Un dernier regard pour la Reina et le pic du Guardián qui s'enflamment sous les rayons du soleil couchant et je bascule dans l'ombre de la vallée. À ce moment, je crois que j'ai fait une petite prière. Rien de bien important, un souffle, une pensée lointaine à ces montagnes et à l'envie profonde que j'avais de les retrouver un jour. Après tout, on a commencé une histoire ensemble, il n'est pas question de ne pas la terminer. Un vœu largement exaucé puisque je reviendrai à de nombreuses reprises parcourir ces hautes vallées magiques, où, pour les Kogis, l'esprit des anciens veille à l'équilibre du monde. La piste longe maintenant une longue moraine en partie noyée dans l'obscurité. La descente s'accélère. Mon esprit est vide, uniquement tendu vers la survie immédiate, en l'occurrence tenir, rester sur la selle, malgré les soubresauts et les secousses violentes que m'impose la mule. La vallée devient une gorge obscure. La trace se fait plus raide, abrupte, la poussière me colle à la gorge. J'ai l'impression que notre guide accélère le pas, comme s'il était pressé d'arriver avant la nuit, mais d'arriver où ? Je ferme les yeux.

L'odeur d'un feu, puis une fumée bleutée qui s'élève dans les dernières lueurs du jour. Les mules quittent la piste. Deux petites huttes rondes, couvertes d'un toit de chaume, sont blotties derrière un long muret de pierre.

— *Aquí está mi casa.*

Un petit chien blanc et noir se précipite à notre rencontre. Quelle descente ! Ça devrait aller mieux quand même. En deux heures, nous avons dû perdre cinq cents ou six cents mètres de dénivelé. Je mets pied à terre et je m'écroule, incapable du moindre mouvement. Blotti, roulé en boule contre un rocher, je regarde Paul-Louis monter rapidement la tente. J'appréhende cette deuxième nuit. Une soupe et de nouveau cette sensation d'étouffement. Puis la fatigue m'emporte, je sombre dans un sommeil lourd.

Au petit matin, j'ai l'impression d'aller mieux, je ne sais pas, je ne sais plus. Déjà Paul-Louis prépare ses affaires, pressé de remonter au camp de base retrouver le groupe. Rester ? Remonter ? Je le sens qui hésite.

— Si, si, ça va mieux, ne t'inquiète pas, remonte.

Sa décision est prise. Il me laisse quelques sachets de soupe supplémentaires et une cartouche de gaz.

— Tu es sûr que ça va aller ?

— Oui, oui, ne t'inquiète pas, maintenant ça va.

Un instant il me regarde, charge son sac... Peut-être ai-je envie de rester seul ?

— Vous me retrouverez à la descente. Vas-y.

Paul-Louis s'éloigne vers la piste, rejoignant le chemin que nous avons descendu la veille. Je suis seul.

Premier monde

Le soleil concentre ses rayons sur ma tente igloo, petite tache claire au milieu des pierriers sombres de cette vallée profonde. Le vent s'est arrêté, le silence est là, presque oppressant. Je veux sortir, essayer de voir où je suis, aller aux toilettes. Impossible, je n'arrive pas à tenir debout, trop d'efforts. J'abandonne.

Mes forces s'amenuisent. De nouveau, je sombre dans un sommeil épais peuplé de rêves lourds et tumultueux. Je n'ai pas mal, mais je n'ai plus de forces, l'impression d'être envahi par une immense fatigue. Immobile dans ma tente, je regarde le réchaud et les sachets de soupe laissés par Paul-Louis. Manger, il faut absolument que je mange quelque chose, puis de nouveau le sommeil.

Un frôlement, sursaut, quelque chose bouge autour de ma tente. Un animal, un homme, le vent, ou peut-être Paul-Louis qui est revenu.

— Paul-Louis ? Tu es là.

Pas de réponse, ce doit être mon imagination qui me joue des tours. Non, c'est bien un frôlement, il y a quelque chose, ou quelqu'un. Peut-être les habitants des deux huttes que j'ai aperçues à mon arrivée. Que veulent-ils ? Que vont-ils me dire ?

La porte de ma tente s'écarte doucement, presque timidement. Les visages sombres de deux Indiens Aruacos apparaissent puis disparaissent rapidement. On aurait dit le père et le fils. Que veulent-ils ? Sans doute sont-ils aussi intimidés que moi. Cette maison de toile ronde et bizarre posée devant chez eux doit les intriguer. Et puis, de savoir qu'il y a quelqu'un dedans qui ne bouge pas. Est-il mort ? Pourquoi ne sort-il pas ?

De nouveau les mêmes frôlements. Un visage, je reconnais mon visiteur, le plus âgé. Il s'avance doucement et pose devant moi une tasse en fer-blanc défoncée remplie d'une épaisse soupe chaude. La tête légèrement penchée, il me regarde, immobile. Je ne dois pas avoir l'air très en

Le chemin des neuf mondes

forme. J'essaie un sourire, puis je tends le bras. La tasse est brûlante. En équilibre sur un coude, j'avale une gorgée, puis une autre. Mon visiteur ne me quitte pas du regard. Quelques morceaux de viande, des légumes aux couleurs variées, des « choses » brunes dont la saveur m'est inconnue forment un breuvage que je savoure avec bonheur. Épuisé, je repose le bol et m'allonge sur mon sac de couchage. Le rabat de la tente se referme. Mon visiteur a déjà disparu.

J'essaie de penser, d'imaginer comment descendre plus bas dans la vallée. Je dois descendre. Ici, je suis trop haut, beaucoup trop haut. De nouveau un sommeil lourd et fiévreux m'emporte. Le vent descend des sommets glacés. Il siffle, se faufile, claque dans les replis de la tente, repart vers la vallée. Cette deuxième nuit n'en finit plus de passer. La porte entrouverte me laisse apercevoir la voûte étoilée. Instant de fragilité où le cœur et l'âme vacillent, se redressent, puis vacillent encore. Souffle le vent, souffle, raconte-nous tes voyages, tes rencontres, explique-nous ta joie de parcourir le monde. Souffle le vent. Souffle.

Aux premières lueurs de l'aube, un grognement, non, quelque chose comme un souffle rauque me sort de ma torpeur. Devant ma tente, les deux mules sont là, sellées, qui s'ébrouent. Par terre, dans un bol, un liquide marron fume dans la lumière claire du matin. De l'*agua-panela*, de l'eau chaude mélangée à du sucre de canne. Légèrement à l'écart, mes deux « amis » attendent mon réveil. Tout est simple, évident. J'essaie de me redresser. Démonter cette tente. Je dois la démonter. Peine perdue, j'arrive à peine à enlever deux sardines et les armatures. La tente finira roulée en boule, empaquetée avec mes affaires dans un sac de jute. Avant de remonter sur le dos de la mule, le plus âgé des deux Indiens me tend quelque chose, quelques feuilles

Premier monde

vertes. On dirait des feuilles de thé séchées. Il me fait signe de les manger, de les mâcher. Rapidement une saveur douce et amère se mélange à ma salive et se diffuse dans ma bouche. La coca, la plante sacrée de tous les habitants de la cordillère des Andes, est un formidable coupe-faim énergisant qui va m'aider à tenir sur la mule.

Et la descente recommence, interminable, douloureuse. J'ai l'impression de n'être qu'un paquet, secoué, cassé par le rythme chaotique de la mule. Parfois, je sombre dans une torpeur dangereuse, qui oblige les Indiens à m'attacher à la selle. À d'autres moments, sursauts de conscience, j'essaie de prendre une photo, d'enregistrer un détail, quelque chose qui me permette, un jour, plus tard, de retrouver une piste, un chemin, qui sait... Instants dérisoires où ma raison tente de prendre le pas sur ma fatigue. La descente n'en finit plus. Après la végétation semi-désertique des zones d'altitude, nous retrouvons les premières forêts tropicales. La chaleur devient lourde, étouffante. Matin, après-midi, j'ai perdu la notion du temps, j'ai mal, mon corps me brûle, je n'en peux plus, et mon guide qui ne s'arrête pas, comme s'il était pressé d'en finir, de m'amener à bon port, quelque part.

Blotties sous les premiers bananiers, les maisons deviennent villages. Curieux et amusés, leurs habitants me suivent du regard. Un lacet, un replat, puis encore un lacet, la piste s'engage sous l'ombre apaisante d'une puissante voûte de bambous. Soudain, elle s'élargit. Un embranchement. Sur la droite, le chemin continue vers la vallée en longeant un torrent furieux. À gauche, en revanche, il longe une étroite plate-forme et monte brutalement vers un col en partie voilé par les brumes de chaleur.

Le visage imperturbable, mon guide me fait signe de descendre. Quelques minutes d'arrêt, enfin. Je me laisse tomber à terre et tente de me hisser sur une pierre plate. M'allonger... Quel bonheur ! J'ai mal partout, aux jambes, aux fesses, au dos, et ma respiration est toujours aussi difficile. Assis en bordure du chemin, pieds nus, deux jeunes Indiens frottent une curieuse boule jaune qu'ils tiennent entre les mains. Assis à leurs côtés, mon guide glisse quelques feuilles de coca dans leurs mochilas. Un geste qu'ils s'empressent de répéter, à leur tour, en déposant des feuilles de coca dans la mochila de mon guide. J'apprendrai plus tard que ces feuilles de coca symbolisent la pensée, une pensée qui se doit de circuler entre les êtres pour harmoniser le monde et contribuer à la construction d'une vision collective.

Un long silence s'installe. Ils sont là, simplement là. Ils ne se parlent pas. Leur rapport au temps est vraiment singulier. C'est comme si les choses ne devaient se faire qu'au bon moment, au moment juste, opportun, ni avant, ni après, lorsque les choses ont pris leur place. Alors, la parole devient simple, évidente. En Occident, nous dirions qu'ils ont de la patience, mais ce n'est même pas cela. Le silence qui précède la parole n'est pas vide de sens, au contraire, il permet de s'approcher de l'harmonie, de respecter l'autre, son rythme, et de préparer l'échange. En ce qui me concerne, mes capacités de perception et d'échanges sont très limitées. Je ne vois que deux Indiens silencieux qui m'ignorent superbement. C'est curieux, je les trouve différents, plus petits et les traits plus marqués, plus fins que les Aruacos. Leurs vêtements ne portent aucun motif, ils sont blancs. Paul-Louis m'avait lui aussi parlé de cette autre communauté d'Indiens qui vivait dans la Sierra, les Kogis. Était-on sur leur territoire ? Il m'avait aussi précisé qu'il était quasiment impossible de leur parler, qu'ils évitaient soigneusement tout contact avec des étrangers. Je ne sais pas pourquoi je me pose toutes ces questions. De toute façon, je n'ai qu'une envie, dormir : alors Kogis ou Aruacos, pour l'instant...

Enfin quelques mots, une discussion s'engage, ponctuée

Premier monde

de gestes dans ma direction. Rapidement, la discussion tourne au monologue, mon guide semble leur demander quelque chose. Les deux Indiens écoutent en silence. De quoi parlent-ils ? Je somnole doucement en écoutant le ronronnement de leur conversation.

D'un seul coup, les deux Kogis se lèvent, glissent leur curieuse boule jaune dans leur mochila et s'engagent sur la piste de gauche, celle qui monte vers le col. Mon guide attrape la longe de ma mule et me fait signe que l'on repart. Compréhensif, il approche la mule d'une grosse pierre et m'aide à remonter dessus. Un claquement sec, la mule se cabre et repart. Je bascule en arrière et tente de me rattraper au pommeau de la selle. J'ai la désagréable impression de n'être qu'un sac de pommes de terre, une charge inerte que l'on déplace de vallée en vallée. Pourquoi part-on vers le col ? La montée est raide, presque brutale. Un moment, je pense au reste de l'équipe. Si je quitte la piste, comment vont-ils me retrouver ? De toute façon, je n'ai pas vraiment le choix, je me vois mal descendre de ma mule pour les attendre au bord de la piste. C'est idiot comme idée. La côte me paraît impossible, énorme. Le soleil me brûle le corps. La mule peine et transpire. Mais où va-t-on ? Pourquoi remonter, alors que l'autre chemin semble rejoindre la vallée ? Et cette côte qui n'en finit plus. Le seul avantage, si l'on peut parler d'avantage, c'est que je n'ai plus mal au même endroit. Penché en avant, j'essaie désespérément de serrer les jambes et de m'accrocher à l'encolure de ma mule. Un petit col, ça y est, la piste se redresse et s'engage à flanc de montagne. D'immenses étendues d'herbes vertes et grasses se couchent et ondulent doucement sous le vent. De longues bouffées d'odeurs, lourdes et sucrées, remontent de la vallée. J'ai l'impression d'être engourdi, comme paralysé.

Le reste du chemin reste vague, confus. Je ne sais plus. Je me souviens de quelques maisons, d'immenses passerel-

Le chemin des neuf mondes

les de bois, suspendues au-dessus de torrents furieux. Puis, il y a eu une porte, une grande porte de bois que les femmes, qui nous précèdent, ont contournée. Pourquoi ai-je gardé ce détail en tête ? Un dernier virage, quelques maisons, cinq, peut-être dix. La tête me tourne, est-ce la chaleur, la fatigue, l'œdème ?... Au moment où la mule s'arrête et où je touche le sol, je tombe et sombre dans l'inconscience.

J'ouvre les yeux, une impression de fraîcheur me saisit. Je suis dans un hamac, au fond d'une hutte sombre. Au-dessus de ma tête, j'aperçois de curieux cercles de bois, qui semblent disposés dans le toit, il y en a neuf, pourquoi neuf ? De longues touffes de poil ou d'herbe noircies par la fumée sont accrochées en hauteur. Sous le faîte du toit, j'aperçois des taches jaunes, on dirait des épis de maïs. La hutte est vide. Quelques flammes consument doucement les restes d'un long tronc noueux posé sur le sol. Un homme se penche au-dessus de moi, il me tend une calebasse. De l'eau, boire, quel bonheur ! Instant précieux, saisi plus tard sur les pages d'un carnet.

> « *L'obscurité enfin, obscurité délivrance, obscurité repos. Un hamac, immense hamac en travers de la pièce, se balance doucement. Faiblesse du corps et de l'esprit. Brûlures de l'impossible ou du « plus possible » et ces larmes qui te montent aux yeux. Blessure indélébile. Étrange moment où la vie croise un rêve, où tu trouves le chemin, le passage vers l'autre monde. Chemin secret, fragile. Couleurs éclatantes entrevues par une porte, rouge, jaune, noir, bleu. Formes sombres, vacillantes de cette flamme, de cette bougie, là, à droite, au fond. Fragile, trop fragile, pleurs.*
>
> *Cheveux longs, large veste blanche, rayée. Une*

ombre, simplement une ombre qui se détache sur ce feu d'artifice. Que pense-t-il dans sa tête d'Indien ? Il est immobile, adossé, il sera toujours immobile, là, devant cette porte "ouverture". Là encore, assis droit, dans la nuit, les yeux grands ouverts sur un tout, un tout fantastique. Sortir du rêve. »

De nouveau l'inconscience. Lorsque je me réveille, il fait sombre, la nuit est là. Une fumée épaisse emplie la partie haute de la hutte. Plusieurs dizaines de Kogis sont arrivés. Car, j'en suis sûr, je suis bien sur leur territoire. Quatre feux, allumés dans quatre directions, éclairent doucement leurs visages. Certains sont assis sur de longs troncs de bois, d'autres allongés à même le sol, d'autres encore sont blottis dans de petits hamacs accrochés contre les parois. Tous frottent, avec application, cette curieuse boule jaune que j'ai vue dans les mains des deux Indiens rencontrés l'après-midi.

Assis à côté de la porte, je reconnais mon guide. Ici, il semble presque étranger. L'ambiance est dense, à la fois douce et électrique. Comme si le lieu était chargé d'une énergie invisible. Devant moi, sur un rythme de tambour saccadé, un homme danse. Il tourne sur lui-même en chantant doucement. Parfois, les flammes éclairent son visage. Il semble âgé, et pourtant on dirait un enfant. Un doux sourire traverse son visage, il s'approche de moi. Je me recule dans mon hamac : qu'est-ce qu'il me veut ? Quelques gestes au-dessus de ma tête et il retourne au centre de la hutte. Puis, de nouveau, il se retourne vers moi. Je voudrais disparaître sous terre. J'ai l'impression qu'il me regarde sans me voir. Qui est cet Indien ? L'atmosphère de la hutte devient de plus en plus chargée, épaisse. Et cet homme qui danse, encore et encore. Un moment, j'ai l'impression qu'il ne danse pas au hasard, qu'il suit un parcours, un cheminement précis qui semble écrit sur le

Le chemin des neuf mondes

sol en terre de la hutte. Il s'approche de nouveau. Je finis par lui renvoyer un sourire, un peu idiot. Autour de moi quelques Kogis somnolent doucement. Je m'écroule dans le hamac.

Au petit matin, la hutte est vide, les quatre feux achèvent de brûler doucement quelques morceaux de bois calcinés. Mon guide est là, seul.
— *Puedes quedarte, están de acuerdo, yo regreso allá.* [Tu peux rester, ils sont d'accord, moi je repars.]
Quedarme ! je peux rester. Bon. À peine un sourire, et déjà il se lève et sort de la hutte. Dommage, je m'étais habitué à lui. Ce n'était pas un bavard, mais il était gentil. Quelque part il me rassurait. Depuis trois jours, c'est le seul qui m'ait adressé la parole. La hutte s'emplit d'un profond silence. De nouveau, je m'endors. De toute façon, je suis tellement faible que je ne peux guère envisager autre chose que dormir et dormir encore.
J'ai du mal à me souvenir de ces premiers jours passés dans ce village. Parfois, un homme vient me chercher pour m'accompagner aux toilettes ou me baigner dans la rivière, puis de nouveau je me retrouve dans mon hamac condamné à somnoler, véritable légume impotent. Les jours passent, rythmés par les bols de soupe que m'apporte un jeune Kogi et la visite irrégulière d'un homme étrange. Il me regarde, me touche la tête ou le corps. Puis, il s'en va, sans un mot, suivi par deux jeunes Indiens qui ne le lâchent pas d'une semelle. Parfois, il me fait boire un drôle de breuvage, un peu amer. Une fois, je crois qu'il est resté plus longtemps, je me souviens de son visage juste au-dessus du hamac et de la fumée qu'il a soufflée dans ma direction.
Soupes, sommeil et visites de mon inconnu, au bout de quelques jours je commence à aller mieux. Je ne m'essouf-

Premier monde

fle plus au moindre mouvement. J'arrive à retrouver un peu d'autonomie pour me lever et aller seul aux toilettes. Grande victoire. Je tente une incursion hors de la hutte, je pousse même jusqu'à la rivière. Ça a l'air de tenir. Je n'en suis pas encore au footing, mais je peux marcher une centaine de mètres et revenir. C'est l'équilibre qui n'est pas encore au point, je dois vraiment me concentrer pour ne pas tomber, mais bon... Je redécouvre le soleil, les odeurs, les plantes. Je peux tenir assis. J'ai perdu cette sensation d'étouffement qui m'oppressait depuis plusieurs jours. Je revis, le pire est passé.

Ce jour-là, en revenant de la rivière, il me semble apercevoir des petites boules rouges, on dirait des tomates, oui ! C'est ça, le sol est couvert de petites tomates cerises. J'en goûte une, puis deux, elles sont délicieuses. En fait, le sol est envahi de plants de tomates rampantes. Beaucoup pourrissent à même le sol. C'est dommage, on dirait qu'ils ne les ramassent pas. Dans mes vagues souvenirs de jardinier, il me semble que les tomates doivent pousser droit pour éviter de toucher le sol et ne pas pourrir. Tiens ! Et si j'essayais d'améliorer leur système ? Assis par terre, je désherbe les plants, aère la terre, je pousse le luxe jusqu'à rechercher de petits tuteurs pour les remettre droits. Intrigués, deux jeunes enfants me regardent faire. D'autres les rejoignent, puis d'autres encore. Bientôt, ce sont plus d'une dizaine d'enfants curieux qui essaient de comprendre ce que je peux bien faire avec leurs tomates.

Au bout de deux ou trois heures, je me recule, fier de mon œuvre. Une quinzaine de pieds de tomates sont dégagés. La terre est retournée, j'ai même poussé le luxe jusqu'à réaliser de petits murets de soubassement pour éviter que la pluie n'emporte mon ouvrage. Les enfants hilares m'apportent de l'eau pour arroser mon jardin. Je ne vois pas ce qu'il y a de drôle. Ont-ils compris pourquoi je faisais cela, vont-ils entretenir mon jardin, faire la même chose avec les autres pieds de tomates ? Vont-ils pérenniser mon œuvre ? Non, ils continuent à rire. Si seulement je savais que les Kogis utilisent les tomates non pas pour les manger, mais pour tenir éloignés certains insectes à des instants précis de croissance de leurs plantes potagères ! Que je suis en train de faire l'exact contraire de ce pour quoi ils ont choisi de semer des tomates ! Elles doivent rester au sol, et moi je m'obstine à les mettre sur des tuteurs. Vous pouvez rire, les enfants, il y a vraiment de quoi. Faire avant de comprendre, croire avant de savoir. Durant quelques jours, j'irai régulièrement arroser et surveiller mon nouveau jardin, jusqu'au jour où je le trouverai emporté, balayé au milieu d'un tas de feuilles mortes, les plants de tomates remis à l'horizontale. Seul avantage de mon expérience : depuis ce jour-là, quelques tomates accompagnent mon éternel bol de soupe.

Le lendemain, je décide de poursuivre mon exploration autour de la rivière. La veille, j'ai repéré une piscine creusée dans la roche. Une piscine naturelle où il doit être particulièrement agréable de se détendre. Je retourne derrière la hutte où démarre un sentier qui serpente entre des herbes sèches. L'air est tiède. J'ai enfin l'impression que mon corps va mieux, que je sors d'un mauvais rêve. Je commence à regarder le paysage, à découvrir ce lieu où je suis soigné depuis plusieurs jours. Le village est installé sur un ensemble de plates-formes étroites parfaitement dessinées et entretenues. À l'aplomb, d'impressionnantes falaises sombres et grises dominent la vallée. Sur les côtés, deux bras de forêt tropicale enserrent les maisons. Quelques colonnes de fumée indiquent d'autres villages, d'autres lieux de vie. Je ne vois personne et pourtant j'ai l'impression curieuse que ce lieu est habité, qu'il est vivant.

Premier monde

Sous un ressaut de roches grises veinées de minces filets blancs, je découvre non pas une, mais trois piscines naturelles reliées entre elles par de petits canaux creusés dans la roche. Le lieu est apaisant. En me glissant dans l'eau, je ressens une profonde sensation de douceur. Instant privilégié où le corps flotte et se relâche. Les yeux mi-clos, je laisse courir mon regard vers le bord du bassin. Un petit escalier est taillé dans la pierre... un escalier ? Dans le prolongement de celui-ci, un sentier rejoint une colline couverte d'herbe jaunie par le soleil. Sur la colline, mince ! Je me redresse brusquement... sur la colline, une trentaine d'Indiens me regardent. Leur présence lointaine et silencieuse est d'une intensité rare. Ils sont loin, ils ne bougent pas, et pourtant je n'arrive pas à soutenir leur regard, leur présence. J'ai l'impression d'un enfant pris au piège, les doigts trempés dans un pot de confiture. Ai-je le droit de me baigner ici ? Peut-être vaudrait-il mieux que je m'éloigne. De toute façon, il commence à faire frais, il vaut mieux que je retourne vers le village. Un dernier regard, c'est fou, ils sont toujours là, ils n'ont pas bougé, la scène est irréelle. Ces hommes et ces femmes sont tous vêtus de blanc. Que font-ils sur cette colline ? Doucement, je rebrousse chemin. Entre les pierres et les herbes folles, je prends plaisir à remarquer, à sentir mes membres, mon corps. Je respire profondément, soulagé, heureux d'être en vie, dans ce lieu étrange.

Devant ma hutte, un Kogi est là, qui semble m'attendre.

— *Los Mamus, quieren verte.* [Les Mamus veulent te voir.]

Déjà, il se retourne et s'éloigne. Attraper une lampe de poche, on ne sait jamais. Puis rejoindre le mince chemin qui s'enfonce sous les frondaisons obscures de la forêt. La terre grasse et humide se dérobe sous mes pieds. Où m'emmène-t-il ? Qui sont ces Mamus qui veulent me voir ? Depuis mon arrivée dans ce village, à part la première nuit, et aujourd'hui, devant la « piscine », je n'ai croisé personne. C'est à croire que le village est vide, et que les quelques Kogis qui s'occupent de moi ne sont restés que pour moi. Alors, pourquoi des gens voudraient-ils me voir ? Et puis, pourquoi je me pose toutes ces questions ? C'est étrange, ce besoin de vouloir répondre à tout. Des Mamus veulent me voir, eh bien ! c'est parfait, allons les voir. Quelle importance cela peut-il avoir de savoir qui sont ces Mamus et pourquoi ils veulent me voir ? Je le saurai bien assez tôt.

L'ambiance ouatée, presque étouffée de la forêt nous enveloppe rapidement. Un petit chemin, puis un autre, nous progressons dans un véritable labyrinthe d'arbres, de lianes et de fougères immenses. Bientôt, nous sommes rejoints par une dizaine de Kogis qui marchent en silence. Ma forme s'est améliorée, mais je suis encore faible. Ma tête commence à tourner, j'ai du mal à retrouver mon souffle, à garder le rythme. Je m'arrête un instant. Impossible de faire autrement. Le petit groupe qui m'accompagne s'immobilise. C'est étrange, ils ne disent pas un mot, me regardent à peine, et pourtant on dirait qu'ils savent et qu'ils devinent le moindre de mes gestes. Ce moment de silence m'impressionne, ce n'est pas un silence vide, on dirait qu'il n'y a rien et tout à la fois. Rien et tout. Nous sommes immobiles, instant suspendu. Les battements de mon cœur résonnent violemment dans ma tête. Perdu dans sa tunique blanche, un jeune Kogi me fixe de ses yeux sombres. Une machette, presque aussi grande que lui, est fixée par une lanière de cuir autour de sa tête. De longs pinceaux de lumière illuminent les ombres profondes de la forêt. Un signe, un regard ; la marche reprend.

Malgré la pénombre, entre les feuilles qui couvrent le sol, je distingue quelques marches de pierre, une sorte d'escalier. Un escalier dans la forêt ? Mais où m'emmènent-ils ? Comme un écho à ma question, après une der-

Premier monde

nière côte herbeuse, nous arrivons sur un large replat de terre. Plantée au milieu, une hutte de chaume, coiffée d'un étonnant chapeau, domine la vallée. On dirait une passoire ou une antenne satellite sur laquelle on aurait posé des pots en terre. Immobiles, plusieurs Indiens semblent attendre. Tous frottent encore et toujours cette étrange boule jaune.

Invité par mon guide, je m'avance vers le seuil de la hutte. Lorsque je passe le pas de la porte, une fumée âcre et dense me pique les yeux. Plusieurs personnes sont là. L'obscurité et la fumée m'empêchent de les distinguer. Je cherche une pierre, un lieu, quelque part où m'asseoir. Une lourde bûche est posée en travers du feu. Je m'habitue peu à peu à la pénombre. Il y a au moins une vingtaine de personnes, certaines ont l'air assez âgées. Je reconnais ce curieux personnage qui dansait lors de ma première nuit dans le village. Pendant un long moment, seul le crépitement du feu trouble le silence. Il ne se passe rien. L'envie me prend de retourner me coucher, je n'ose pas. Et puis, je ne suis pas sûr de retrouver le chemin. La fumée occupe maintenant toute la partie haute de la hutte. Soudain, dans l'obscurité, une voix s'élève, grave, hésitante.

— *Queremos hablar.*

Ils veulent me parler ? Que veulent-ils me dire ?

— Nous sommes des Kagabas, nous habitons la Sierra Nevada de Santa Marta.

Une autre personne, que je ne distingue pas, commence à parler à son tour, puis parler encore. Ce n'est plus de l'espagnol, je ne comprends plus rien. Un moment, appuyé contre l'un des piliers de la hutte, je m'affaisse et somnole doucement. De nouveau la voix en espagnol résonne dans l'obscurité et dans ma tête.

— Avant la conquête espagnole, les Indiens, les Kogis, les Aruacos et les Arsarios, nous vivions en accord pour protéger la Sierra. Serankua nous a dit de protéger la Sierra, parce que la Sierra, c'est le cœur de l'univers. Nous avons longtemps vécu comme ça. Il n'y avait pas mille Indiens, mais des millions d'Indiens entre les sommets de la Sierra et la plage. On savait protéger la nature sans la détruire. Il y avait beaucoup de fruits, beaucoup de poissons. Ceux qui vivaient en haut dans la Sierra étaient les sages, ils savaient l'histoire, ils ne redescendaient jamais vers la mer. Nous faisions nos terrasses, chaque terrasse appartenait à un animal, était le lieu d'un animal, une terrasse pour le singe, une terrasse pour l'oiseau ou le tigre et dans chaque terrasse étaient enterrés différents quartz, des quartz sacrés. Le quartz vert signifie la nature, le quartz blanc représente l'eau, le quartz rouge, c'est le sang, le quartz noir représente l'âme.

Les mots se brouillent, se mélangent. On dirait qu'ils cherchent à me transmettre quelque chose, une idée, mais qu'ils ne savent pas quels mots utiliser, comment s'y prendre ? Parfois, je saisis une phrase, une idée. D'autres fois, c'est plus difficile. Je lutte contre le sommeil. Je sens bien que ce moment est important, que je dois écouter, être présent. Je dois comprendre ce qu'ils me disent.

— Quand sont arrivés les petits frères, quand ils sont venus, ils ont dit que les Indiens étaient effrayants. Ils sont arrivés, et ils ont commencé à nous enlever nos richesses, et après ils ont commencé à nous tuer. Ils ont emporté tout ce qui était en or. Les enfants, les jeunes, les femmes, ils les ont tués ou emportés. Serankua nous a dit que le petit frère ne doit pas mourir, à la fin du monde il se rendra compte mais il sera très tard, peut-être trop tard. Serankua a dit : vous pouvez lui apprendre, mais Serankua a dit : le petit frère ne va pas comprendre, il ne va pas accepter cela, il ne va pas le croire. Le petit frère veut créer plus de savoir, plus de pouvoir, il étudie pour exploiter notre mère, pour épuiser ses réserves, sans elle nous ne pouvons pas vivre, mais le petit frère ne le voit pas.

Je crois que je me suis endormi, je ne sais plus. La voix

Premier monde

espagnole s'est arrêtée. La hutte est pleine à craquer. Je ne peux plus bouger, coincé entre deux Indiens dont un qui s'est endormi sur mon épaule. Avec le recul, je m'en veux d'avoir été si peu présent, si peu attentif, d'avoir si peu senti, si peu écouté. Si seulement je savais me laisser porter, vivre et partager l'instant sans essayer de l'analyser ou de le comprendre. Quel piètre émissaire je fais, incapable d'entendre cet avertissement, cette demande. Je voudrais être léger, effleurer le monde, avoir l'humilité de sa légèreté, je voudrais.

— Aujourd'hui, nous cherchons comment récupérer notre culture, mais c'est très tard. Nous avons besoin du petit frère pour qu'il nous aide. Le petit frère doit nous aider à retrouver nos terres. Avec nos terres, nous pouvons retrouver l'histoire. Une personne sans histoire est une personne malade. Écoute cette parole. Les Mamus disent qu'il faut enseigner au petit frère pour qu'il comprenne, mais il ne va comprendre que quand il va voir, s'il ne voit pas, il ne comprendra pas. Il faut sauver la Sierra, la Sierra a des ramifications dans le monde, c'est une petite terre, mais elle est immense. Emmène cette parole dans les gouvernements des petits frères, pour qu'ils l'étudient bien, emmène-la.

La fumée envahie toute la hutte. L'atmosphère est lourde, chargée. J'ai l'impression qu'ils sont tendus, inquiets. Plus personne ne parle. Plusieurs Indiens me regardent. Il faut sans doute que je réponde, que je dise quelque chose, mais quoi ? Mes idées s'entrechoquent, se bousculent. J'ai l'impression d'être idiot, de ne pas être à la hauteur. Quelque chose m'échappe. Malgré les apparences, malgré notre proximité du moment, nous sommes tellement éloignés, si proches et si lointains. Prendre la parole, la partager devant ces hommes a quelque chose d'impressionnant.

— Je vous remercie de m'avoir invité, d'être ici. Je crois que j'ai bien compris votre situation. Je vous promets

Le chemin des neuf mondes

que je vous aiderai, je reviendrai et je vous aiderai à retrouver vos terres, je ne sais pas comment je vais faire, mais je le ferai, c'est important.

Je voudrais dire autre chose, mais aucun mot ne vient à mon esprit. Un vieil Indien me tend un paquet de papiers officiels couverts de signatures et de mots ronflants.

— On nous a pris nos terres. Les Blancs ont signé plein de papiers, mais ils ne les respectent pas, nous n'avons plus nos terres. Vous, vous faites des lois qui vous arrangent, et quand elles ne vous conviennent plus, vous en faites d'autres. Nous, nous respectons les lois de la nature, les petits frères, ils ne respectent rien.

Je voudrais leur dire que je les comprends, que je partage leur émotion, que pour moi aussi la terre et le monde sont importants, mais je reste silencieux, de la terre et du monde je ne connais rien ou si peu. J'entends les mots, je sens leurs émotions, mais je suis incapable d'en saisir le sens, la réalité. Mon esprit, mon cœur sont comme anesthésiés, endormis. Je ne suis pas né au monde.

— Ici, nous avons gardé l'intelligence et le pouvoir spirituel. Pourquoi ce pouvoir, à quoi sert-il ? Simplement pour protéger la nature, pour protéger la vie, l'âme des arbres, l'âme des rivières, de la terre, des pierres, pour protéger le vent. Pour garder ce pouvoir nous devons travailler, nous purifier, sortir les mauvaises idées de notre cœur.

Il y a trop d'énergie, trop de décalage, les mots cognent et résonnent dans ma tête. Je n'en peux plus. Discrètement, je me glisse à l'extérieur de la hutte. Je me redresse et respire profondément, soulagé de me retrouver dehors.

Le retour vers le village est difficile. Plusieurs fois je glisse et m'affale dans l'obscurité. Il fait chaud, chaud et humide. Devant moi l'ombre blanche de mon guide semble

Premier monde

s'évanouir dans la nuit. Quand je retrouve mon hamac, j'ai l'impression d'un rendez-vous manqué, d'un quelque chose de trop fort, trop puissant, que je n'ai pu saisir. Un coup d'œil sur ma montre, il est presque quatre heures du matin. J'ai passé dix heures dans cette hutte à écouter, parler, partager. Je ne sais plus. Je m'endors, épuisé comme si j'avais fait un effort trop dur, trop violent.

Le lendemain matin, une dizaine d'Indiens sont là, réunis devant la hutte, « ma » hutte, celle où j'ai été soigné pendant ces derniers jours. Parmi eux, je reconnais les deux jeunes Kogis qui m'ont amené jusqu'au village :

— *Tienes que irte, no puedes quedarte aquí, más abajo, hay un carro, te llevamos.* [Il faut que tu t'en ailles, tu ne peux pas rester ici, plus bas il y a une voiture, on va t'emmener là-bas.]

J'ai l'impression d'un réveil brutal, comme si le temps, suspendu, reprenait brutalement son cours. Il n'y a pas à discuter, je dois quitter cette vallée, cet univers, effleuré le temps d'un rêve, d'une maladie. Rapidement, je réunis mes quelques affaires et je les empile dans un large sac en toile fixé sur la selle d'une deuxième mule. Je retrouve « ma » mule, celle qui m'a amené jusqu'ici. Cette fois-ci, je monte seul sur la selle. Départ, j'aimerais dire au revoir à quelqu'un, quelque chose, mais non, ici on s'en va comme on arrive, comme ça, sans rien dire.

Un dernier regard, et déjà arbres, fleurs et huttes rondes disparaissent derrière un ressaut de terrain. Sous le village, toujours immobiles, devant leurs piscines, plusieurs Kogis me suivent du regard. Je ferme les yeux, je voudrais graver ces images, enregistrer ce lieu, ses odeurs.

Étrange, en quittant cette vallée, j'ai l'impression de sortir d'un monde différent. Les arbres, le ciel, les rivières, tout est identique à ce que je connais, et pourtant, j'ai l'impression de laisser quelque chose. Comment le qualifier, l'exprimer ? Je ne sais pas, mais c'est un fait, une évidence, ce lieu est particulier, on le dirait « habité ». L'image qui me vient à l'esprit est celle d'une scène éteinte, ou allumée. Dans le premier cas, il ne se passe rien, tout est immobile, figé, en attente de quelque chose, dans l'autre, la vie est là, qui nourrit, donne sens à l'espace. Dans cette vallée, c'est comme si la scène était en permanence allumée, pleine, vivante.

« Leur monde n'est pas différent du nôtre, simplement ils l'habitent, tandis que nous sommes encore en exil. »

Oui, c'est ça, ces gens habitent le monde. Je me rappelle avoir pleuré lorsque, plusieurs années plus tard, j'ai lu les premières pages de ce livre écrit par J.-M.G. Le Clézio :

« Je ne sais pas trop comment cela est possible, mais c'est ainsi : je suis un Indien. Je ne le savais pas avant d'avoir rencontré les Indiens, au Mexique, au Panamá. Maintenant, je le sais [...]. Quand j'ai rencontré ces peuples indiens, moi qui ne croyais pas avoir spécialement de famille, c'est comme si tout à coup j'avais connu des milliers de pères, de frères et d'épouses [1]. »

Le 8 janvier 1986, je suis sorti de la Sierra, comme on sort d'un rêve, marqué à jamais par cette aventure. Il y a eu la descente longue, fatigante, puis l'aéroport de Valledupar où j'ai retrouvé Paul-Louis à l'embarquement. Le reste de l'équipe était déjà reparti en France ; lui avait fait le tour des hôpitaux de la région pour essayer de retrouver ma trace. Sans succès. Ce jour-là, il a semblé soulagé de me voir. L'avion, Bogotá, le retour à l'ambassade. Avec le temps, l'aventure est devenue anecdote, les souvenirs se sont estompés. J'avais bien quelques images qui parfois me revenaient en mémoire, des images de sommets enneigés, de quelques huttes blotties derrière leurs murets de

---

1. J.-M.G. Le Clézio, *op. cit.*

Premier monde

pierre. Parfois aussi, je repensais au visage de cet homme qui m'avait soigné là-haut, quelque part au cœur de la Sierra Nevada de Santa Marta. Puis, ces images sont devenues lointaines. J'ai oublié ma promesse et je suis reparti dans le tourbillon aveugle de la vie.

Chapitre 2

Deuxième monde

> *Le deuxième monde, c'est l'énergie.* « *Il existait un père, c'était un tigre, pas un tigre comme un animal, mais l'esprit du tigre, son énergie, sa force vitale, un tigre en "Aluna". Il y a une énergie, qui est là, puissante et déroutante, complice ou ennemi. Elle montre, entraîne, questionne, elle blesse parfois sur un chemin chaotique dont le sens...* » *C'est ce qui rendra le possible existant, Dieu ? l'énergie ? la vie ?*

Paris, janvier 1987. De retour en France, je cherche un appartement, un travail, sans idée précise de ce que je cherche. Je réponds même à une annonce parue dans un quotidien national pour un poste dont je ne comprends pas la finalité : consultant ? Mystère des annonces et des recrutements, je suis convoqué pour un entretien avec le dirigeant d'un petit cabinet de conseils en management et organisation. Savoir ce qui se fait exactement dans ce type d'entreprises est pour moi une énigme. Pour l'occasion, j'investis dans une chemise rose, une veste et un pantalon en flanelle, et me voilà à la recherche de la bonne adresse dans l'un des quartiers chics, mais discrets, de la capitale.

Quelques minutes de marche le long d'immeubles sans

Le chemin des neuf mondes

âme, un porche aux couleurs crémeuses, presque sales. Pas vraiment sales, mais pas nettes. Sur les murs, des boiseries sombres. À côté de la porte de l'ascenseur, une minuterie orange clignote. Anonyme, tout est anonyme, comme si les habitants du lieu avaient voulu gommer toute aspérité, tout élément un tant soit peu original, particulier. À neuf heures précises, droit dans mon costume de jeune cadre dynamique, je sonne. Sur la porte, une petite plaque de cuivre m'indique que je suis au bon endroit. On dirait une plaque de médecin.

Cheveux courts, la trentaine, une jeune femme m'ouvre la porte et me précède vers une salle de réunion claire et confortable. Dans un coin, deux paper-boards, j'apprendrai plus tard que ce matériel est l'outil incontournable de tous les consultants du monde. Deux hommes m'attendent. L'un est aussi rond et ouvert que l'autre, le visage caché derrière un mince collier de barbe, semble distant et tranchant. L'entretien durera une heure, peut-être deux. Je ne sais plus vraiment ce que j'ai dit. Cela a dû être convaincant. Quelques jours plus tard, la consultante en charge des recrutements me téléphone et m'annonce que ma candidature est retenue. Je suis embauché ! Reste à comprendre ce que je suis venu faire dans cette entreprise. Lorsque je raccroche, je crois que je suis content... Après tout, cela fait plusieurs mois que je cherche un emploi ! Une satisfaction passagère, qui devient vite pincement de cœur, puis inquiétude. Est-ce que c'est une bonne décision ? Est-ce que j'ai vraiment envie de devenir salarié dans une société comme ça ? L'image des montagnes, que j'ai parcourue lorsque je travaillais dans le Parc national de la Vanoise, me traverse l'esprit... En fait, je n'ai aucune idée précise de ce dont j'ai envie...

Quelques jours plus tard, je suis convoqué pour signer mon contrat de travail. Dernière relecture du document.

Deuxième monde

Avec un grand sourire l'un de mes futurs patrons me tend un stylo. Ma main reste suspendue... Impossible de signer.

— Il y a quelque chose qui ne va pas ? Vous n'êtes plus d'accord avec les termes du contrat ?

— Non, non, tout va bien...

J'ai les mains moites, la peur. Quelque part, je sens obscurément que je perds quelque chose, que je mets le pied dans un engrenage dont il me sera difficile de sortir. Je commence ma vie professionnelle, certains parleraient même de carrière, et je n'aurai plus guère le temps de penser aux Indiens ou à la Sierra.

Le lendemain, à neuf heures, je me retrouve dans une pièce triste, éclairée par une pauvre ampoule pendue au plafond. Sur les murs, une batterie de dossiers remplis de documents manuscrits.

— Tenez, installez-vous ici, et lisez ces quelques dossiers. Vous pourrez vous mettre au courant de nos différentes affaires.

Avec un sourire engageant, mon nouveau patron ouvre une pièce, me montre un siège, et s'éloigne rapidement dans le couloir.

Je regarde la fenêtre avec résignation, j'ai la curieuse impression de dire au revoir à ma liberté. J'enlève ma veste, remonte mes manches et desserre ma cravate. En jeune cadre obéissant, je commence à tourner des pages, à lire des rapports, et encore des rapports. Il y est question d'une fédération mutualiste qui ne sait plus trop ce que mutualiste veut dire, et qui semble un peu confondre ses comptes et ceux de ses sociétaires. Graphiques, analyses et commentaires tentent de remettre de l'ordre dans ce qui semble être un incroyable imbroglio où se mêlent enjeux de pouvoir, non-dits et conflits de représentations.

À tout hasard, je prends quelques notes, histoire de... Mais qu'est-ce que je dois faire avec tout ça ? Un nouveau rapport, quelques notes manuscrites. Dix heures, onze heu-

Le chemin des neuf mondes

res, le temps n'en finit plus de passer. Ma vision du métier de consultant est de plus en plus floue. Midi enfin : mes nouveaux « collègues » m'invitent à déjeuner...

Il y a une drôle d'équipe dans ce cabinet. Un intelligent pervers qui caresse ses zones d'ombre comme certains caressent leur chat, avec une tendresse presque maladive. Un bernard-l'ermite qui observe le monde, tapi au fond de sa coquille, ne sortant ses pinces que lorsque la proie s'approche à bonne portée. Une Bretonne bretonnante, d'autant plus étonnante qu'elle n'est bretonne que par adoption, peut-être a-t-elle trouvé là un pays de cœur où replanter des racines malmenées par la vie. Deux doux dingues, l'un passionné par l'Afrique où il retourne régulièrement accompagner le développement des énergies renouvelables ; l'autre, homme de théâtre, qui, après ses journées de consultant, s'en va jouer un autre spectacle, peut-être plus humain. Et puis, il y a Jacqueline, rapidement surnommée D'Jack, assistante toujours prête à aider, à donner, un peu perdue dans ses jupes longues : « Je mets toujours des jupes qui arrivent sous le genou », me confiera-t-elle un jour. Fidèle, elle restera présente tout au long de cette histoire.

Les années passent, le cabinet s'agrandit, les doux dingues s'en vont, des ingénieurs arrivent. Peu à peu, j'apprends les subtilités de ce métier, les différentes manières de l'exercer, les modes et courants de pensée. Analyse de la valeur, ISO 9002, benchmarking, analyse fonctionnelle, stratégie, marketing... Je m'approprie un discours, je découvre une culture, une manière d'être et de faire, à côté, dans la suggestion plus que dans l'orientation, parfois aussi dans la manipulation plus que dans le conseil.

Sans expérience professionnelle aucune, je prospecte des clients, je les rencontre, je leur parle de nos activités.

Deuxième monde

Nos activités, comme si elles faisaient partie de moi, de ma vie. Dans cette société, les démarches de travail sont essentiellement axées sur les processus et l'organisation. Les hommes et leur animation viennent en second plan. La raison en est simple : les deux dirigeants sont des inconnus à eux-mêmes, à leurs émotions, leurs représentations. Désarmés face à ce qui fonde leurs pratiques et leurs comportements, il leur est impossible d'imaginer l'entreprise par un autre prisme que celui de son organisation et de ses processus. Ici, on parle de critères de performance, de portefeuilles d'activités, l'entreprise est une machine bien huilée où l'être humain n'est qu'une ressource qui s'adapte ou qui s'en va. Pendant ces six années loin de la Sierra, loin du cœur et de la pensée, j'écoute et j'apprends, sans trop savoir ce que j'écoute et pourquoi j'apprends.

Mais j'apprends la rigueur, la structuration et le pilotage de projets, je découvre des outils dont les potentiels de structuration et de développement peuvent être redoutables, je m'exerce à négocier, à vendre. Quand je repense à ces années passées dans cette entreprise, je ne me souviens de rien, d'aucun événement, d'aucune émotion particulière. Comme si je n'avais fait que passer, traverser un espace-temps inodore et sans saveur. Les jours s'enchaînent, identiques, sans haut, sans bas, sans rien. Le vide nourrit le vide, qui nourrit le vide. Je ne crois pas m'être interrogé, ne serait-ce qu'une fois, sur le sens de mon travail, ses finalités, ses enjeux... J'essayais de « bien faire mon travail », mais qu'est-ce que veut dire « bien faire son travail ? »

Parfois un conflit ou un dysfonctionnement vient heurter mes émotions, mes représentations. Bien obligé, je me risque à quelques questionnements, sur l'autre, « cet abruti », une situation forcément « stupide ». Questionnement instinctif de l'animal perturbé par une altérité qui dérange son univers. Questionnement limité, car je n'ai aucun modèle, aucune référence pour organiser ma pensée, la développer

Le chemin des neuf mondes

et comprendre les paradoxes ou les situations dans lesquelles je me trouve. Les derniers souvenirs de la Sierra s'évanouissent. Des Kogis, de mon aventure, il ne reste que quelques photos jaunies perdues au fond d'un album. De temps en temps, bouffées d'émotion et de nostalgie, chez un client, au milieu d'un rapport, je ne peux m'empêcher de repenser à cette lointaine montagne. Elle est toujours là, en moi, quelque part. Comme si mon accident et mon bref passage chez les Aruacos et les Kogis avaient laissé des traces invisibles : odeurs, mémoires enfouies, que le temps, cet allié lointain, se chargera un jour de réveiller.

C'est ma compagne, une grande amie, qui va me remettre sur le chemin de mon histoire. Future journaliste, elle a déjà certaines des caractéristiques de la profession. Un esprit curieux, toujours en éveil, et une capacité incroyable à mettre la main sur l'article introuvable publié dans un obscur journal professionnel.

— Tiens, j'ai trouvé ça, tu devrais être intéressé.

Ça, c'est un article publié dans une revue spécialisée où un ethnolinguiste parle de la Sierra, de sa situation géopolitique et du village de Nabusimaké.

Nabusimaké, « Là où naît le Soleil ». Des souvenirs enfouis se réveillent, la montagne, les Indiens, la Colombie. Ce jour-là, sur le disque dur de mon ordinateur, je crée un nouveau fichier « Sierra Nevada — Kogis ». Je commence à lire l'article, à fouiller dans les bibliothèques, à reprendre le vieux journal que j'avais écrit six ans plus tôt. Je redonne vie à mon histoire.

Première découverte, comtes, marquis, géographes, nombreux sont les Français qui se sont déjà rendus dans la région. En 1855, c'est Élisée Reclus, fondateur de la géographie moderne et grand théoricien de l'anarchie, qui

Deuxième monde

décide de s'installer au pied de la « montagne de Sainte-Marthe » pour y fonder une exploitation agricole. Il est fasciné par cette pyramide montagneuse qui représente pour lui :

« Un abrégé de toutes les merveilles du monde où l'on rencontre tous les aspects possibles de notre terre, depuis la forêt équatoriale, jusqu'aux neiges éternelles [1]. »

Pour lui, la Sierra Nevada est un véritable paradis terrestre dont il parle parfois en termes lyriques et enthousiastes :

— Le soir surtout, quand le bord inférieur du soleil commence à plonger dans la mer et que l'eau tranquille vient soupirer au pied des falaises, la plaie verte, les vallées obscures de la Sierra, les nuages roses et les sommets lointains, saupoudrés d'une poussière de feu, présentent un spectacle si beau qu'on cesse de vivre par la pensée et qu'on ne sent plus que la volupté de voir [2]. »

Mais s'il reconnaît la magnificence de la nature, nature sauvage, peuplée de serpents, de tigres et de jaguars, il parle des Aruacos, et autres héritiers des Tayronas qu'il rencontre dans ses périples, comme des gens « industrieux, peu intelligents et hypocrites comme tous les faibles ».

Esprit ouvert, avide de liberté, en avance sur son temps, malgré quelques contacts privilégiés avec les Aruacos, Élisée Reclus n'arrivera jamais vraiment à appréhender la richesse de leur culture. Si son approche de la géographie, associée à une grande sensibilité, lui permet d'expliquer et parfois de pressentir beaucoup plus que ce qu'il peut voir, il restera le plus souvent déçu par leur mutisme et leur incompréhension.

Près de quarante ans plus tard, dans les années 1890,

---

1. Élisée Reclus, *Voyage à la Sierra Nevada de Sainte-Marthe*, Hachette, 1861.
2. *Ibid.*

c'est encore un Français, le comte Joseph de Brettes, qui est chargé, au nom du gouvernement français, de mener des « missions scientifiques et économiques » dans la Sierra. Dans l'un de ses rapports, publiés le 16 avril 1903, il parle des Kogis comme — « des êtres "très menteurs", extrêmement lâches, il n'est pas possible de l'être d'avantage... », dotés « d'un caractère très mobile, à ce point qu'ils commencent toutes espèces de travaux sans en achever aucuns »... Des gens pour qui « l'hospitalité est loin d'être la vertu dominante, même si leur lâcheté les pousse à rendre, bien à contre-cœur, quelques légers services... »[1].

Au-delà de ces considérations générales, le comte de Brettes se livre à un méticuleux recensement des pratiques, habitudes et modes de vie des Kogis. On apprend — « qu'ils ont une sensibilité auditive extraordinaire », qu'un certain Lémako, âgé de soixante ans, « était celui qui entendait le mieux les battements de ma montre... », que le tatouage leur est inconnu, « qu'ils distinguent très bien, à l'odeur, les transpirations cutanées des personnes de races diverses... », qu'ils adorent le piment, que leur sensibilité tactile est assez proche de la nôtre, et que chez eux « le sentiment d'amour n'existe pas, il n'y a que des accouplements sexuels ».

Sur ce dernier point, le comte Joseph de Brettes entre dans les détails et précise que « la masturbation et la sodomie sont pratiquées, j'en ai l'absolue certitude, ayant pris des Indiens sur le fait. De nombreux indices m'induisent à croire que ces vices font aussi partie de leurs cérémonies religieuses, mais je n'ai pas pu en acquérir la preuve positive ». Et de conclure : « C'est évidemment à la sodomie qu'il faut attribuer la froideur des Kogis pour leurs femmes et par suite le dépérissement de la race... » Pour conforter

---

[1]. Comte Joseph de Brettes, *Chez les Indiens du nord de la Colombie*, 1903.

Deuxième monde

ses propos, il fait appel aux écrits d'un certain Simon qui explique que « le crime contre nature était ordinaire chez eux, et ils avaient une telle passion pour lui, que pour s'exciter à le commettre, ils emplissaient leurs temples de mille abominations et figures obscènes [1] ».

Ces descriptions reflètent assez bien les représentations et les champs de possibles d'une époque. De fait, notre comte explorateur s'intéresse à ce qu'il voit, et le décrit par rapport à ce qu'il s'imagine être. À aucun moment, il ne semble entrevoir les concepts qui sous-tendent les pratiques et la vision du monde des Indiens Kogis. Sans doute n'imagine-t-il pas que, pour ces hommes et ces femmes, le visible et la matière ne sont que l'incarnation passagère d'une réalité invisible qui fonde la réalité. Que les danses et rituels des Mamus, qu'il décrit comme de « curieuses incantations et simagrées souvent grotesques », sont des moyens subtils et extrêmement élaborés de rentrer en relation avec le monde du vivant. Et le comte de Brettes de conclure : « Je ne vois aucune signification dans les cérémonies de leurs cultes. "C'est ainsi", répondent-ils à chacune de mes questions. Leur intelligence ne va pas plus loin. »

Les années passent et, en 1948, c'est au tour du marquis de Wavrin de publier un livre intitulé *Les Indiens sauvages de l'Amérique du Sud,* un livre à travers lequel il souhaite « faire connaître et faire comprendre la vie sociale des différentes tribus, une vie sociale souvent simple chez les peuples les plus arriérés ». Et le marquis de préciser que : « ...Ce serait pourtant commettre une grave erreur que de croire que ces groupes, qui vivent au dernier échelon de l'humanité, n'ont pas leurs usages, leurs lois et leurs coutumes. Ils ont le sentiment de la famille, de l'amitié... Et même s'ils sont restés éloignés de nous ils ne sont pas

---

1. *Ibid.*

toujours aussi stupides qu'on peut se l'imaginer. Ils seraient susceptibles de progrès et sont peut-être même intelligents et compréhensifs. » D'après le marquis, « ce qui les retient dans leur ignorance, voire pour certains dans leur vie de primates, c'est leur amour de la liberté et de l'indépendance... ». Non seulement, ces Kogis sont amoureux de la liberté, ce qui n'est pas pour me déplaire, mais ils semblent maîtriser un champ de connaissances particulièrement abouties et développées. « Ainsi, ajoute-t-il, ces Kogis qui sont les plus dégénérés physiquement, les plus sales et les plus arriérés, jouissent pourtant du respect de leurs voisins. Pour ces Indiens, la science religieuse et la réputation des Mamus ou prêtres de leur religion priment tout. Tous reconnaissent cette science comme étant la plus élevée et la plus développée [1]. »

Mais notre marquis en restera là, semble-t-il peu désireux d'en savoir plus sur cette science, ce qui la fonde, et sur les raisons de la réputation de ces Kogis parmi les communautés de la région...

Il faut attendre les travaux de Konrad Theodor Preuss (1869-1938) et surtout ceux de l'anthropologue Gerardo Reichel-Dolmatoff (1912-1994) dans les années 1950, pour que l'on commence à entrevoir l'incroyable richesse d'une civilisation dont on a longtemps tout ignoré. Passionné par ces hommes qui « cherchent à explorer les différentes dimensions de l'être humain », il écrira dans l'un de ses ouvrages : « Les Mayas, les Aztèques et les Incas ne furent pas les seuls à avoir atteint un haut niveau de développement culturel. Les Tayronas et leurs héritiers, les Kogis, peuvent être considérés comme faisant partie des grandes civilisations du Continent sud-américain [2]. »

---

1. Marquis de Wavrin, *Les Indiens sauvages de l'Amérique du Sud*, Payot, 1948.
2. Gerardo Reichel-Dolmatoff, *Los Kogi*, Edición Procultura, 1985.

Deuxième monde

D'après Gerardo Reichel-Dolmatoff, ce que nos comtes et autres marquis ont pris pour de l'indifférence, voire de la bêtise, n'est en réalité « que l'expression la plus haute de la sérénité, qui est la manifestation la plus pure de la maîtrise de soi. Ne pas révéler ses émotions est le tout premier pas qui conduit à un état dénué de toute passion. Or, tel est l'un des principaux objectifs de la vie d'un Kogi, ne pas être emporté par ses émotions... ». Sans doute est-ce l'un des premiers à s'être intéressé aux hommes et aux femmes, et non simplement aux Kogis, à avoir établi une relation humaine avec eux, avant une relation dite « scientifique » sujet-objet. C'est bien cette relation humaine, parce qu'elle relie à l'essence des êtres, qui permet d'entrevoir le sens d'une représentation du monde, de ce spectacle de la vie, que les hommes se créent pour tenter de survivre.

« Je n'ai pas rencontré de "bons sauvages", ou de "primitifs", encore moins d'Indiens dégénérés, abrutis, ou inférieurs tels qu'ils sont souvent décrits par les gouvernements, les hommes politiques et dans la littérature. Ce que j'ai rencontré, c'est un monde avec une philosophie extrêmement cohérente, une morale élevée, une organisation sociale et politique d'une grande complexité basée sur une connaissance du milieu naturel parfaitement maîtrisée. J'ai vu qu'il y avait des stratégies de développement, que nous ne pouvons ignorer, car elles sont porteuses de solutions à même de nous aider à faire face à une grande variété de problèmes humains... »

Chance ? hasard ? À travers les informations que j'arrive à glaner, je découvre, stupéfait, que ces hommes et ces femmes qui m'ont recueilli sont les derniers héritiers d'une civilisation aussi brillante qu'a dû l'être celle des Mayas ou des Aztèques. Fasciné, j'en finis presque par oublier l'objet de mes recherches. J'ai l'impression de me trouver devant un puzzle, un immense puzzle, dont j'entre-

Le chemin des neuf mondes

vois l'importance, mais dont je n'ai ni le sens ni la vision globale.

Au hasard de mes lectures, j'apprends : que les Kogis sont au nombre de 12 000, qu'entre eux ils se nomment les Kagabas, « les gens de la Terre », qu'ils sont les derniers héritiers des grandes civilisations du continent sud-américain, qu'ils représentent sans doute l'une des dernières cultures à avoir su entretenir et faire vivre leurs traditions sans interruption depuis plusieurs centaines d'années. J'apprends aussi que ce sont nos préjugés, mais surtout les difficultés d'accès de la Sierra qui leur ont permis de traverser l'histoire et d'arriver jusqu'à nous. Plus qu'ailleurs, c'est en effet la situation géographique de la Sierra et ses caractéristiques qui permettent de comprendre l'histoire de cette montagne et la culture de ses habitants.

Près de 6 000 mètres d'altitude à moins de 45 kilomètres des côtes, la Sierra Nevada de Santa Marta est la plus haute montagne du monde en bordure de mer. Cachés par d'éternels nuages, ses sommets enneigés surplombent la mer des Caraïbes. Il y a peu de massifs montagneux qui s'élèvent de façon aussi abrupte face à la mer. De fait, la Sierra Nevada apparaît comme une véritable île montagneuse. Au nord, la mer des Caraïbes ; à l'est le désert de la Guajira, et au sud-ouest le rio Magdalena. Chacun de ses versants abrite une étonnante diversité de climats et d'écosystèmes qui rassemble la majorité des paysages et des milieux naturels d'Amérique tropicale.

On peut penser qu'une telle montagne doit se voir de très loin... à l'horizon. On ne peut pas exclure non plus que ce sont ses sommets enneigés qui, en 1501, ont dû attirer le capitaine Don Rodrigo de Bastidas vers ces rives du Nouveau Monde. Que dire de cette rencontre, de ce contact qui n'ait déjà été dit ? Les conquistadors voulaient

Deuxième monde

vaincre les forces païennes. Ils cherchaient de l'or, des terres à conquérir, ils en ont trouvé. Les Tayronas entretenaient une culture basée sur l'harmonie dans laquelle l'or représente l'esprit sacré du soleil. « Le soleil est un homme au masque d'or. Ce masque diffuse des rayons qui permettent la naissance des cultures et la croissance de toute chose. Le soleil est dans le ciel... Deux chamanes le transportent sur leurs épaules [1]... »

Entre les conquistadores qui arrivaient d'une Europe à peine sortie du Moyen Âge et une civilisation pour qui les mondes du visible et de l'invisible forment un tout cohérent dont il faut en permanence maintenir l'équilibre, le dialogue était impossible. La confrontation va durer plus de soixante-quinze ans.

Une confrontation plus ou moins violente selon les intentions et la personnalité des différents gouverneurs qui vont se succéder dans cette nouvelle province. Don Rodrigo de Bastidas, le fondateur de Santa Marta, a plutôt privilégié des contacts pacifiques. Il lui semblait souhaitable de conserver intact le système de production des Indiens afin de pouvoir entretenir des échanges commerciaux et fournir les ressources nécessaires aux habitants de la colonie. D'autres gouverneurs vont vouloir soumettre, par les armes, la région et ses habitants. « Les arquebuses, les chiens spécialement dressés jouèrent un rôle décisif dans la conquête espagnole de ces nouveaux territoires. Des chefs tels que Palomino, Heredia, Garcia de Lerma, Fernández de Lugo figurent parmi les "pacificateurs" qui menèrent cette longue lutte [2]. »

Ainsi vont s'ouvrir de longues années de guerre, de famine et de désolation jusqu'à la dernière grande rébel-

---

1. Mythologie Kogi.
2. *La Sierra Nevada de Santa Marta*, ouvrage collectif, éditions Juan Mayr, 1985.

Le chemin des neuf mondes

lion de 1599 à l'issue de laquelle les bastions Tayronas seront vaincus et écrasés dans le sang. Villes rasées, terres agricoles brûlées, temples détruits, chefs religieux torturés et exterminés : contre les arquebuses et la convoitise la lutte était inégale. Les derniers survivants n'auront d'autre choix que de se replier sur les hauteurs de la Sierra. Ils vont brûler leurs villages, détruire les chemins d'accès et se replier derrière la plus efficace des protections, la forêt tropicale.

Paradoxalement, c'est la même montagne qui, après avoir signé leur disparition, leur offre leur ultime refuge. Particulièrement difficile d'accès, c'est un abri idéal. Repliés dans ses hautes vallées, pendant plusieurs siècles, les derniers fils des Tayronas, Kogis, Ijkas et Sankas vont choisir de se couper du monde.

À la fin du XVIe siècle, la conquête des territoires Tayronas est terminée. Les villages sont détruits, les cultures abandonnées. Peu à peu, la forêt tropicale engloutit les ruines de la civilisation Tayrona, reléguant dans l'histoire leur force et leur splendeur.

« Les Espagnols ne pouvaient comprendre l'organisation, encore moins les conceptions religieuses et cosmologiques de ces peuples qui leur parurent définitivement non civilisés. À leurs yeux, il n'y avait pas de vrai État, pas de vraie religion, pas de vraie pensée, tout était désordre. Les rites n'étaient que croyances superstitieuses proches des diableries. En revanche, ils ont vite compris qu'à peu près tous les objets métalliques des indigènes étaient en or, qu'il suffisait de les fondre pour obtenir lingots et pièces de monnaie. Face à cette richesse, ils ont surtout eu une attitude destructrice. Les objets en métal faits par les Amérindiens ne pouvaient être perçus avec respect. On ignorait ou on niait leur sens, on ne savait pas voir leur beauté que l'on considérait comme étant celle du diable. Très vite les traditions indigènes ont disparu partout où s'est installée

Deuxième monde

la domination occidentale. Quelques groupes ont réussi malgré tout à en conserver certaines, là où ils pouvaient survivre au prix d'un confinement dans des endroits en marge du monde moderne [1]. »

C'est curieux, j'ai encore du mal à apprécier l'importance de ce que j'entrevois derrière les lignes. Il y aurait donc, quelque part dans ces montagnes, des hommes et des femmes qui continueraient à vivre selon un autre modèle de vie, et ce depuis plusieurs centaines d'années ? Ce sont ces Indiens qui m'auraient soigné et sauvé la vie ? Comment est-ce possible ? Comment imaginer qu'ils n'ont pas encore été découverts, envahis ?... 12 000 Indiens, ce n'est pas rien !

De découverte en découverte, la fébrilité me gagne. Comme pour un puzzle, j'essaie de regrouper les informations que je glane par thèmes, par sujets. Je cherche un ordre, une logique. À ce stade, je me contente de la plus simple : décrire ce que je vois, ce que je lis. Envie première de mieux connaître, mieux savoir qui sont ces Indiens qui m'ont sauvé la vie. Je suis encore incapable d'imaginer que d'autres connaissances peuvent être appréhendées par d'autres chemins que la raison ; que ce que je peux voir et décrire n'est que le reflet relatif d'un ailleurs qui me reste pour l'instant inaccessible. Peut-être plus généreux et tolérant que mes prédécesseurs, j'ai hérité des mêmes limites intellectuelles.

Lorsque les conquistadores sont arrivés, il semble que les populations indiennes aient été relativement nombreuses : 500 000 habitants ? un million ? Les premières chroniques parlent de centaines de villes et villages répartis entre les plaines et les parties hautes de la Sierra. « À en juger par le grand nombre de villages qui existaient dans

---

[1]. Jean-François Bouchard, *Les Esprits, l'Or et le Chamane*, revue *Beaux-Arts*.

Le chemin des neuf mondes

la province de Santa Marta, par les innombrables escadrons qui, sans arrêt, se lançaient à l'assaut des envahisseurs, et par le nombre d'années que dura la lutte contre les conquistadores, je ne crois pas exagérer d'estimer à un demi-million le nombre d'habitants à l'époque de la découverte[1]... »

Une densité de population qui suppose des méthodes de valorisation des ressources naturelles particulièrement développées et adaptées à leurs besoins. Murs, terrasses, canaux, escaliers, les Tayronas ont su tirer parti des différents étages thermiques de la Sierra. Ils ont augmenté les surfaces cultivables en aménageant les reliefs à l'aide d'importants travaux de terrassement. Les cités les plus importantes étaient localisées entre 200 et 1 200 mètres d'altitude. Plus haut, les cités devenaient villages et hameaux, et enfin temples isolés où étaient réalisés rituels et cérémonies.

« Et parce que, s'il existe un paradis terrestre, il semble qu'il soit ici, sur ces terres indiennes... tout est couronné de hauts sommets... aux pentes et ravins peuplés de grands villages d'Indiens qui se voyaient de partout avec leurs versants offrant une vue si agréable. Les innombrables plantes étaient un régal pour les yeux... la propreté et la curiosité, qui était celle de leurs jardins pavés de grandes pierres polies... et celles de leurs chemins aux pierres plates d'une tierce d'aune[2]... »

Un impressionnant réseau de chemins pavés, escaliers, parfaitement adaptés au relief, parcourait et parcourt encore la Sierra. Ils reliaient entre eux villages et cités et permettaient commerce et échange de marchandises. Cette

---

1. Ernesto Restrepo Tirado (1929), in *La Sierra Nevada de Santa Marta*, Mayr, 1985.
2. Frère Pedro Simón, *Noticias Historiales de las Conquistas de Tierra Firma en las Indias Occidentales*, Bogotá, 1882.

Deuxième monde

répartition reflète l'extraordinaire maîtrise des Tayronas dans la valorisation et l'exploitation des étages thermiques de la Sierra. Pêches, agriculture, fonderie, orfèvrerie, céramiques, selon son altitude, sa localisation, chaque village, et les territoires qui en dépendaient, était spécialisé dans une fonction ou une activité particulière.

« La spécialisation des tâches allait bien au-delà de la division du travail par sexe et par âge puisque, outre l'existence d'activités autres que celles de la production des aliments, de véritables corporations d'artisans, de prêtres, de fonctionnaires, de marchands et de fonctionnaires urbains s'étaient constituées. Une spécialisation des tâches qui n'était pas limitée à l'intérieur d'une même communauté [1]. »

Mais l'essentiel de leurs activités économiques était structuré autour de l'agriculture. Une agriculture particulièrement développée tant sur le plan des techniques utilisées que sur le plan de la variété des plantes, fruits et légumes cultivés. Ils pouvaient stocker certains excédents de productions, notamment le maïs, et ils maîtrisaient l'irrigation. Ils avaient construit d'importants bassins de rétention dans les zones les plus arides, proches de Santa Marta.

Agriculteurs, les Tayronas étaient aussi d'admirables tailleurs de pierre, granit, quartz, cornaline et des orfèvres hors pair. Masques, bracelets, pectoraux, reproductions animales, ils portaient une multitude d'objets en or qui ont largement contribué à exciter la convoitise des Espagnols. Un pillage qui ne s'est jamais vraiment arrêté puisque, encore aujourd'hui, les collections des musées colombiens sont largement alimentées par le travail des Guaquejos, les pilleurs de tombes.

Une telle spécialisation des activités supposait une organisation sociale et politique particulièrement complexe et

---

1. Jean-François Bouchard, *op. cit.*

élaborée. Chaque cité, parfois structurée en quartiers, se trouvait placée sous la responsabilité d'un « cacique » qui dépendait à son tour d'autres « caciques » de plus grande importance. Les cités et territoires associés semblent avoir été structurés en vaste confédération de provinces reliées entre elles et dépendantes les unes des autres.

Il est difficile d'apprécier la répartition et les jeux de pouvoirs de la société Tayrona. Certes les caciques, évoqués par les Espagnols lors de leurs contacts avec les Indiens, devaient avoir une forme d'autorité et de pouvoir, mais alors quel était le rôle de ces *naomas* souvent évoqués ? « Ces hommes chenus, qu'ils appelaient Naomas, ces hommes qui semblaient avoir une grande influence sur les Caciques [1]... »

Peut-être les Naomas étaient-ils les ancêtres des actuels « Mamus », autorités spirituelles de la Sierra. Cela expliquerait l'incapacité des Espagnols à en saisir le rôle et l'influence sur la société Tayrona.

Au fur et à mesure de mes lectures, la Sierra reprend vie dans mon cœur et dans mon esprit. J'ai de plus en plus de mal à passer mes journées à conseiller les entreprises sur l'art et la manière d'augmenter leurs profits ou d'élaborer une stratégie. Dans mon bureau, les documents sur la Sierra côtoient d'obscurs rapports sur une mutuelle régionale ou la stratégie d'un groupe chimique. Mes objectifs mensuels, passés en tableaux et autres statistiques, me rappellent que je dois développer la prospection et chercher de nouveaux clients. Ça ne va plus, je dois trouver une solution. Je ne sais ni pourquoi ni comment, mais je dois absolument dégager du temps pour poursuivre mon enquête. Et puis, je commence à réaliser que si je veux réellement comprendre qui sont les Kogis, si je veux retrouver ces Indiens qui m'ont sauvé la vie et essayer de

---

1. Castellanos (1914).

Deuxième monde

tenir ma promesse, rendre leurs terres aux habitants de la Sierra, je n'ai pas vraiment le choix..., il faut que je retourne là-bas.

L'évidence se fait plus forte, plus pressante, jusqu'au jour où je propose à mes patrons de ne plus être salarié, mais de travailler à la journée... une organisation qui va me laisser du temps pour penser à la Sierra et imaginer la suite que je pourrai donner à cette histoire. Ce jour-là, lorsque je démissionne, je ressens à la fois une grande légèreté, l'impression de retrouver ma liberté, mais aussi une certaine angoisse, la sécurité n'est plus là ! De salarié, je passe en profession libérale. C'est à cette époque que je commence à faire un rêve étrange, toujours le même, qui revient comme une image fixe, obsédante :

« J'arrive devant une gorge étroite, profonde. À l'entrée de cette gorge, légèrement sur la gauche, une hutte sombre dans laquelle un homme semble attendre. La scène est baignée d'une lumière bleutée. Un clair de lune, un de ces superbes clairs de lune qui donnent aux paysages un aspect magique. Du personnage, je ne distingue que les contours, il a les cheveux longs, il semble âgé. Et puis, il y a un chemin, une piste aux couleurs claires qui s'engage dans cette gorge, comme un appel... »

Il faut vraiment que je retourne là-bas, je ne sais pas pourquoi, mais il faut que j'y retourne.

Chapitre 3

Troisième monde

> *Alors, s'est formé le troisième monde, c'est la naissance, le passage de l'ombre à la lumière. « Les gens sont arrivés, mais ils n'avaient pas d'os, pas de force. Ils étaient comme des vers, des lombrics sortis de la terre, la mère. C'est la naissance, c'est l'incarnation des possibles, failles et fissures, coups et blessures. »*

La Jeep monte péniblement la piste ravinée qui rejoint Nabusimaké, le village par lequel nous sommes entrés dans la Sierra lors de mon premier voyage. Il y a dans la région trois communautés indiennes très différentes, tant sur le plan linguistique que par certains aspects de leur culture, les Ijkas ou Aruacos, les Kogis ou Kagabas et les Sanhas ou Arsarios. Une quatrième communauté, celle des Kankuamas, a disparu comme réalité et entité culturelle. Au même titre que les trois autres, elle faisait partie « des quatre races aînées chargées par les dieux de surveiller l'humanité et de conserver l'équilibre du monde en veillant sur leurs sanctuaires ». Nabusimaké — « Là où naît le Soleil », parfois aussi appelée « Le lieu où habite la petite sœur » — est la capitale des Indiens Aruacos. C'est à partir de ce village, et à travers les Aruacos, que j'espère renouer les fils de mon histoire.

Le chemin des neuf mondes

Je ne me souvenais pas que la piste était aussi longue, ravinée. Entre deux chaos, Ricardo, le fils de notre chauffeur de l'époque, m'explique que c'est lui qui a pris la relève ; que depuis la construction d'un relais de Radio-Télévision sur l'un des sommets de la Sierra, son entreprise est florissante ; qu'il ne se passe pas une semaine sans qu'il soit sollicité pour monter des sacs de ciment, du matériel de construction ou du ravitaillement... une bonne affaire.

— Et les Indiens, qu'en pensent-ils ?

— Ils ne sont pas très contents. Ils n'arrêtent pas de dire que c'est une montagne sacrée, qu'il ne faut rien construire dessus, mais bon, pour les émetteurs, c'est vraiment le meilleur emplacement.

— Et Nabusimaké ?

— Bien ! bien ! là-haut, tout va bien...

Nous passons enfin le petit col qui permet de redescendre vers Nabusimaké. L'émotion me gagne, l'excitation aussi. Je retrouve des odeurs, des paysages, je retrouve la Sierra. À quelques heures de l'arrivée, je me demande si ce voyage a vraiment un sens. En fait, je crois que j'appréhende un peu ce retour. Arrivé là-haut, comment vais-je m'y prendre, à qui faudra-t-il que je m'adresse ? Je n'ai aucun nom, aucun contact, rien. Est-ce que je ne me suis pas embarqué dans une utopie un peu fantaisiste, une sorte de rêve de gamin qu'il aurait sans doute été opportun de ne pas transformer en réalité ? Pour progresser dans mon enquête, je n'ai pas grand-chose... quelques photos prises à la sauvette lors de ma descente des lacs de Naboba, des souvenirs épars de noms, de lieux ou de visages, et ce village, Nabusimaké.

En dix ans, la situation a changé. Après l'assassinat de trois de leurs leaders, et pour préserver leur culture, les

Troisième monde

Indiens ont décidé d'interdire leur territoire aux étrangers. Plus aucun permis n'est délivré par les Affaires indiennes. De toute façon, arrivé en haut, ils ne servent à rien. La Sierra, cet univers clos et particulièrement difficile à pénétrer, s'est un peu plus refermée sur elle-même. Mes différentes lectures me permettent de mieux comprendre, mieux appréhender les tensions et les enjeux de cette vallée dans laquelle je retourne. La présence des capucins, le développement d'une population métisse, et les luttes terribles qui, dans l'ombre, opposent les traditionalistes aux métis et aux « opportunistes ». Pour ces derniers, il est urgent d'abandonner au plus vite les traditions pour s'intégrer dans le système des Blancs.

« Les missionnaires, selon les schémas classiques de l'assistance aux populations sous-développées, organisent leur présence dans la perspective d'une dépendance permanente. L'enseignement lui-même est très déficient, il n'a pas permis en soixante-trois ans de réduire l'analphabétisme, ce qui contribue à maintenir le motif officiel de leur présence... Les enfants sont gardés pendant une dizaine d'années à l'orphelinat dans le but avoué de constituer une population nouvelle, métisse culturellement et soumise économiquement et idéologiquement aux Capucins. On va même jusqu'à faire venir des Indiens Guajiros et Motilones pour faire des croisements génétiques. Les Aruacos essayent de résister et retirent leurs enfants. Les missionnaires, appuyés par les forces de police, les récupèrent par la contrainte. Comprenant que le noyau de la résistance est constitué par les prêtres ou "Mamus", ils s'attaquent à ceux-ci, et détruisent leurs temples. Un Mamu important est assassiné. De nombreux Aruacos émigrent alors vers des régions reculées de la Sierra. Les missionnaires récupèrent à leur profit les terres abandonnées par les émigrants et les distribuent, en partie à leurs "clients".

Le chemin des neuf mondes

Résistance et conflits vont se poursuivre pendant plus de quarante ans [1]... »

Face aux conflits, aux meurtres, aux destructions de ses villages ou de ses maisons, dans l'ombre, la société Aruaca tente encore et toujours de faire face aux avancées de la « civilisation ». Épuisés, moralement affaiblis, les gardiens de la tradition essaient de comprendre et de contourner les raisons de la suprématie blanche. Malgré de nombreuses tentatives d'ouverture, de dialogue, aucune alliance ne se révèle possible. D'année en année, les Aruacos doivent remonter davantage vers les terres froides, toujours plus hautes, toujours plus dures.

« Les terres ont été colonisées par des paysans du Magdalena ou de l'intérieur de la Colombie. Ils ont détruit et brûlé les forêts. Partout, les toits en tôle remplacent peu à peu les habitats traditionnels. La terre est dégradée, érodée, les rivières sont asséchées. Les pilleurs de tombe ont détruit les vestiges archéologiques, les braconniers ont exterminé une faune autrefois riche et variée. En tant que terres indiennes, San Andres, Kamaualdi, Guindusaka, Sënaxalda et Ceru ont disparu. Il ne reste que deux villages... mais jusqu'à quand [2] ? »

Un torrent, une dernière pente, puis la piste s'adoucit et s'engage à travers les pâturages qui occupent l'essentiel du fond de vallée. L'air est doux et clair. C'est ici que commencent les terres indiennes, ici que prennent vie d'autres mondes, d'autres possibles, ici que je vais pouvoir poursuivre mon enquête.

— *¿ Sabes donde quedarte ?* [Est-ce que tu sais où tu vas dormir ?]

---

1. Jon Landaburu, « Les Indiens de Colombie, les Aruacos », *Indianité, ethnocide, indigénisme en Amérique latine*, Éditions du CNRS, 1982.
2. Gerardo Reichel-Dolmatoff, *Los Ika*, Université nationale de Colombie, 1991.

Troisième monde

La voix de Ricardo me sort de mes rêveries.
— *¡ No !*
— *Bueno, te llevo en la casa de unos amigos.* [Je t'emmène dans la maison d'un ami.]
— *Gracias.*

La Jeep contourne quelques arbres, longe une barrière et s'engage dans la vallée. Je recherche un lieu, une image, quelque chose qui me rappelle ces journées lointaines, passées ici dix ans plus tôt. Mes souvenirs restent confus : quelques maisons colorées, du linge qui sèche. D'autres maisons, puis une carcasse de tracteur, oubliée, insolite... un large torrent. Un moment, les roues semblent bloquées, aspirées par le sable, puis doucement la terre, l'autre rive. Une barrière de fer... un chien se précipite vers la voiture en aboyant rageusement. Les cheveux tirés en arrière, une petite femme toute ronde sort de sa maison. Margharita, nous sommes chez Margharita.

Les portes claquent, le silence, enfin ! Rapidement, je décharge mes quelques affaires. Deux grandes filles, les cheveux bouclés, sortent de la cuisine. Ses filles, elles ont grandi. Je ne suis pas sûr qu'elles me reconnaissent, mais cela ne fait rien. J'apprécie leur accueil, toujours aussi chaleureux. À part quelques rides, Margharita n'a pas changé, elle est toujours la même, petite bonne femme pleine d'énergie qui règne en maîtresse sur sa cuisine et la minuscule épicerie qui, maintenant, prolonge sa maison.

On prend des nouvelles, on s'informe du monde, de l'autre, de la vallée. Ce soir-là, je raconte mon histoire, mon accident, les raisons de ma présence ici... Je voudrais retrouver ceux qui m'ont soigné, redescendu dans la vallée. Je voudrais aussi faire des photos, pour parler des Indiens à l'extérieur. C'est le seul moyen que j'ai trouvé pour collecter des fonds et essayer de tenir ma promesse. Est-ce que cela leur paraît possible ? « Oui, oui ! » Entre la salle à manger et la cuisine, Margharita et son mari écoutent mes propos en souriant. Savent-ils à qui je dois m'adresser ? Comment je dois m'y prendre ? « Il faut voir avec le *comisario* et l'inspecteur, au village. Ils te diront. » La bouche pleine, Ricardo acquiesce avec un long hochement de tête.

— *¡ A padre !*
— *Buenos días a todos...*

Sur le pas de la porte, un homme s'avance, jeune, le visage souriant, il porte une large croix sur une veste sombre et strictement boutonnée : un curé. Un instant, mon regard se perd sur les croix toujours là, présentes sur les murs. Qui est Margharita ? Quelle est sa place, quel est son rôle dans la vallée ? Trop content de la retrouver, de pouvoir dormir quelque part, je ne me suis pas vraiment posé la question. Mais là... c'est la fin de la journée, Margharita s'assied un moment, je risque une question.

— Il y a beaucoup d'Aruacos qui viennent chez vous ?
— Bien sûr, on leur vend ce dont ils ont besoin. Ma mère était indienne, je suis indienne moi aussi, une vraie, mais maintenant on est civilisé...

Les mains serrées autour d'un bol d'agua-panela, le curé sourit. Comme tous les mois, il monte une semaine à Nabusimaké pour célébrer la messe. À chaque cérémonie, plusieurs centaines d'Aruacos se pressent dans la petite église qui jouxte l'ancien orphelinat. Le 24 juin, c'est une immense procession qui traverse la vallée pour célébrer le saint local. Dans un étrange rituel, qui mêle liturgie catholique et coutumes indiennes, des adultes sont confessés, des bébés sont baptisés et accueillis dans le sein de l'Église. Les capucins sont partis, mais l'église est toujours là.

— Les Indiens ont leur culture, nous la respectons, moi je viens ici pour être auprès des catholiques qui ont besoin de nous..., me précise le curé, et d'ajouter : Avant, je ne

Troisième monde

sais pas, je n'étais pas là, mais maintenant les choses ont changé... on respecte vraiment les Indiens...

« Je suis arrivé le premier dimanche du mois de mars 1917, date à laquelle j'ai réuni les Indiens pour leur expliquer l'urgente nécessité qu'il y avait à ce qu'ils me confient leurs enfants pour que l'on améliore leur situation. Je leur ai aussi expliqué que c'était une façon de les aider en allégeant leur charge de travail. Je suis soucieux, car les Indiens ne veulent pas quitter leurs vêtements. Ils ne veulent pas non plus couper leurs cheveux sales et emmêlés. Pourtant, les enfants se rendent bien compte que les Mamus exploitent leurs familles et qu'ils leur font faire des pratiques superstitieuses qui ne sont pas dignes d'un cœur éduqué dans la crainte de Dieu illustrée par la science et une vie civilisée [1]... »

Je retrouve cette réalité obscure, profonde et éternelle, cette réalité qui veut que des hommes soumettent d'autres hommes, exploitent un système ou le rejettent. Chez Margharita, sans le savoir, j'ai choisi une porte qui m'éloigne de la Sierra, de ses habitants, de ceux qui ont choisi de rester indiens sur une terre indienne.

Que faire ? Qui rencontrer ? Je n'en sais rien. Peu importe. Aux premières lueurs du jour, je décide de partir à la découverte de la vallée, de me laisser vivre, emporter par son ambiance ; cette vallée que je n'avais fait que traverser lors de mon précédent passage. J'avais bien aperçu le village de Nabusimaké, village hérité de la colonisation espagnole, mais je n'avais osé y pénétrer, trop impressionné par ses murailles de pierre et sa porte à double battant hermétiquement close. J'étais venu « faire de la montagne » et non pas m'intéresser à des Indiens. Les

---

1. Frère pastor de Valencia (capucin), Valledupar, 25 juin 1924.

années ont passé, je suis revenu rencontrer des hommes et des femmes que l'on appelle des Indiens, les temps changent, les regards se transforment.

La vraie question, que me posent ce village, cette rencontre, c'est bien celle de mes limites, de mon savoir-être juste, simple, pour entrer en contact avec l'autre. Je cherche comment faire, alors qu'il suffit de faire. Je doute et je réfléchis là où il faudrait être et s'ouvrir. Et toujours cette légèreté qui m'échappe et me fuit. Pour entrer en relation avec l'autre, le monde, la pluie, les arbres, ne suffit-il pas d'être, d'être l'autre, tellement l'autre que l'on se fond en lui, qu'on le comprend et qu'on le vit de l'intérieur ? Un tel « état », une telle situation suppose un équilibre, une harmonie totale avec un environnement entendu au sens large du terme. Chez les Kogis, ce concept est identifié et connu sous le terme de *Yuluka*, être en harmonie, être en accord, voire même être en fusion avec un état, un événement, une expérience. « Un homme malade dira, je pense comme la maladie, ce qui lui permettra de dépasser son angoisse. Quand une ondée le surprend en chemin, il dira de même, je pense comme l'averse. Grâce à cette attitude, il assimile, sublime et dépasse tout ce qu'une situation peut générer comme inconvénients ou difficultés pour lui[1]. »

Penser l'autre, entrer dans cette intersubjectivité subtile de la communication, se mettre en accord avec l'autre, le monde, la vie. Alors, allons-y ! Je franchis une petite passerelle de bois qui enjambe le muret de pierre et m'engage sur une vaste place encadrée de plusieurs maisons. Le village en compte une cinquantaine, carrées, mélange de chaume, de pierre et de torchis.

Sur la droite, une maison plus importante est flanquée

---

1. Gerardo Reichel-Dolmatoff, *Indios de Colombia, Momentos vividos. Mundos concebidos*, Villegas Editores, 1991.

Troisième monde

d'une tourelle où trône une petite cloche protégée par un toit de chaume, on dirait une église. À gauche, une longue bâtisse porte, peinte en grosses lettres de couleurs, l'inscription *Inspección de policía*... un bureau de police, ici. Un homme ouvre la porte. Son corps noueux, plié d'avoir trop travaillé, trop porté, semble difficilement contenu dans un anorak sombre et usagé. Un regard soupçonneux m'examine des pieds à la tête. Rapidement, je lui raconte mon histoire, les raisons de ma présence, je lui demande qui je dois rencontrer, à qui je peux m'adresser.

— *Tienes que hablar con el profesor... hablas con el profesor.*
— Le professeur ! Quel professeur ?
— *Allá en la escuela...*

Déjà, mon interlocuteur s'éloigne. De nouveau seul, je m'avance dans les ruelles du village. Les maisons sont patinées, usées par le temps. Les heures passent. Aux quelques Indiens que je rencontre, j'essaie d'expliquer mon histoire, les raisons de ma présence. Je leur demande si je peux rester dans leur village, auprès de qui je dois en demander l'autorisation. Certains m'écoutent poliment, d'autres m'évitent ou me renvoient vers d'autres personnes, d'autres me reparlent du « professeur ». Aucun ne répond à mes questions. Avec mes « pourquoi » et mes « comment », j'ennuie, je dérange.

Mais par où et comment entrer dans cet univers ? Il y a des gens, de la vie, une culture, mais j'ai l'impression qu'il me manque quelque chose, une clé... Retour vers la place centrale. Des enfants Aruacos sont là, ils jouent. Une petite femme, une Indienne habillée en « civile », c'est le terme utilisé pour désigner les vêtements non traditionnels, me regarde avancer. Je m'assieds à ses côtés. Avec un sourire, elle me propose un café. Incroyable, quelqu'un qui me sourit. Quelqu'un que je n'ai pas l'air de trop déranger. Avec elle, je retrouve quelques repères, elle m'explique

Le chemin des neuf mondes

qu'elle est Aruaca, institutrice de Nabusimaké, elle me parle de sa vallée, des clans qui se font et se défont. Au fur et à mesure de notre échange, elle me dévoile quelques clés de lecture de la vallée et de son fonctionnement.

— Ici, tout le monde sait qui tu es et où tu dors... Moi non plus, ce n'est pas un lieu où j'aime me rendre, trop de souvenirs... Ils t'observent...

Ici, comme dans beaucoup d'espaces relativement fermés, tout fonctionne par « capillarité », par rebonds et diffusion progressive de l'information. Une personne rencontre une autre personne, qui en parle à une autre personne, peu à peu la nouvelle se répand : « Un Français est là, il désire nous parler. »

Présente, souriante, elle m'encourage dans mes recherches. Mais les jours passent. Je commence à douter. Les rencontres se font plus rares.

— Si ton histoire est juste, ne t'inquiète pas, les choses vont se faire...

Peut-être, mais cela fait bien une semaine que je suis là et toujours rien. J'ai localisé où vivait le fameux « professeur », qui il était, mais j'ai aussi appris que personne ne pouvait me dire où le rencontrer.

À part ma nouvelle amie et son école, le village est maintenant désert. C'est à croire que ses habitants se sont volatilisés. Stupide animal, mais qu'est-ce que tu es venu faire là ?

Ce soir-là, je quitte Margharita. Je décide de m'installer sous ma tente, à l'écart du village. Le lendemain matin, un Indien est là, immobile, il semble attendre mon réveil.

— Khacüan veut te voir.
— Khacüan ? Qui est-ce ?
— C'est le Mamu, c'est avec lui que tu dois parler.

Debout, et toujours cette curieuse boule jaune entre les

Troisième monde

mains, il me regarde préparer un café. Le réchaud l'intrigue. Une brise pénétrante, glacée, descend des montagnes. Deux tasses, quelques gorgées brûlantes rapidement partagées.

— ¡Vamos !

Mon nouveau guide m'entraîne d'un pas rapide sur la piste qui relie la Sierra au monde extérieur, celle par laquelle je suis arrivé quelques jours plus tôt.

Je pense aux articles que j'ai pu lire sur les *Mamus*, les « éclairés » comme les nomment les Kogis et les Aruacos. Personnages énigmatiques, prêtres, médecins et philosophes, ils sont au cœur de leur univers. Intermédiaires entre le monde ordinaire et le monde des esprits, ce sont eux qui veillent à l'équilibre matériel et spirituel de la communauté.

L'un de ces articles m'avait particulièrement frappé. Il y était précisé que leur formation durait dix-huit ans et qu'elle se déroulait entièrement dans l'obscurité : « Seul moyen d'apprendre à quitter les apparences trompeuses de la lumière, pour la vérité de l'ombre. » Pendant cette longue période d'isolement, le futur Mamu aborde des disciplines aussi différentes que l'écologie, la topographie, l'anatomie, la physiologie, l'histoire et surtout il apprend à communiquer de façon intime avec toutes les formes de vie qui composent son univers. Ce savoir n'a qu'un but : identifier et maintenir un équilibre entre les énergies créatrices et destructrices qu'un homme rencontre dans sa vie Yuluka, encore et toujours cette recherche d'harmonie... Dix-huit ans dans l'obscurité, c'est fou ! La perspective de rencontrer un tel personnage m'impressionne. Que lui dire ? Comment l'aborder ?

Après avoir quitté la piste, nous nous faufilons maintenant entre les *fiqués*, ces grandes plantes vertes et filandreuses qui parsèment les versants de la vallée. Quelques troncs au-dessus d'un torrent furieux, un jardin potager où

Le chemin des neuf mondes

se mélangent yuccas, maïs, tomates et cannes à sucre... et l'on arrive sur le territoire de Mamu Khacüan. Toits de chaume, murs en terre séchée fixés sur des claies de bois construites sur un replat d'herbes tendres, trois huttes délimitent son domaine. Quelques vaches, chèvres, moutons entretiennent un gazon qui ferait rêver les propriétaires de golfs. Aux heures les plus chaudes de la journée, les arbres fruitiers qui poussent autour des huttes diffusent une agréable fraîcheur. À mon arrivée, une vingtaine d'Indiens sont là qui attendent. Certains assis, d'autres debout, immobiles, ils semblent fixer un point perdu, quelque part à l'horizon. J'ai l'impression d'être face à un tableau, une scène de théâtre irréelle, presque magique.

— Mamu Khacüan, c'est lui.

Mon guide me désigne un petit homme sans âge assis légèrement en retrait. Je ne peux m'empêcher de penser aux dix-huit ans qu'il a dû passer dans l'obscurité avant de devenir Mamu. Comment ressort-on d'une telle expérience ? Pourquoi l'obscurité et pourquoi dix-huit ans ?

— Tu peux parler.

Parler, parler ! Tout d'abord m'asseoir, là ? Non, plutôt là, sur cette pierre plate. Et ce Mamu qui ne dit rien. J'ai l'impression d'être observé, que mes gestes sont étudiés, décortiqués. Mes idées s'embrouillent. Par où commencer ? Comment me faire comprendre ? « Je m'appelle Éric... », et je raconte mon histoire, j'explique que je suis venu ici, il y a plusieurs années, qu'un membre de leur communauté m'a sauvé la vie, que je voudrais le retrouver pour le remercier, que j'aimerais en savoir plus sur leur vie, leur culture, leur manière de concevoir le monde, que je voudrais les aider à retrouver leurs territoires.

Parfois, le traducteur m'interrompt le temps de préciser une phrase, une idée. Puis, il me fait signe de continuer. Les minutes passent. Après une demi-heure de monologue, j'ai l'impression d'avoir tout dit, tout expliqué.

Troisième monde

— Tu as terminé ?
— Oui !
— Tu n'as vraiment rien d'autre à dire ?
— Non.

Dans une culture où la parole, la capacité, à discourir plusieurs heures, voire plusieurs nuits d'affilée, sont signes de sagesse et d'autorité, mon discours a dû paraître pauvre et étriqué.

J'apprendrai plus tard que mon histoire, ils la connaissent déjà. Chacun des Indiens à qui je l'ai racontée est venu la présenter et la commenter à Mamu Khacüan. Mes mots ont été évalués, discutés. Mes gestes, mes comportements ont fait l'objet d'une analyse attentive. L'objectif de ce travail : retrouver dans la mémoire collective de la communauté une situation similaire et essayer de discerner, sur la base de cette situation, la meilleure réponse, la meilleure interprétation à donner à mon arrivée sur leur territoire. Ce que j'avais vécu comme une semaine d'attente était pour eux une semaine « d'observation et de travail ». Une semaine pour appréhender mes comportements, la nature de ma demande et rechercher les meilleures réponses à mes questions.

Échanges, discussions, la journée s'écoule lentement. Un groupe d'Indiens monte s'asseoir sur une petite colline légèrement en retrait, les autres continuent à discuter entre eux. Personne ne fait plus attention à moi. Assis sur ma pierre plate, sous un soleil de plomb, je commence à cuire doucement. J'hésite à me lever, me déplacer.

À la fin de la journée, après plusieurs heures d'attente :

— Nous avons décidé que tu pouvais rester quelques jours parmi nous. En ce qui concerne tes questions, ce que tu veux savoir, reviens demain, nous devons d'abord parler avec Mamu Crump, c'est lui qui sait. Il reçoit les « Bonachuï » qui veulent nous aider. La majorité des étrangers vient pour détruire. Toi tu dis vouloir nous aider, c'est pour cela que nous allons voir un Mamu. S'il est d'accord, nous irons au río Molino pour le rencontrer, c'est lui que tu dois voir, c'est lui qui répondra à tes questions.

Le lendemain matin, dès la première heure, je retourne chez Mamu Khacüan. L'air est froid, vif, lumineux. Une longue traînée de brume monte de la rivière.

La matinée est belle, ou est-ce moi qui suis heureux ? Peu importe, l'idée de pouvoir enfin poser ces questions qui me trottent dans la tête, de pouvoir engager un dialogue avec un Mamu me comble. À mon arrivée, une tasse d'agua-panela brûlante entre les mains, plusieurs Aruacos sont là, assis autour d'un feu — « *Buenas* » —, quelques sourires, deux ou trois hochements de tête, les salutations sont rapides. Certains visages me sont familiers. Les tasses sont rapidement vidées. Nous nous engageons sur un étroit sentier qui descend vers la rivière.

Devant, ouvrant la marche, Mamu Khacüan accompagné de deux autres Mamus, reconnaissables à leurs tenues blanches sans dessin ni motif. Puis viennent leurs assistants, deux autres Indiens et enfin, fermant la marche, plusieurs femmes suivent le groupe. Certaines discutent, d'autres marchent en silence. Toutes tissent leur mochila.

La *tutu* ou mochila tient une place particulièrement importante dans les cultures indiennes de la Sierra. Élaborées et tissées par les femmes, elle représente un espace « clos », symbole de la féminité et de la fertilité. C'est le placenta, le sein maternel, c'est la terre mère, cette mère cosmique qui est à l'origine de la naissance, de la vie et de la mort de tout ce qui existe. Souvent appelée « livres » ou « cartes », les mochilas symbolisent et gardent en « mémoire » la géographie, la faune, la flore et les représentations mentales que les Indiens se font de l'univers... presque une écriture. Au même titre que les hommes

Troisième monde

mâchent en permanence la feuille de coca, les femmes tissent des mochilas. C'est pour elles un moyen privilégié d'entrer en relation avec les esprits de la terre. Couleurs et motifs rappellent les clans d'appartenance et leurs places respectives dans l'univers. Certains dessins particulièrement complexes permettent de garder en mémoire une histoire, une légende et la façon dont elle peut être racontée, reliée au monde.

Après quelques minutes de marche le long de la rivière, le sentier disparaît dans une gorge étroite et profonde. En pénétrant dans cette gorge, j'ai l'impression de pénétrer dans un autre univers, de ne plus être totalement étranger à ce territoire. J'ai le sentiment curieux que ces Indiens que j'accompagne font partie de ma famille, une famille lointaine dont on m'aurait longtemps parlé et que je découvrirais enfin.

Très vite, les bandes de sable, qui permettent de longer la rivière à pied sec, disparaissent. Il faut progresser sur des roches glissantes, polies par les eaux tumultueuses du torrent. La gorge s'élargit. Assis en cercle sur une vaste plate-forme de pierre « posée » sur l'eau, les Indiens m'attendent.

L'un des deux assistants a pris place sur un replat rocheux à quelques mètres au-dessus du torrent, l'autre s'est installé dans une petite grotte creusée dans la paroi de la gorge. Plusieurs flûtes sont posées à leurs côtés.

— Pour entrer en communication avec une rivière, une montagne, il faut connaître le langage. La musique, c'est la clé qui permet de communiquer avec les éléments. Les pierres, les rivières, chaque élément a sa mélodie, sa clé pour communiquer et pour penser. Il y a deux flûtes, l'une masculine, l'autre féminine, elles doivent parler ensemble.

Je m'assieds, impressionné par le lieu, la majesté qui s'en dégage. Les premiers rayons du soleil illuminent la plate-forme. S'engage alors un étrange dialogue.

Le chemin des neuf mondes

— Nous sommes chez Mamu Crump, il nous attendait, il est d'accord pour te parler, tu peux poser tes questions.
— Qui est Mamu Crump ?
— Mamu Crump est le Mamu qui vit ici, c'est le gardien, c'est lui qui a parlé à celui qui est venu avant toi...
— Qui est venu avant moi ?
— Il y a beaucoup de vos années, il n'y avait pas d'étrangers ici. On connaissait l'existence de villes à l'extérieur, mais aucun petit frère n'était monté jusqu'ici. À cette époque, il y avait un Mamu très important, un sage... Mamu Crump. Un étranger, un Blanc est arrivé, il devait être anglais, il nous a aidés en apportant des outils, des techniques pour tailler les pierres, pour moudre le grain, il pensait que c'était mieux. Depuis cette époque, Mamu Crump a dit que des Blancs, des étrangers pouvaient venir pour nous aider, tu dis que tu veux nous aider, alors c'est avec Mamu Crump qu'il faut parler, il t'écoute...

D'après ce que je crois comprendre, Mamu Crump serait l'esprit de ce lieu, une sorte de pensée accumulée sur un sujet, une thématique qui, en fonction des besoins ou des questions, sert de jurisprudence à la communauté. C'est avec cette pensée réveillée et entretenue selon un rituel précis que nous sommes en train de discuter.

Il y a longtemps, c'est lui qui a dû accueillir cet Anglais, sans doute l'un des premiers étrangers à se rendre dans la Sierra. Il est donc le gardien de cette rencontre, de cette histoire. C'est normal qu'il soit sollicité lorsqu'une situation similaire se présente. C'est le cas aujourd'hui, c'est donc avec lui qu'il faut parler... logique. Je suis confronté à l'un des principes de base de la pensée indienne, qui veut que toute chose, tout événement soit relié, rattaché à un tout plus large qui lui donne son sens et sa signification. Mon arrivée sur leur territoire a trouvé un sens, est entrée en résonance avec une composante de leur histoire, le dialogue devient possible.

Troisième monde

— C'est quoi un *poporo*, cet objet que vous avez avec vous ?

Sourire de Mamu Khacüan. Les trois Mamus assis en face de moi se concertent. Il me faudra encore beaucoup de temps pour comprendre la difficulté de la question et pourquoi elle semble les perturber. Mais pour l'instant, c'est ma curiosité qui prime, qui l'emporte, je veux comprendre, savoir à quoi leur sert cette petite boule jaune qu'ils tiennent entre leurs mains...

— Utiliser le poporo, le *Dijioburo*, et mâcher de la coca, cela fait partie de notre culture. On ne peut pas faire cela n'importe comment. Il faut en demander l'autorisation au Mamu. Le poporo représente aussi la Sierra, sa forme spécifique permet de reconnaître les clans, d'identifier les Aruacos vis-à-vis de la nature, des autres. Chaque communauté a son poporo, chaque poporo a une forme particulière. Un poporo, c'est un peu comme une carte d'identité, il reflète ce que nous sommes, il permet à la nature de nous identifier, de nous connaître. C'est un symbole très fort qui réunit les cinq éléments fondamentaux de la vie et de l'univers. Le *palo* (bâtonnet de bois) qui nous relie aux arbres, à la végétation, le tabac qui symbolise le sang, l'énergie, la circulation, les coquillages réduits en poudre nous relient à la mer, à l'océan source de vie, la coca qui rappelle l'acte de penser, la possibilité de chacun à entrer en communication avec le monde et, enfin, la calebasse qui en regroupant l'ensemble personnalise l'identité et la personnalité de chacun.

— ...

— Comme toute chose, le poporo a une voix, il dispose d'un langage qui lui est propre et qu'il faut connaître pour entrer en communication. Le poporo, c'est aussi une représentation de la vie. Le posséder, c'est être baptisé, c'est être accepté dans le monde des vivants. Il s'utilise toujours avec la l'*aillo*, la coca. La coca, c'est la pensée, c'est la communication. Tous les sites de la Sierra sont en communication les uns avec les autres. La coca nous sert pour « porter » les messages d'un point à un autre, par la pensée.

La réponse de Mamu Khacüan durera longtemps, sans doute plusieurs heures. C'est d'ailleurs plus un monologue qu'une réponse. J'essaie de prendre des notes comme un étudiant studieux désireux de comprendre avec ses mots, sa conscience des choses.

— Utiliser un poporo, c'est aussi un peu comme écrire, écrire sur un papier des mots, des idées. Après son travail, l'homme se sert de son poporo pour se reposer, pour retrouver un contact avec la nature. Si je pense quelque chose au moment où j'utilise mon poporo, le poporo va enregistrer l'énergie et la manière de penser, il va refléter une dynamique, une forme de relation et finalement il permettra de mettre au jour ce qui anime la personne au moment où il s'en sert.

Remis aux adolescents comme symbole de leur passage à l'âge adulte, le poporo représente leur épouse, celle avec laquelle ils devront symboliquement se « marier » pendant leur initiation. Pour les Indiens, utiliser un poporo, c'est à la fois penser, entretenir l'énergie de la vie et garder en mémoire ses actes et ses comportements.

Au cours de la semaine qui suit, chaque jour, le même rituel se reproduit. Aux premières heures du jour, après avoir passé la nuit à réfléchir sur la nature de mes questions, Mamu Khacüan guide le groupe dans un lieu différent. Une idée, une pensée se trouve forcément associée à un lieu qui la porte et la fait vivre. Chacune de mes questions nécessite que l'on change d'endroit, d'aller dans un autre lieu plus approprié à notre échange. Grottes, rivières, arbres sont pour Mamu Khacüan autant de portes, portes

Troisième monde

ouvertes vers le monde du rêve et de l'ailleurs magique de l'univers Aruaco. J'ai l'impression d'être face à un grand livre ouvert, un livre magnifique dont je tourne les pages avec précaution... par peur de briser quelque chose. Chaque nouveau sujet est source d'étonnement, d'interrogation. Je ne prends plus de notes... j'écoute simplement.

— Tout est sensible, la terre, les pierres, l'eau. La terre a une âme, un esprit comme tous les êtres. C'est notre terre, notre mère. Nous sommes les enfants de la terre, nous pouvons nous déplacer, marcher sur cette terre, mais c'est elle qui nous protège. Nous sommes sortis du ventre de la mère, mais nous sommes toujours dans le ventre de la terre. Lorsque nous mourons, nous retournons dans le ventre de la terre. Au moment de mourir, la terre reçoit de nouveau ses enfants. Le destin, c'est de revenir vers la terre, c'est ainsi, nous devons revenir vers la terre pour maintenir l'équilibre, pour lui donner sa force, et pour que revienne la vie. La vie spirituelle ne peut pas être dissociée de la vie quotidienne terrestre. Lorsque l'on parle de la vie spirituelle, on parle de l'essence des choses, cette essence qui supporte la vie matérielle, c'est important de préserver cela.

» Les *Bonachuï* ne voient que les choses matérielles, ils ne travaillent que cela. Ça fait très longtemps qu'ils transforment les choses, la matière, ils le font avec tant de force, tant d'énergie que maintenant ils sont très loin, mais les problèmes essentiels de la vie continuent. Ils devraient se rendre compte que la solution ne réside pas dans une recherche effrénée de progrès ou de développement à tout prix. Il est temps de penser à des choses essentielles. Il faut commencer par penser que la terre c'est la vie. Si nous ne construisons qu'un monde artificiel, la terre va mourir. Si elle meurt, alors nous allons tous mourir, car la terre c'est la mère, c'est la vie.

— Et qu'est-ce que vous pensez de ces constructions

que les Blancs ont faites, ces antennes qu'ils ont mises sur la montagne ?

— La montagne, c'est comme une *Kankurua*, un temple. Dans les montagnes, il y a un savoir accumulé, chaque montagne a une pensée privilégiée. Si l'on veut travailler un sujet, alors on va sur la montagne adaptée pour cela. Quand l'armée s'est installée sur le Cerro Brasil, ils ont détruit la connaissance qu'il y avait dans cette Kankurua. Cela explique pourquoi l'eau qui sort de cette montagne commence à diminuer. Si cette Kankurua s'abîme, l'eau va disparaître, tout va disparaître. Les actions des Bonachuï causent de graves déséquilibres, nous ne demandons pas de nourriture pour couper la faim, pas de couverture pour nous protéger du froid, nous voulons simplement retrouver nos terres, pour que la vie, la nôtre, la vôtre continue. La Sierra est un site fragile ; s'il s'abîme, de nombreuses catastrophes vont survenir.

Au fur et à mesure de nos échanges, je découvre une pensée extrêmement complexe, élaborée, qui se réfère à un autre ordre de réalité, étrangère à la nôtre. Il existe en fait un nombre incalculable de concepts structurés dans des lieux, ou des symboles, imbriqués les uns dans les autres, qui servent à réguler la vie des habitants de la Sierra. Il y a le poporo, la coca, la Kankurua.

— La partie la plus importante de l'univers, c'est la Kankurua, le temple. C'est là que l'on trouve les quatre points fondamentaux qui soutiennent l'univers. Les sommets, les montagnes sont comme des Kankuruas, des éléments fondamentaux qui supportent l'univers. Tous ces éléments vivent et communiquent ensemble. Le tout forme un système, mais chacune des composantes a ses propres caractéristiques. La Kankurua, c'est un lieu pour penser, pour réfléchir. Dans une Kankurua, c'est là que se construit la pensée. Dans une Kankurua, on n'entre pas avec des chaussures, on ne doit pas manger d'aliments salés, on

Troisième monde

ne doit pas porter de métal ou de colliers. Il y a des Kankuruas pour les hommes et d'autres pour les femmes. Une Kankurua, c'est quelque chose qui vit. Il faut donc la baptiser. Quand elle va être construite, elle va recevoir une pensée précise, reflet de sa vie propre. Pour aborder un thème dans une Kankurua, il faut rechercher l'énergie positive pour l'aborder. C'est une sorte de mémoire de nos pensées. Dans une Kankurua, on est sous sa protection, comme sous les branches d'un arbre. Entrer dans une Kankurua avec des idées impures, mauvaises, c'est maltraiter la terre : nous devons travailler pour purifier nos pensées, pour être juste.

Le dernier jour, lorsque j'arrive chez lui, Mamu Khacüan est seul. Assis devant sa hutte, les yeux absents, il frotte doucement son poporo. Plusieurs mules chargées des dernières récoltes de maïs et de yuccas attendent dans la lumière bleutée du matin. Je m'assieds. Silence. Une petite femme ridée comme une pomme nous apporte de l'aguapanela et quelques patates brûlantes. Petit déjeuner. Ce jour-là, il n'y aura pas d'échanges.

— Il est temps pour nous de redescendre vers les terres chaudes. Si tu veux savoir autre chose, il faudra revenir quand tu auras compris, quand tu seras prêt. Ce que tu sais, tu en es responsable maintenant, prends-en soin...

Quelques gestes au-dessus de ma tête, puis Mamu Khacüan me tend une pierre blanche, un cristal de roche :

— Garde-le jusqu'à ton retour, ton prochain voyage, il gardera tes pensées.

Sans un regard, il se lève, déjà les mules s'éloignent. Je suis seul. La montagne me semble immobile, comme si quelque chose s'était arrêté, figé.

Je décide de retrouver Gonzalo, cet homme qui est venu me chercher devant ma tente. C'est lui qui m'a servi d'interprète pendant tous mes échanges avec Mamu Khacüan. Un soir, nous descendions vers la vallée, et il m'a invité chez lui, pour que je connaisse sa femme, ses enfants. On a parlé de sa famille, de son rôle dans la communauté, je lui ai raconté ma vie. Je me souviens avoir terminé la journée par une superbe partie de billes. Je lui ai appris les subtilités du « pot » et de la « tique ». Serviable, discret, souriant avec sa femme et ses trois enfants, il vit en face de chez Margharita, à côté des frères et sœurs de Mamu Khacüan. Un jour où je lui ai demandé son âge, il m'a fait cette jolie réponse :

— Je ne sais pas quand je suis né. Vous les Blancs, vous demandez toujours une date de naissance, mais nous les Indiens, on ne sait ni l'année, ni le mois, encore moins le jour. Nos mères nous élèvent et nous nourrissent comme la terre élève et nourrit un grain de maïs, on est né comme ça, comme un grain de maïs, de la même manière, et qui irait demander à un grain de maïs sa date de naissance, un fou peut-être ? Les Blancs demandent toujours ça : « Quand es-tu né ? », mais jamais ils ne demandent : « Quand vas-tu mourir ? »

Derrière son sourire et son apparente indifférence, Gonzalo se révélera un conseiller précieux.

— Tu as rencontré Mamu Khacüan, c'est l'un des Mamus de la vallée, il faut que tu ailles voir les autres, Mamu Roerto, Mamu Leonardo, autrement, cela risque de poser des problèmes. Ce sont de grands Mamus.

C'est bien plus tard que j'apprendrai son histoire. Il y a une quinzaine d'années, alors qu'il était à peine marié, il aurait tué sa femme dans des conditions que je n'ai pas bien réussi à comprendre. De vieux documents, que j'ai eu l'occasion de parcourir, m'apprendront qu'après avoir été capturé par la police colombienne il aurait été remis aux autorités de la Sierra, à charge pour elles de faire justice et de punir le coupable. Le système judiciaire des Aruacos

Troisième monde

et des Kogis est très particulier. Dans leur mode de pensée, un délit, quelle que soit sa nature, est considéré comme un déséquilibre dont il convient avant tout de trouver l'origine. Pendant plusieurs jours parfois, jour et nuit, sans dormir et sans manger, le coupable doit se « confesser », raconter et raconter encore pourquoi il a commis ce délit, quand il l'a commis, quelles étaient ses pensées avant de le commettre, pendant et après l'avoir commis. Parfois, le simple fait de penser un délit, un adultère ou un vol peut être aussi grave que l'acte lui-même. La question posée, toujours la même, est généralement : « Et où étais-tu à ce moment-là ? » Où étais-tu, que faisais-tu et à quoi pensais-tu ? Des questions qui se doivent d'être entendues au sens physique et spirituel du terme. Ce travail de confession peut être mené en tête à tête avec un Mamu, avec les membres de la famille, les amis proches, ou en public devant l'ensemble de la communauté. Parfois, lorsque la « confession » est jugée incomplète, la personne en cause doit recommencer son travail, répéter et répéter encore sa « confession » jusqu'au moindre détail, ce détail qui pourrait expliquer le déséquilibre ou le délit.

En fonction des délits qui peuvent aller du vol au meurtre en passant par les injures, les agressions physiques, l'adultère ou le mauvais traitement des enfants, les punitions peuvent être très variables. Prisons, jeûne, confessions, travaux d'intérêt général, rester debout, immobile, pendant plusieurs jours et plusieurs nuits... à chaque offense, chaque déséquilibre, correspond une combinaison de punitions plus ou moins longues et difficiles. Des punitions, mais aussi des conseils. Il ne s'agit pas d'exclure un peu plus la personne concernée, mais au contraire de lui permettre de retrouver les règles et l'harmonie. Prodigués sous forme de cours « récits », ils servent à illustrer les règles morales qui fondent la collectivité. Y sont évoquées la vertu, la justice, l'entraide, la solidarité, la responsabilité personnelle, l'authenticité ; jamais un Kogi ou un Aruaco ne trompera autrui et ce besoin toujours d'être en accord avec... les règles, l'autre, le monde.

D'après Gerardo Reichel-Dolmatoff, il arrive parfois que, dans des cas particulièrement graves de trahison, des Kogis puissent être condamnés à mort. Les procès se déroulent alors à huis clos, sans jugement ni accusation formelle. Si, à l'issue de longues discussions et des rituels correspondants, la peine est confirmée, l'accusé sera empoisonné.

En ce qui concerne Gonzalo, après plusieurs semaines de confession, après être resté plusieurs heures à genoux sur des tessons de poterie, les bras tendus chargés de pierres, il a été condamné à cinq ans de travaux d'intérêt général. En plus de cette charge, il a dû se mettre au service d'une veuve qui avait du mal à entretenir seule ses plantations, et revenir régulièrement auprès du Mamu pour continuer sa confession. Tout ce travail de « purge », de verbalisation associé à une expérience physique, seul moyen d'inscrire sa transformation dans son corps et dans sa pensée, n'avait qu'un objectif : l'aider à retrouver son équilibre et sa place dans la communauté. Aujourd'hui, le personnage semble serein, posé, ouvert.

Mais en règle générale, criminalité, délinquance, violence et prostitution sont totalement inexistantes. Ce qui distingue les Aruacos, mais surtout les Kogis, de nos sociétés c'est leur sens aigu de la justice appliquée à l'individu et aux structures de pouvoir, et la sévérité des obligations personnelles.

À l'occasion de nos différentes rencontres, ou entre deux échanges avec Mamu Khacüan, Gonzalo me parlera longtemps de sa famille, de son univers, de la *ley*, la loi que chacun doit respecter. La loi traditionnelle est une règle établie depuis l'origine par la terre mère, la nature. Une loi qui doit être respectée et toujours entretenue sous

Troisième monde

peine de mettre la société Aruaca et l'univers en danger. La tradition, c'est la norme, c'est elle qui fournit les codes et règles de conduite qui permettent de maintenir l'équilibre, ce sont ces règles qui inspirent la vie quotidienne des Aruacos. Symboliquement, ces lois sont représentées à travers le personnage d'un enfant qu'ils appellent « Ley Moro », c'est une sorte de « super Mamu » à qui revient la charge d'entretenir les lois. Les respecter, c'est respecter la Sierra et la vie. En écrivant ces lignes, je repense à un article écrit par Félix Guattari : « Je préconise la création d'une "écosophie" qui articulerait l'écologie environnementale à l'écologie sociale et mentale. [...] Une "écosophie" qui permettrait de nouveaux agencements collectifs, concernant le couple, la famille, l'école, le voisinage [1]... »

Or, qui sont les plus grands « écosophes » si ce n'est ces peuples dont le fonctionnement économique et politique semble directement s'inspirer d'un lien, d'une relation jamais interrompue avec le monde du vivant ? Bien sûr, il ne s'agit pas de devenir indien, mais sans doute de réinventer, réincarner ces principes de vie au sein de nos sociétés contemporaines. Redécouvrir ce lien au vivant, l'intersubjectivité et l'acceptation des différences que cela suppose. J'ai l'impression que Gonzalo s'amuse de mes questions, comme un grand frère qui désespérerait de faire comprendre quelque chose à son petit frère.

— Les Blancs sont toujours dans la compétition, ils se battent entre eux. Chez nous, les gens sont les uns avec les autres, ils sont complémentaires. Et puis, il faut vivre les choses pour les comprendre ; vous, vous apprenez. La loi nous aide à maintenir l'équilibre, comme dans l'ensemble d'un organisme vivant. C'est pourquoi elle se préoccupe des autres, de tous les autres, de leur conservation. Chez

---

1. Félix Guattari, « Manière de voir », *Le Monde diplomatique*, juillet/août 2000.

nous, chacun doit apprendre à remplir son rôle au service de la communauté. Pour nous, la terre est source de vie, elle nous donne les règles, c'est pour cela que nous l'appelons la terre mère, pour vous elle est propriété, source de profits, marchandise. Comment peut-on vendre sa mère ?

Nous partageons une soupe, un morceau de pain. Je dessine sa maison, ses enfants, enfin j'essaie... Sourire. Ça peut être simple la vie, si simple. Demain matin, il doit retourner dans une autre vallée, à quelques heures de marche, un lieu sacré où les Mamus sont en train de baptiser une Kankurua.

— Il y a beaucoup de monde ?
— Oui, oui ! C'est quelque chose de très important, on prépare ce baptême depuis plusieurs mois.
— Je peux venir avec toi ?

Gonzalo sourit, il semble surpris par ma demande, surpris et amusé.

— Si tu veux, mais il faut marcher, là-haut c'est loin.

Là-haut, c'est derrière une crête effilée à plusieurs heures de marche de Nabusimaké. Le lieu est discret, invisible au regard trop pressé de celui qui ne sait pas voir, regarder. Il y a les arbres, la montagne, un torrent, le ciel et le sentier. Une fourche, un croisement, une autre fourche, on dirait que les habitants de la vallée ont pris un malin plaisir à brouiller les pistes.

Dix heures : nous arrivons enfin devant une passerelle de bois qui permet l'accès à un ensemble de huttes et de temples en chaume, une sorte de hameau. Au centre, plusieurs dizaines d'Indiens semblent en pleine réunion. Gonzalo me demande d'attendre avant de franchir la passerelle. Il va parler au Mamu de ma présence et de ma demande de pouvoir prendre des photos. Déjà il s'éloigne et traverse la mince passerelle qui surplombe le torrent.

Troisième monde

Je m'allonge sur l'herbe. Il ne me reste qu'à attendre. Heureusement, la journée promet d'être magnifique. De l'autre côté de la rivière, sur ce qui semble être de grandes plates-formes de pierre, assis ou debout, les Indiens poursuivent leur réunion. De loin, je distingue mal ce qui se passe. J'ai l'impression que les plus âgés sont assis contre de grands dossiers que l'on dirait en pierre. Si je peux vraiment prendre des photos, cela va être magnifique. Tout autour de la place, plusieurs massifs de fleurs aux couleurs vives donnent une ambiance irréelle, presque magique. À midi, je commence à m'impatienter, et Gonzalo qui ne revient pas. De l'autre côté du pont, il y a maintenant plus d'une cinquantaine d'Indiens réunis, tous en vêtements traditionnels, la scène est extraordinaire. J'ai l'impression d'être revenu plusieurs siècles en arrière. Je repense aux témoignages des premiers chroniqueurs espagnols :

« S'il existe un paradis terrestre, il semble qu'il soit ici, sur ces terres indiennes. Tout est couronné de hauts sommets aux pentes et ravins peuplés de grands villages d'Indiens qui se voyaient de partout avec leurs versants offrant une vue si agréable. Les innombrables plantes étaient un régal pour les yeux, la propreté et la curiosité qui étaient celles de leurs jardins pavés de grandes pierres polies, et celles de leurs chemins aux pierres plates[1]... »

Les jardins pavés de grandes pierres polies, les chemins aux pierres plates, et ces Indiens semblent sortir d'un autre monde. Au centre du cercle, plusieurs d'entre eux commencent à danser une danse étrange, saccadée. Debout, légèrement à l'écart, un homme en blanc, presque un enfant, paraît diriger les opérations. Et moi qui suis tout seul de mon côté, allongé sur mon gazon... Ou ils m'ont oublié ou ils se fichent de moi. Ma fierté me pousse à partir, à les laisser danser dans leur coin, ma fierté ou ma

---

1. Frère Pedro Simón, *op. cit.*

gêne, j'ai l'impression que je n'ai rien à faire ici. Mais ma curiosité est plus forte, fasciné, je regarde la scène qui se déroule devant moi. D'autres Indiens arrivent, traversent la passerelle et rejoignent la cérémonie. Il est presque deux heures de l'après-midi, je ne vois qu'une solution, la sieste. Un pull roulé sous la tête, je somnole doucement en essayant de penser à autre chose. Puisqu'ils m'ont laissé planté, autant les ignorer. Ah ! si j'avais su, j'aurais essayé de dormir le plus possible. Le soleil commence à décliner doucement, cela fait presque sept heures que j'attends. Je crois que je m'habitue à cette situation bizarre, ils savent tous que je suis là, assis de l'autre côté du pont et pourtant il ne se passe rien. Je n'ai rien d'autre à faire qu'à attendre, à rêvasser en faisant des petits tas de terre entre mes jambes. Lorsque Gonzalo revient vers moi, le soleil disparaît derrières les collines.

— Tu peux venir, les Mamus ont longtemps parlé de ta demande, ils sont d'accord pour que tu prennes des photos.

J'attrape mes appareils et m'engage doucement sur la passerelle. Immobiles, les Aruacos me fixent du regard. Certains sont restés assis, d'autres se sont levés et me tournent le dos. Quelle force, quelle présence ! J'ai presque envie de partir en courant. C'est idiot, j'ai passé une journée à attendre ce moment, et maintenant j'hésite. Allez vas-y ! Si les Mamus ont donné leur accord, il n'y a pas de problème... Je commence à regarder la scène, à prendre quelques photos, c'est magique. Plusieurs Indiens sont alignés les uns derrière les autres. Ils frottent la paume de leurs mains contre des carapaces de tortue. À l'endroit où passait la tête, une sorte de lame noire coincée entre deux pièces de bois arrondies provoque d'étranges vibrations. On dirait le coassement d'une grenouille, non, quelque chose de plus doux, comme un chuintement. La voix d'un animal, mais je ne saurais pas dire lequel. Sur les indications de celui qui mène les opérations, les cinq musiciens

Troisième monde

commencent à se déplacer lentement entre les huttes. Je suis fasciné par l'expression de leur visage. Ils paraissent ailleurs et en même temps complètement absorbés, emportés par le rythme et les sonorités de leurs instruments. Portraits, gros plans, je n'arrête plus de prendre des photos. On dirait presque que je suis transparent, qu'ils ne me voient pas. Au bout de quelques minutes, les musiciens entrent dans l'un des temples. Les sons deviennent sourds, étouffés. Je m'assieds. Un peu à l'écart, Gonzalo et son frère tressent une grande corde, on dirait une sorte de sac. Je ne sais pas pourquoi, mais l'exercice a l'air de les amuser. Après une dernière série de photos, je range mes appareils. Si je veux retrouver mon chemin avant la nuit, je dois redescendre. Je regarde Gonzalo, il est toujours aussi hilare. La corde est devenue une espèce de filet qu'il tend entre des piquets.

— C'est pour toi.

— Comment ça, c'est pour moi ?

— Oui, pour que tu dormes, tu ne peux pas redescendre maintenant, tu es rentré dans le cercle, tu dois attendre, rester là jusqu'à la fin.

— ... !

Ce filet qu'ils sont en train de tisser, c'est un hamac ? Mince, Gonzalo entre dans l'un des temples et me montre où m'installer pour dormir. Dans un hamac de rien du tout, collé contre le mur, avec mon gabarit, la nuit promet d'être longue.

L'obscurité est là, infatigables les musiciens continuent leur mélodie lancinante. Heure après heure, j'ai l'impression qu'elle me rentre dans la tête, qu'elle me vrille le cerveau comme un poignard. J'ai faim, mais il n'y a strictement rien à manger. Pendant les cérémonies, le jeûne est de rigueur. Je m'installe dans le hamac. L'exercice est délicat. J'ai la désagréable impression d'être un jambon serré dans un filet à grosses mailles. Une cinquantaine

Le chemin des neuf mondes

d'Indiens sont là, entassés dans la hutte. J'essaie de trouver le sommeil. Plusieurs personnes dansent au milieu de l'allée centrale. Et cette musique qui ne s'arrête pas. Soudain, je reconnais l'homme qui mène la cérémonie. Son visage me dit quelque chose, mais je n'en suis pas sûr. C'est celui qui dansait dans la hutte, il y a dix ans, lorsque j'étais malade, c'est lui. Mais qu'est-ce qu'il fait là ? Il y a dix ans, j'étais soigné chez les Kogis, et là je suis chez les Aruacos. Un grand frisson me parcourt le dos. C'est sûr, c'est le même personnage. À la lumière des flammes je reconnais son visage, son expression. Il danse et tourne dans la hutte en martelant régulièrement le sol. Une femme danse à ses côtés. Tout à l'heure, lorsque j'ai fait des photos, elle était discrète, immobile sur la place. Là, on dirait une autre femme. Ses chants et l'énergie qu'elle dégage sont impressionnants. Elle répond aux chants et aux déplacements de son compagnon. Dans la semi-obscurité de la hutte, à peine éclairée par les flammes, la scène est fascinante. Danse, danse, tourne, danse, le rythme est presque hypnotique. Je crois que je me suis endormi, je ne sais plus. Nuit morcelée où rêve et réalité se mélangent dans d'étranges scènes où, parfois même, j'ai eu l'impression d'être acteur.

Quand je sors de ma torpeur, la hutte est vide. Assis au milieu de la hutte, seul, sur un petit tabouret de bois, mon danseur de la veille est là, immobile. Il paraît occuper toute la hutte. Cinquante ans, quatre-vingts ans, il est difficile de lui donner un âge. Un moment, il me fixe. Je croise son regard, un regard d'une étrange intensité qui regarde, mais qui semble voir ailleurs. On dirait un enfant, il en a la légèreté, les comportements, et pourtant, il y a autre chose, cette présence, cette force. Discrètement, je me glisse hors de la hutte.

Le soleil, quel bonheur ! Les foyers ont été rallumés. Plusieurs femmes préparent quelques galettes de maïs.

Troisième monde

Derrière la hutte, Gonzalo écrase des grains de maïs dans un gros récipient en bois. Ce matin-là, pour le petit déjeuner, je me contenterai d'un morceau de banane plantain sans sel et d'un bol d'agua-panela.

Kogis, Aruacos et Arsarios s'accordent sur le fait qu'ils appartiennent tous à une même culture, notamment en ce qui concerne leur cosmologie et leurs concepts philosophiques. Mais il semblerait que ce soient les Kogis qui, face aux invasions extérieures, aient été chargés d'entretenir et de conserver les connaissances les plus importantes. Codes religieux, savoir-faire pour des méditations particulièrement profondes, formes complexes de divination, concepts philosophiques concernant l'équilibre du monde, contrôle des émotions font partie des domaines de connaissances réservés aux Kogis. Il peut donc arriver que les autorités spirituelles d'une communauté sollicitent l'aide et l'appui d'un Mamu Kogi pour présider des cérémonies particulièrement importantes. Gonzalo m'apprendra que la cérémonie à laquelle je viens d'assister est de celles-là, il s'agit de la préparation et du baptême des futurs temples où vont être formés des élèves Mamus. Le rituel long, difficile, nécessite la présence d'un Mamu particulièrement prestigieux. Il lui faut avoir les connaissances suffisantes en matière d'orientations astronomiques et de divination. Et Gonzalo de me préciser :

— « Le Mamu Kogi, c'est Mamu Fiscal, il est venu ici avec sa femme et les musiciens pour nous guider dans la tradition. C'est une cérémonie difficile, c'est important qu'il soit là... »

Mamu Fiscal... je connais le nom de mon inconnu, ce petit homme en blanc qui dansait cette nuit, ce petit homme qui ressemble étrangement au personnage que j'ai croisé dix ans plus tôt. Il viendrait des territoires Kogis. Je tiens peut-être enfin une piste ? J'apprendrai plus tard que Mamu Fiscal est l'un des plus grands Mamus Kogis, qu'il

Le chemin des neuf mondes

garde leurs temples et leurs traditions dans un village reculé de la Sierra, et qu'il ne se déplace qu'à de très rares occasions. S'il est là, c'est parce que les Aruacos ont voulu que cette Kankurua soit baptisée dans les règles de l'art.

Divination, danse, offrandes, je resterai trois jours et trois nuits dans ce hameau. Trois jours et trois nuits où j'effleurerai le partage, le sentiment inexprimable d'être invité parmi les vivants.

Lorsque je redescends vers la vallée, je me sens incroyablement léger, joyeux. Est-ce l'effet du jeûne, de la privation de sommeil, de ces incroyables moments que je viens de partager, de l'ensemble... je ne sais pas, et cela n'a guère d'importance. Ce qui est important, en revanche, c'est que je me sens bien. Cela fait longtemps que je n'ai pas ressenti une telle impression. Je crois que j'ai dû effectuer un petit pas de danse, comme ça, tout seul, quelque part dans la Sierra. Je m'arrête un instant. Un tapis de mousse laisse filtrer un filet d'une eau douce et rafraîchissante. Le sol est sec, la poussière me colle à la peau, s'infiltre partout, dans le nez, la gorge. La sueur, le corps chaud et léger, j'aime ces instants, ces instants où la vie est là et où l'on est vivant, tellement vivant. Des instants de présence à soi, au monde que l'on habite, et qui restent inscrits dans la mémoire.

Au moment de repartir, j'ai l'impression de voir une silhouette, quelque chose bouger derrière les taillis. Un homme surgit devant moi, brusquement. Il est jeune. Il me regarde en penchant doucement la tête sur le côté.

— C'est moi.
— Toi quoi ?
— Qui t'ai redescendu de la montagne.

Redescendu de la montagne ! J'ai du mal à croire ce que j'entends, vieil instinct d'Occidental méfiant, je veux des

Troisième monde

preuves. Ça n'existe pas, des trucs comme ça, quelqu'un qui surgit de nulle part, qui vous dit qu'il vous connaît et qui brutalement vous renvoie dix ans en arrière.

— Ton sac avec tes affaires, il était bleu.

— ... !

— À cette époque-là, je travaillais avec mon père, sous la laguna de Naboba, je t'ai amené chez les Kogis.

Les bruissements de la montagne lui avaient parlé de moi, il avait entendu l'histoire du Français malade qui avait été sauvé par des Indiens. Alors, il a marché plusieurs jours pour venir voir, voir si j'étais bien celui-là, le même que celui qu'il avait descendu dix ans plus tôt. M'asseoir, dire quelque chose, mais quoi ? Je voudrais le prendre dans mes bras, l'émotion est là, mais non c'est normal, c'est lui, c'est moi, c'est tout. Il y a juste un sourire discret, presque gêné. Dans mon esprit, j'avais bien pensé que je le reverrais un jour, mais pas comme ça, sans prévenir. Il me raconte son père décédé il y a quelques années, sa vie avec sa femme, car entre-temps il s'est marié, maintenant il a des enfants. Je sors un vieux carré de chocolat, quand même il faut fêter cela. Il se lève.

— Où habites-tu ?

— ¡ Allá ! dit-il en montrant la montagne.

— Tu vas où ?

— ¡ Allá !

— Maintenant ?

Il m'avait vu, j'étais bien le même, il pouvait retourner vers sa famille. Je ne lui ai pas donné de coca, il ne m'a pas tendu la main, on a juste échangé un regard, quelque chose. Déjà, il s'éloigne. Il a dû marcher au moins deux jours, il va de nouveau marcher deux jours, comme ça, pour rien, pour me croiser, c'est normal. Quelle rencontre !

Le chemin des neuf mondes

La rencontre avec Mamu Khacüan, Ilda et Gonzalo marque le début de ma seconde histoire avec la Sierra. Grâce à ces amis lointains, leur accueil, je commence à reconstituer mon histoire. À travers Mamu Fiscal, j'ai retrouvé la trace du deuxième village, celui où j'ai été soigné, mais je suis encore bien incapable de le localiser. J'ai pu revoir celui qui, dix ans plus tôt, m'a redescendu des hautes terres de la Sierra. J'ai aussi appris à mieux comprendre, mieux connaître ceux à qui je devais la vie. Malgré cela, j'ai l'impression que je passe à côté de quelque chose d'essentiel. Qu'il me reste quelque chose à comprendre, à découvrir... mais quoi ? Et puis, à part quelques photos, je ne suis pas vraiment sûr de savoir comment je vais tenir ma promesse. Rendre leurs terres aux habitants de la Sierra ?

Ces interrogations, c'est Lindo qui va m'aider à y répondre. Lindo Barro, un métis colombien dont plusieurs Indiens m'ont évoqué le nom, mais qu'il m'est pourtant impossible de rencontrer. À croire qu'il me fuit ou qu'il m'évite. J'ai appris plus tard que ce n'était pas totalement faux. Comme il me le confiera un soir : « Ceux que je n'ai pas envie de voir, ils me cherchent toujours, il faut être prêt pour entrer dans la Sierra, j'avais un peu besoin de savoir où tu en étais. La première fois que je t'ai vu, je me suis dis encore un de ces gringos qui parlent beaucoup et qui viennent nous casser les pieds. »

Il faut croire que j'ai de la chance, ou que certaines rencontres doivent avoir lieu. Un jour, un peu par habitude, alors que je posais mon éternelle question : « Vous savez où je peux rencontrer Lindo ? », souriant, mon interlocuteur m'a désigné un homme rondouillard assis au pied d'un muret de pierre sèche.

— ¡ *Está aquí* !

C'est lui Lindo ? Casquette jaune vif posée sur la tête, pantalon de toile, chemise rayée, je n'arrive pas à croire que celui que je cherche depuis si longtemps, l'homme

Troisième monde

providentiel qui peut m'aider dans la poursuite de mes recherches, puisse avoir une telle allure. Son regard me fixe à travers ses yeux plissés. Je dois me rendre à l'évidence. Ce n'est pas moi qui l'ai trouvé, mais bien lui qui a accepté de me rencontrer. Mais de la rencontre à la confiance le chemin va être long. Il faudra de nombreuses heures de discussion, d'observation et d'échanges avant qu'il accepte de m'accompagner dans la Sierra et qu'il me révèle des bribes de son histoire.

Les Indiens l'appellent « Sankala », celui qui a la connaissance. Parti quelques jours dans la Sierra pour une mission vétérinaire, il y restera plus de dix-sept ans.

— J'étais monté dans un village pour une mission vétérinaire, un Mamu est venu me voir en me demandant de l'aider. Sa femme était malade, il avait tout essayé pour la soigner et sa santé continuait à décliner, il voulait que je vienne pour la sauver. Elle avait une terrible infection et je n'avais sur moi que des médicaments pour animaux. Alors, j'ai fait un calcul approximatif entre le poids d'une mule, la dose correspondante et le poids que j'estimais être celui de cette femme, et j'ai fait une injection... Pendant trois jours il ne s'est rien passé. Je n'avais qu'une crainte, c'est que la dose soit trop forte. Quand le Mamu est venu m'annoncer que sa femme allait mieux, j'ai respiré. Depuis ce jour-là, nous sommes devenus amis. Il m'a proposé de rester avec lui pour m'apprendre ses secrets et pour que je lui apprenne les miens.

Il nous faudra du temps pour nous connaître, nous apprivoiser. Le personnage est discret, prudent. À l'occasion de nos différentes rencontres, j'ai l'impression qu'il m'observe, qu'il essaye d'apprécier où je suis et qui je suis au-delà de mon discours et de mes gesticulations. Et puis un soir, il me parle, il me raconte sa vie, ses premières expériences de la forêt amazonienne des Indiens. Un soir, comme ça, il accepte de m'accompagner, de donner vie à cette histoire. Depuis cet instant, Lindo est devenu un frère, un de ces frères qui accompagnent sans juger, qui donnent sans attendre, comme ça, sans conditions, un frère qui m'a offert le plus beau des cadeaux, sa confiance.

Un jour, plus tard, je lui ai demandé pourquoi il avait accepté de m'aider.

— Et pourquoi pas ? Je t'ai beaucoup observé, tu étais un peu comme ces étrangers qui parlent beaucoup mais qui agissent peu, mais tu avais l'air sincère. Et puis pour les Kogis la situation était vraiment difficile, alors s'il y avait quelque chose à faire, c'était le moment ou jamais.

À partir de cette soirée, les choses sont devenues presque faciles. Je veux poursuivre mon enquête chez les Kogis, parcourir les hautes vallées pour retrouver le lieu de mon accident. Cela ne semble poser aucune difficulté.

En redescendant de Nabusimaké, je décide de venir le saluer avant de repartir pour l'Europe. Je le trouve devant chez lui, un verre de rhum à la main.

— Tu veux toujours voir les Kogis ?
— Oui.
— Tu as encore du temps ?
— Oui, un peu.
— Alors, on y va tout de suite, ils t'attendent.
— Tout de suite ?
— Maintenant, je les ai prévenus, cela fait deux jours qu'ils t'attendent.

Au début, cela surprend, mais il est comme ça, Lindo. Discret, peu bavard, mais d'une efficacité impressionnante. Le temps de récupérer la vieille Toyota rouge vif du bureau des Affaires indiennes, de changer une roue et nous disparaissons dans un nuage de poussière vers les terres Kogis. C'est à cette occasion que je vais rencontrer

Troisième monde

Miguel, Fiscalito, Ignacio... que je vais me rapprocher un peu plus de ce village où les Kogis parlent avec le monde.

Lindo, c'est lui qui me fera vraiment aimer et comprendre la Sierra. C'est grâce à lui, sa connaissance intime de cette montagne, que je vais commencer à entrevoir l'univers magique des Kogis. Mais ce chemin, cette découverte, c'est maintenant à sa manière que je vais le poursuivre.

— Tu as dit que tu voulais aider les Kogis, eh bien aide-les, ce sera le meilleur moyen de trouver ce que tu cherches. Retourne en Europe, occupe-toi de réunir des fonds, moi, je m'occupe de localiser une terre qui leur convienne.

Chapitre 4

Quatrième monde

> *Avec le quatrième monde sont venus les premiers qui savaient comment allaient être les gens. « Ils avaient un corps, une peau, des bras une tête... » C'est la découverte de ce qui est perceptible, de l'apparence des choses. C'est la découverte du monde, de sa chair et de sa réalité visible. La mère s'appelait Sâyagaueye-yumang, il avait une autre mère qui s'appelait Disi-se-yun-tanà.*

Les Kogis et les Aruacos ne souhaitent pas de couvertures, pas de nourriture, pas de conseils, pas d'écoles, non ! Ils souhaitent simplement vivre sur une terre, leur terre. En clair, c'est : « Laissez-nous une terre, pour le reste, on se débrouille. » Une telle demande paraît à la fois simple et tellement compliquée. Simple, car que voulez-vous objecter à celui qui demande une terre, qui plus est celle de ses ancêtres, pour pouvoir y vivre selon ses lois et sa culture ? Compliqué, car dans la société qui est la nôtre, depuis qu'un homme a mis des barrières avec des barbelés en disant : cette terre est à moi, depuis que nous avons réduit notre rapport à la nature à l'idée d'objet qu'il convient de maîtriser et de posséder, nous avons créé le terreau de la guerre et de la violence.

Le chemin des neuf mondes

Les terres que revendiquent les habitants de la Sierra, leurs terres, appartiennent à d'autres, des paysans. Et si les paysans sont venus s'y installer, c'est parce qu'ils fuyaient la violence, celle des propriétaires terriens, de la guérilla, des paramilitaires, peu importe, une violence aveugle qui peut survenir partout, à n'importe quel moment. Alors un jour, lorsque l'on a tout perdu, sa maison, ses cultures, un frère, un enfant, ce jour-là on décide d'aller ailleurs, plus haut dans la Sierra, sur ces terres indiennes qui n'appartiennent à personne. Là, on coupe des arbres, on travaille la terre et on essaie de reconstruire une vie, quelque chose. Aujourd'hui, ce sont plus de 150 000 paysans qui vivent sur les contreforts de la Sierra, repoussant toujours plus haut les communautés indiennes, là où leur survie devient difficile. Au-delà de leur survie économique, c'est tout leur système spirituel qui est menacé. Pour les Kogis, le monde est une sorte d'énorme écosystème dont il convient en permanence de maintenir l'équilibre.

Pour maintenir cet équilibre, pour que l'univers puisse poursuivre son cours normal, il faut faire des offrandes à la mère, à ses principaux enfants et à tous les maîtres, Pères et Mères qui vécurent dans les temps anciens et créèrent le monde. Eux seuls veillent à tout. Ils sont les « grands frères », par opposition aux Blancs qui sont les petits frères, qui n'obéissent qu'aux lois des hommes et qui vivent dans l'ignorance des lois de la nature. Ces offrandes, il faut les faire en altitude dans les terres froides, mais surtout en bordure de mer en terres chaudes. Ces terres auxquelles ils n'ont plus accès.

— La terre est toujours présente, c'est elle qui nous protège et nous nourrit. Les grottes, les cavernes ou les failles sont les orifices de la terre mère, son utérus, les sommets ses fils et ses filles. C'est là que vivent les esprits des ancêtres. L'univers, la terre, les astres, les animaux, les plantes, les minéraux forment une immense famille

Quatrième monde

avec des pères et des mères. Nous souhaitons préserver la terre mère, préserver les éléments essentiels de la vie. Vous, les Blancs, vous voulez toujours transformer les choses... alors qu'il faut les respecter comme elles sont. Nous ne souhaitons pas être transformés ou changés pour devenir autre chose, devenir comme vous... nous voulons juste rester Kogis.

Pour que les Kogis puissent rester Kogis, *le seul moyen rapide et efficace de les aider, c'est de leur rendre leur terre*, et pour cela, il faut les racheter à des paysans d'accord pour les vendre... pas d'intermédiaire, pas de discussion, pas de contrepartie, rien ; juste une terre et des Indiens qui pourront se réinstaller dessus.

Je suis au pied du mur. Ces terres, il faut les acheter, mais comment ? Et avec quel argent ? Le loto reste assez aléatoire, et de toute façon je ne joue pas. Ma fortune personnelle ? Elle est réduite. Quant à d'éventuelles subventions publiques, elles ne seront jamais affectées à l'achat de terres. C'est l'impasse... la solution viendra d'un article de presse.

Son auteur y explique qu'une opération de souscription lancée au Danemark a permis de rassembler suffisamment de fonds pour préserver le territoire d'une communauté indienne d'Amérique centrale. Une souscription ! voilà l'idée : mobiliser suffisamment de personnes pour racheter des terres par petits morceaux.

L'idée est séduisante. Mais sera-t-il possible de mobiliser mille personnes, de les convaincre qu'il est important que ces Indiens restent Kogis chez eux et pour eux, mais peut-être encore plus pour nous, notre système et les représentations qui le sous-tendent ? La vie naît de la rencontre et de la confrontation des différences. Nous avons besoin de l'autre, des Kogis, de leur regard sur le monde, pour interroger nos représentations, les enrichir et les faire évoluer.

Le chemin des neuf mondes

« Ce qui meut le monde est l'interaction des différences, leurs attirances et leurs répulsions. La vie est pluralité, la mort est uniformité. En supprimant les différences et les particularités, en éliminant des civilisations et des cultures, le progrès affaiblit la vie et favorise la mort, nous appauvrit et nous mutile. Toute conception du monde qui s'éteint, toute culture qui disparaît diminue une possibilité de vie [1]. »

Pour le savoir, le mieux c'est d'essayer. J'ai calculé que si 1 000 personnes font chacune un don de 200 francs, nous devrions pouvoir réunir 200 000 francs, soit entre 100 et 150 hectares de terrain. Tester l'idée, concevoir, éditer et imprimer un document qui résume la démarche, le diffuser, en quelques jours les choses s'accélèrent. Le doute est là aussi. Comment mobiliser des Français, déjà préoccupés par leur quotidien, aux difficultés d'Indiens inconnus vivant à plusieurs milliers de kilomètres de là ? Je commence une liste d'amis, puis d'amis d'amis, de relations, d'inconnus, puis j'attends. Surprise : la France compte plus de fous qu'on n'aurait pu l'imaginer. Les bons de souscription commencent à arriver. « J'ai cassé ma tirelire, il y a 47,50 francs », m'écrit une petite fille ; pour Albert, un retraité du Limousin : « On a vraiment une dette vis-à-vis de ces gens-là, je n'ai pas grand-chose, mais je veux contribuer à cette aventure. »

En quatre mois, grâce à la mobilisation de 287 personnes et au soutien d'une précieuse amie, l'Association Tchendukua, créée pour cette opération, parvient à réunir la somme de 70 000 francs. Je commence à y croire. Cette histoire aurait donc un sens ? De son côté, Lindo n'a pas perdu son temps. Deux lignes sur un fax m'annoncent la bonne nouvelle : « Les Indiens sont prêts, ils ont localisé

---

1. Octavio Paz, *Une planète et quatre ou cinq mondes*, Gallimard, 1985.

Quatrième monde

une terre qui leur convient, le propriétaire est d'accord pour la vendre, mais il faut aller vite, quand peux-tu venir ? »

Vertiges, le temps est venu de donner corps à cette promesse, ce rêve insensé : aider les Indiens à reprendre possession de leurs terres. Comment faire ? On est en janvier, je ne peux pas quitter mon travail comme ça... J'hésite. Dans l'avion qui me ramène d'un séminaire organisé à Toulouse, les questions se bousculent. Entre mes obligations et contraintes professionnelles et ce possible, incroyable possible qui se dessine, je suis perdu. Retour sur Orly. Partir en Colombie ou pas ? Dans un dernier chuintement, les deux réacteurs s'éteignent doucement. L'avion à peine immobilisé, les passagers se lèvent pour passer une veste ou récupérer une valise. Déjà les téléphones portables se mettent à sonner, les plus pressés appellent un client, une collaboratrice, un ami. Je reste immobile, fasciné par cette agitation étrange, presque frénétique, qui me met toujours un peu mal à l'aise. En regardant ces hommes et ces femmes qui s'agitent à la poursuite d'une part de marché, de l'accroissement des marges, de ce qu'a dit le directeur ou de ce que pense le patron... ou qui s'agitent parce que... tout le monde s'agite, j'ai un peu l'impression de me voir, de me regarder agir. Pourquoi, au nom du progrès, du développement dépensons-nous une telle énergie ? Et puis, de quel développement s'agit-il ? De quel progrès ? Pas de réponse... il n'y a que des cravates, des costumes, des tailleurs, encore des costumes, des nuques raides et rasées, puis des cravates, des lunettes, des rapports, et encore des costumes ! J'ai mal à la tête.

Dehors, ailleurs, sur une autre planète, les scientifiques de plus en plus unanimes parlent de réchauffement du climat, de montée du niveau des eaux, de disparition des espèces, de pollutions majeures... Autant d'informations qui devraient nous faire ralentir, nous interroger, attendre que l'avion se vide et regarder, respirer... Eh bien non ! c'est comme si l'*homo sapiens sapiens* était hypnotisé par sa propre agitation, par cet autoconviction que c'est comme ça, que nous n'avons pas le choix. C'est à peine si nous prêtons attention sur le périphérique aux petits panneaux lumineux qui indiquent aux Parisiens pressés qu'ils doivent ralentir car le taux de pollution devient trop élevé, que les enfants et les personnes âgées doivent rester chez elles, sans ouvrir les fenêtres. Les voyants clignotent et nous, nous continuons. On croit rêver ! Mais qu'est-ce qui nous empêche d'agir ? La peur ?

L'avion est vide, au bout du couloir deux hôtesses me regardent, intriguées par ce passager perdu au milieu de la multitude de sièges vides. À trop ralentir, je suis resté seul. Quelques cadavres de journaux gisent écartelés sur des banquettes. Je dois avoir l'air un peu ahuri, seul, à goûter cet instant suspendu où l'un n'est plus, où l'autre n'est pas encore, cet entre-deux, interstice malin où, depuis toujours, la vie distille ses possibles... C'est décidé, je quitte le cabinet de conseil, j'appelle Lindo et je repars en Colombie.

Rendez-vous est pris à Santa Marta, l'une des trois villes qui cernent la Sierra. C'est là que nous devons rencontrer le paysan qui a accepté de vendre sa terre. C'est là que je dois retrouver Miguel, Fiscalito, Ignacio, les trois Indiens Kogis qui viendront signer l'acte de vente au nom de leur communauté.

Pour ce nouveau voyage, je ne suis plus seul. Arné m'accompagne. Slovène, une nationalité qui se révélera fort utile, photographe de presse, il a accepté de mettre des images sur cette histoire.

Ville essentiellement touristique, en partie détruite par un tremblement de terre, Santa Marta n'est pas une ville attachante. Il faut du temps, de la patience pour qu'elle se

Quatrième monde

dévoile. Lorsque l'on arrive de l'aéroport, après avoir dépassé le Rodadero, un ensemble de tours où prospère un tourisme industriel, au détour d'une colline brûlée par le soleil, la ville est là. Elle semble assise entre les contreforts de la Sierra qui, à cet endroit, plongent brutalement dans l'océan.

De son histoire, des Indiens, de ce qu'ils ont vécu, il ne reste quasiment rien. Seules deux statues, curieusement disposées de part et d'autre du front de mer, témoignent du drame qui s'est joué ici. À gauche, presque nus, deux Indiens souriants semblent fixer un point imaginaire, quelque part au-delà de l'océan. À droite, dans son uniforme de conquistador, Don Rodrigo de Bastidas, le fondateur de la ville, celui par qui le malheur est arrivé.

Et puis, il y a la musique, encore et partout présente. Le méringue, la salsa, le vallenato. Lorsque nous arrivons, c'est l'effervescence.

— C'est le carnaval, la fête, nous explique le chauffeur de taxi qui lance de fougueux baisers à toutes les belles qui passent devant sa voiture.

Avec sa vieille serviette-éponge bleue posée sur les épaules, il n'a rien d'un don Juan. Je lui demande si beaucoup lui répondent.

— Non, une sur cent peut-être, mais si je n'avais pas embrassé les quatre-vingt-dix neuf autres, je n'aurais jamais eu le plaisir que celle-là me réponde, alors, je les embrasse toutes, et puis elles sont belles, non ?

Pendant trois jours, la ville vit pour et par la musique. La bière coule à flots et l'on danse jusqu'à l'aube. Dans cette ambiance, difficile de penser qu'à moins de 30 kilomètres les derniers héritiers des Tayronas veillent à l'équilibre du monde.

Le chemin des neuf mondes

Le rendez-vous est fixé à Taganga, un village de pêcheurs à l'écart de la ville, de son agitation. Un jour passe, deux jours... Viendront, viendront pas. Le doute m'envahit, et si toute cette histoire... et si et si !

— Normalement tout a été réglé et préparé, je leur ai bien dit qu'on les attendrait ici, ils ne devraient plus tarder, me répète Lindo.

C'est le « normalement » et le « ils ne devraient plus tarder » qui m'inquiètent un peu.

Mais avec les Kogis, il y a toujours un moment pour faire les choses, et ce moment, c'est eux qui le choisissent, j'ai beau le savoir, à chaque rendez-vous, c'est pareil.

Onze heures, troisième jour d'attente. Arné est nerveux :

— Et s'ils ne viennent pas, on fait quoi ?

Le regard perdu, Lindo semble fixer son attention sur les barques de pêcheurs qui s'éloignent vers le large. Le soleil illumine la plage. Même les cactus souffrent de la chaleur... un comble. Glacières, radios, casquettes et packs de bière, les premiers touristes affluent. Au XVIIe siècle, le représentant de la couronne d'Espagne en Nouvelle-Grenade a déclaré territoire indien la plage de Taganga et ses environs. Promesse de papier jamais tenue. Très vite, des pêcheurs se sont installés, puis d'autres. Aujourd'hui, Taganga est le lieu de villégiature favori des habitants de Santa Marta toute proche.

— *Mira quien viene.* [Regarde qui arrive.]
— *Buenos días.*

Ils sont venus, ils sont là, souriants. Miguel, Ignacio, Fiscalito et deux autres Mamus que je ne connais pas, plusieurs femmes et deux jeunes Kogis. Mochila en bandoulière, poporo dans la main, dans ce hall d'hôtel face à la plage, on les dirait sortis d'un autre univers. Il y a eux posés et calmes, et l'agitation du monde. Le contraste est étonnant.

Il est difficile de dire avec des mots, de simples mots,

Quatrième monde

ce que l'on ressent dans ces instants-là. J'aurais aimé crier, courir vers la mer, laisser jaillir mon émotion.

Je me contente d'un pas de deux, comme ça, sous le regard ébahi des quelques touristes qui terminent leur petit déjeuner. Je suis heureux de les revoir, de les retrouver. Ils m'ont fait confiance à moi, à Lindo : cette histoire aurait donc un sens ?

Reste à attendre le paysan qui a accepté de vendre sa terre. Il y a déjà plusieurs semaines que le rendez-vous a été pris, et en Colombie, plusieurs semaines, c'est presque une éternité. De nouveau l'attente.

Vingt heures, enfin ! Fatigués, couverts de poussière deux hommes se présentent à l'accueil de l'hôtel. C'est eux, le vendeur et son frère. Ils sont là. Partis depuis quatre heures du matin, il leur a fallu cinq heures de marche et près de huit heures de Jeep-taxi et de bus pour arriver jusqu'à Taganga.

Ce sont souvent des familles de paysans perdus dans les hautes vallées de la Sierra qui acceptent de vendre leurs terres. L'occasion pour eux de trouver de meilleures terres, de se rapprocher d'une école pour les enfants ou de créer un commerce. Une table discrète dans l'arrière-salle d'une *tienda* obscure. La négociation commence. Il faut estimer précisément la valeur des terres, leur localisation, la nature et la valeur des récoltes, les surfaces exactes. Les documents officiels sont assez vagues. Fuyant la violence des basses terres, souvent installés sans autorisation, les paysans n'ont pas toujours pris le temps de régulariser leur situation. Chacune des parties observe l'autre, la jauge, évalue sa détermination.

Vingt-trois heures : plusieurs rangées de bouteilles vides sont alignées sur la table. La musique vrille les esprits. Accoudés au bar, les deux frères discutent de la dernière proposition d'achat. Depuis trois heures, Lindo pilote la négociation avec tact et fermeté. Il veut payer le juste prix.

Pour lui, il ne faut léser ni les Indiens ni les paysans. La discussion reprend, serrée. En retrait Miguel, Ignacio et Fiscalito suivent la négociation avec attention.
— 11 millions de pesos, avance Lindo.
— 16 millions !

Vers minuit la vente sera finalement conclue pour la somme de 13,5 millions de pesos. Une poignée de main scelle l'accord. Sourires... Rendez-vous est pris le lendemain matin chez le notaire.

Là comme ailleurs, pour être légales, toutes les transactions doivent être officialisées devant un notaire. Mais à Santa Marta, rares sont les *notarías* qui acceptent de faire des actes officiels au profit des communautés indiennes. Question d'opportunité. Leurs principaux clients sont liés aux grandes familles de propriétaires terriens en opposition larvée avec les Indiens. Le choix est vite fait. Enfin, un notaire accepte d'officialiser discrètement la transaction dans son bureau.

> « *Par le présent document est transféré à la communauté Kogi de Maruamaké la possession d'une terre de 50 hectares composée de 5 hectares de café, 4 hectares de cannes à sucre, 4 hectares de lulo, 5 hectares de pâturage, 20 hectares de prairie et 12 hectares de forêt.* »

Concentré, Miguel appose son empreinte digitale sur la dernière page de l'acte notarié. Au plafond, un énorme ventilateur tente désespérément de rafraîchir l'atmosphère. Une dernière fois, l'assistante du notaire relit le document. Signatures. Ça y est... Ce n'est pas un rêve, nous avons acheté une première terre. Pour la première fois depuis l'arrivée des Espagnols, les Kogis ont repris possession d'une parcelle du territoire de leurs ancêtres. Beau pied de nez à l'histoire et belle victoire.

Quatrième monde

Les derniers documents enregistrés, nous retrouvons la rue, presque surpris d'avoir réussi. Un dernier passage au bureau de change, et l'opération sera terminée. Un Colombien n'est pas autorisé à recevoir des devises étrangères. Les fonds réunis par l'Association pour l'achat de cette terre doivent être convertis en pesos colombiens. Les tas de billets s'empilent dans le petit bureau de change. Tant d'argent. Les regards se plissent. Il faut aller vite.

Comptées, recomptées, les liasses de billets passent de main en main... 10, 11, 12, 13,5 millions. Un grand sac noir avale les billets. Sourires... Les Indiens semblent soulagés. Le bureau de change vient de réaliser sa plus grande opération. Pour Lindo et moi, l'achat de la terre est terminé. Pour les Kogis, tout reste à faire. Il va falloir purifier ce nouveau territoire, lui redonner un équilibre, le baptiser, un ensemble de rituels qui demandent l'accord et la participation des plus hautes autorités spirituelles de la Sierra.

Mais pour l'instant, les Kogis n'ont qu'une préoccupation : acheter des vivres, des semences, quelques outils et quitter ces lieux dans lesquels ils n'ont pas leur place. Ici, ils sont « étrangers », ici ils sont « Indiens ». Tolérés, ils ne sont pas pour autant acceptés. Ce n'est que depuis 1991, et l'adoption par la Colombie d'une nouvelle constitution, que les communautés indiennes de Colombie ont été reconnues dans leurs spécificités. Une reconnaissance fragile qui, si elle a débouché sur une nouvelle législation en matière de droit indigène, ne se traduit pas toujours dans les pratiques et dans les comportements. En Colombie, l'Indien et sa différence doivent rester à leur place, et leur place, c'est dans la Sierra qu'elle se trouve.

La route du retour sera l'occasion pour nos compagnons de voyage de parcourir la « Ligne noire », cette ligne symbolique qui délimite le territoire de leurs ancêtres. Une ligne jalonnée de sites sacrés, où, pour maintenir l'équilibre du monde, il convient d'effectuer régulièrement prières et offrandes selon des rituels précis. Comme leurs ancêtres, les Kogis considèrent qu'ils ont la responsabilité de la terre, de sa survie.

Une croyance profonde qui détermine leur rapport au monde, qui fonde leur système politique, social et religieux. Ils croient au pouvoir spirituel, à l'intelligence de l'esprit comme moyen d'« être » en accord avec le monde et de le « penser » correctement. Faire une prière, un rituel, c'est se mettre en harmonie, c'est travailler à l'équilibre du monde.

— Nous avons la responsabilité de veiller à l'équilibre du monde. Nous devons préserver la Sierra, le cœur de l'univers. Si le cœur s'arrête de battre, la terre cessera de vivre...

En écho aux propos de Miguel, notre vieux pick s'arrête au bout d'une ruelle sans âme. Nous sommes à Dibulla, un site connu pour ses anciennes léproseries. Ne viennent s'échouer ici que ceux qui n'ont nulle part où aller. Entre le jaune et le gris, le sable et les murs, la nature prend un malin plaisir à diluer les formes et les couleurs. Grandes cheminées noires, barrières barbelées, à quelques centaines de mètres, derrière le centre du village, on devine les bâtiments imposants d'une usine thermoélectrique. Miguel s'avance lentement vers ce qui, il y a encore quelques années, représentait l'un des lieux les plus sacrés de l'univers Kogi.

— Ici, il y avait un lac, pour nous, c'était un peu le deuxième poumon de la Sierra, maintenant le lac est mort et il y a cette usine.

Devant nous, une étendue de sable noir. Des canalisations rouillées déversent des eaux chaudes et jaunâtres, rejets de l'usine toute proche. Derrière, la mer grise et agitée. Rapidement, Miguel sort les quelques offrandes nécessaires au *pagamiento* qu'il doit réaliser pour purifier cet endroit.

Quatrième monde

Une prière, puis les offrandes sont déposées sur la mer. Dans leur mythologie, c'est de la rencontre entre le ciel et la mer qu'est né le fils de la vie. Ensuite est venue « Shibalaneuman » qui a créé le monde, les arbres, les rivières, les montagnes et tous les êtres vivants, c'est elle qui a créé les neuf mondes de l'univers, quatre mondes célestes, quatre mondes souterrains, et le monde terrestre où, d'après eux, les Kogis se doivent de maintenir l'équilibre. Miguel chante :

« Au début, il n'y avait rien. Tout était obscur. Il n'y avait pas de soleil, pas de lune. La mer était partout, la mer était la mère. Puis est venue Shibalaneuman, mère des chants et des danses, mère de tous nos ancêtres, elle nous a mis au monde, elle est la mère de toutes les races humaines, elle est la mère de toutes les tribus, mère du monde et des anciens frères de pierre. Elle est la mère des lagunes, des fleuves, des arbres et de toutes choses. Elle est la mère des petits frères, des étrangers. La mère Shibalaneuman, elle seule, est la mère de toutes les choses, et ainsi, elle nous a laissé son souvenir dans tous les temples. Avec ses enfants Sintana, Seijankua, Aluanuiko et Kultshavitabuaya, elle nous laisse en souvenir des chants et des danses [1]. »

Je repense à ce texte, lu dans le Tao-tö-king :

> *Il est une chose née avant le ciel et la terre*
> *Avant la lune et le soleil*
> *Une chose silencieuse et vide*
> *Elle est capable d'être mère du monde*
> *Comme je ne sais pas son nom*
> *Je la décris « la voie »*
> *Je l'appelle « la grande »*
> *C'est la mère.*

---

1. Mythologie Kogi.

Le chemin des neuf mondes

Attentif, légèrement en retrait, son assistant suit le moindre de ses gestes. Il doit s'imprégner du lieu, de ses spécificités. Sa formation terminée, il devra comprendre, retrouver seul les chemins de « la terre mère, mère de toutes choses ».

Un dernier regard, puis nous retournons vers Dibulla. Battue par le vent, la plage est jonchée de poubelles de déchets plastiques. L'endroit est définitivement inhospitalier. Miguel m'attrape par la manche :

— Il faut que l'on ramasse des coquillages.

Depuis les années 1970 et la construction d'une route entre Santa Marta et Riohacha, les Kogis n'ont plus accès à la mer. Il leur est difficile de trouver les coquillages nécessaires à leurs rituels. Alors, quand une occasion se présente, il faut en profiter.

Guidés par les plus anciens, on fouille le sable, retourne des galets, écarte une pierre. Rapidement, les grands sacs de toile se remplissent.

Quels coquillages chercher ? Celui-là, il a une jolie couleur, ou celui-là, sa forme en spirale devrait leur plaire. Ravi, je montre mes découvertes à Miguel. Déception. Le plus beau coquillage ne l'intéresse pas. Il me le rend avec un sourire gêné, l'air de dire : « Mais non, ce n'est pas ça du tout. » Les deux autres semblent plus intéressants. Ils disparaissent dans son sac. Je finis par identifier ceux qu'il recherche. Il y en a deux sortes : des petits presque ternes qui, une fois lavés et brûlés, produisent la chaux dont ils se servent dans leur poporo ; pour les autres, c'est plus compliqué. Selon leurs formes, leurs couleurs, ils ont un nom et surtout une fonction précise dans les cérémonies d'harmonisation du monde. Un dernier coquillage, les sacs sont remplis. Tout le monde s'entasse dans la voiture, vite, quitter cet endroit sinistre.

Quatrième monde

Nous rejoignons la route « nationale », il fait sombre. La fraîcheur de la nuit rend la dernière partie du voyage plus supportable. Les Kogis retournent chez eux informer la communauté et préparer le « baptême » de leur nouveau territoire. Je retourne chez les Kogis à la poursuite de mon histoire. La tête d'Ignacio oscille sur mon épaule. Entassés sur l'unique banquette avant, les femmes et les enfants somnolent doucement. À l'arrière, entre les sacs de pommes de terre et les poissons séchés, Lindo et Miguel sont en grande conversation. Miguel est inquiet, chacun de ses voyages sur la Ligne noire est pour lui source de stupeur et de tristesse. Stupeur de voir comment nous traitons la nature, tristesse de voir les sites sacrés violés et profanés par les « petits frères » qui ne respectent pas les lois de la terre mère. Routes, usines, parcs touristiques, hôtels, mines de charbon, la Ligne noire cristallise tous les conflits, tous les paradoxes de la Colombie moderne. Entre le développement du tourisme, l'exploitation des ressources naturelles et le respect des Indiens, de leur culture, là comme ailleurs, le chemin est difficile.

L'exemple du Parc Tayrona est significatif. Destination prisée des touristes de passage à Santa Marta, situé en bordure de la mer des Caraïbes, le Parc Tayrona est un lieu où la nature sauvage, exubérante, offre un spectacle saisissant.

Souvent agitée, la mer pénètre profondément dans des criques de sable blanc cernées par la roche et la végétation tropicale. C'est aussi un parc archéologique mis en place pour tenter de préserver l'une des plus belles cités précolombiennes découvertes dans la région, Pueblito.

Accessible par de grands escaliers de pierre qui la relie à la mer, Pueblito se compose de nombreuses terrasses de pierre, canaux, murets de soutènement et de curieuses associations rocheuses, lieux de prières et de recueillement.

À l'époque des Tayronas, ancêtres des Kogis, Pueblito

devait être un important site politique et religieux situé au centre d'un vaste réseau d'échanges et de communication. Le climat est sain. Grâce à une brise régulière qui remonte de la mer. La température est idéale. Pêche, agriculture, récolte de fruits, réunions politiques, à Pueblito la vie devait être agréable. Pendant longtemps, le gouvernement colombien a interdit l'accès de ce parc aux Kogis, alors même qu'il fait partie de leur histoire. Aujourd'hui encore, l'administration colombienne a du mal à associer l'archéologie, l'histoire et les Kogis, témoins vivants de cette histoire. Après de longues négociations, ces derniers ont obtenu l'autorisation d'installer une ou deux familles sur le site même de Pueblito. Une façon de revendiquer cette cité et l'espace sacré qu'elle représente. Paradoxe étonnant qui veut que l'on admire les témoignages d'une culture, orfèvrerie, ruines mais que l'on rejette ceux qui en sont à l'origine, lorsqu'ils ont survécu.

« C'est bien beau de conserver ainsi l'héritage des ancêtres. Pourtant, un doute nous envahit. Est-ce que nous captons le message des textes quand nous disons que ce sont des mythes, des légendes et des reliques ? Ce dont nous doutons, c'est que l'admiration de textes mythiques nous convertisse facilement en spectateurs à distance. Nous louons leur beauté, mais écoutons-nous l'avertissement des mots, de leur message qui nous appelle à nous secouer, à nous remettre en question jusqu'aux racines[1] ? »

Soumis au voyeurisme touristique, aux incessants ballets de photographes impudiques, les familles Kogis se relayent afin de préserver leur équilibre spirituel. Lorsqu'ils quittent Pueblito, hommes, femmes et enfants remontent dans les villages les plus traditionnels afin de se ressourcer auprès de leur communauté.

---

1. Carlos Lenkersdorf, *Les Hommes véritables*, Éditions Ludd, 1998.

Quatrième monde

Un cahot. Je sors de ma torpeur. Nous quittons le confort de la route goudronnée pour les cahots d'une piste poussiéreuse. Musique vallenata à plein volume, guirlandes de lumières multicolores, le pick-up s'enfonce dans la nuit à un train d'enfer. Une fine couche de poussière recouvre rapidement ses occupants, s'infiltre entre les lèvres, dans les narines. Transpiration et poussière. La fatigue me gagne. Dans ce bout du monde colombien, les histoires les plus folles se croisent et s'entrechoquent. Deux bidons posés au bord de la route ? C'est une station d'essence. Une piste qui se transforme en route nationale étonnamment droite et bien dégagée ?

— C'est une piste d'atterrissage, m'explique Lindo. Ici, à la grande époque de la marijuana, ils ont aménagé cette route pour que les avions puissent se poser. On arrête les voitures, l'avion se pose, charge la drogue et repart, c'est pas compliqué. Il y a même des gens qui ont construit un faux péage sur la route. Ça a quand même marché plusieurs mois. Ils avaient copié les panneaux, les uniformes, même la police payait !

Proche du Venezuela et loin de l'État colombien, dans la Guajira, chacun tente de s'inventer une vie à la hauteur de ses rêves.

La nuit s'achève. Je crois que j'ai dormi. À l'horizon, de grandes traînées roses marquent le ciel. Quelques virages et nous arrivons à Atanquez, village frontière, village d'extrêmes où tout semble possible. Terminus. C'est par ce village que les Kogis doivent passer chaque fois qu'ils souhaitent quitter ou rejoindre leur territoire. En haut du village, derrière les dernières maisons aux couleurs incertaines, un sentier s'engage le long de la rivière. Les initiales des F.A.R.C. (Forces armées révolutionnaires colombiennes) s'étalent en lettres grasses sur les murs et les pierres qui bordent le chemin.

Ici, il est parfois difficile de savoir qui est qui. Militai-

Le chemin des neuf mondes

res ? Guérilleros ? Indiens ? Paysans ? Poussés par la pauvreté, les identités se croisent à la recherche d'une unité perdue.

D'après Miguel, des Kogis doivent venir à notre rencontre avec des mules pour porter les bagages et nous guider jusqu'au village. Mais de Kogis, il n'y a aucune trace.

À peine descendus du pick-up, nos compagnons de voyages s'engagent en trottinant sur le sentier et disparaissent rapidement derrière les arbres. Éclats de rires, ils semblent heureux de retrouver leur territoire. Fatigué, je m'assieds à côté des bagages. Attendre... encore attendre ! Les arbres semblent écrasés par la chaleur, une chaleur lourde, poisseuse. Les yeux mi-clos, allongé au bord du chemin, une douce somnolence m'enveloppe.

Soudain un frôlement, quelque chose bouge dans le champ de canne à sucre en face du chemin. Fusils-mitrailleurs en bandoulière, treillis fatigués, bottes en caoutchouc trop larges, casquette vissée sur la tête, une dizaine de guérilleros. Je ne sais pas d'où ils viennent, je ne les ai pas entendus arriver, ils ne parlent pas, ils sont là, c'est tout... Je savais que les FARC étaient dans la région, mais c'est la première fois que je me trouve directement confronté à leur présence.

Leur chef me fait penser au général Alcazar de Tintin : même barbe, même treillis, même forme de visage. Mais la comparaison s'arrête là. Ses yeux fixes, brillants, laissent transparaître une détermination inquiétante. Pendant quelques secondes, le bourdonnement de la forêt est plus fort, plus présent... je sens la sueur dégouliner dans mon dos.

Vraies ou fausses, on m'a raconté toutes sortes d'histoires sur leur compte. Dans le village voisin, ils auraient mené quelques opérations de justice plutôt expéditives.

Décrivant les guérilleros comme des gens violents qui volent le bétail et violent les femmes, les paysans ont poussé les Indiens à s'enfuir, profitant de leur départ pour

Quatrième monde

acheter leur bétail à un prix dérisoire. Apprenant cela, la guérilla a réuni tous les hommes sur la place du village en leur proposant l'alternative suivante : soit vous rendez le bétail, soit nous vous tuons. Ce jour-là, deux hommes ne sont pas rentrés. Depuis, le statu quo s'est installé entre les paysans et la communauté indienne.

En Colombie, depuis les années 1950, la démocratie est confisquée par le parti libéral et le parti conservateur qui se partagent le pouvoir. Pour ces hommes et ces femmes, condamnés à d'incessants déplacements dans les hautes vallées de la Sierra, la résistance armée reste le dernier moyen d'expression...

« Alcazar » s'avance.

— Vous ne croyez pas que nous devrions parler...

Incontestablement, nous représentons pour lui une « bizarrerie » dont il ne sait que faire. Nous ne sommes ni indiens, ni paysans, ni militaires ou paramilitaires.

— Vous êtes qui ? Qu'est-ce que vous faites-là ?

— Nous sommes invités par les Kogis.

— Les Kogis ne veulent voir personne, vous avez des papiers ?

Le passeport slovène tendu par Arné l'intrigue.

— La Slovénie ? C'est quel pays, ça ?

— La Yougoslavie, enfin l'ex-Yougoslavie.

— La Yougoslavie, c'est le pays de Tito, vous êtes un peu communiste, alors ?

— Heu non, enfin oui...

La scène est surréaliste. Assis, encerclé par les guérilleros, avec de grands gestes, Arné explique le communisme, la mort de Tito, l'éclatement de l'ex-Yougoslavie. La tension diminue, « Alcazar » semble rassuré.

— Ici aussi on est communiste.

À cet instant, Miguel et Lindo partis au-devant des mules, qui devaient nous attendre, apparaissent en haut du chemin. De longs palabres s'engagent. J'ai sommeil. Un

Le chemin des neuf mondes

jeune guérillero s'assied à mes côtés. Son fusil-mitrailleur sur les genoux, un poste de radio collé à l'oreille, il écoute les résultats du match Équateur-Colombie... Sourires.

Étonnante magie du football, qui, le temps d'un match, d'une émotion partagée, efface les différences et rapproche les hommes : guérilleros ? militaires ? paysans ? peut-être... mais amoureux du football sûrement.

Le vieux talkie-walkie d'Alcazar grésille. Un dernier échange radio avec son « commandant de front ». Un compromis est trouvé. Nous pouvons monter jusqu'au village, mais nous avons interdiction d'en sortir jusqu'à nouvel ordre. Un geste sec. Mon voisin se lève. Son visage se ferme. Les guérilleros disparaissent aussi soudainement qu'ils sont apparus.

Pommes de terre, poissons séchés, graines, bagages, les jeunes Kogis descendus avec les mules répartissent les charges. Rapidement, de grands filets de corde sont remplis et fixés sur les selles. Un claquement de langue, quelques coups de badine, comme à regret les mules font demi-tour et s'engagent sur le sentier. Heureux, son poporo à la main, Miguel ouvre la marche. Pour les Indiens, habitués à se déplacer, à voyager d'une ferme à l'autre, d'une vallée à l'autre, marcher est un signe d'équilibre spirituel. Pour moi, après une nuit blanche passée au fond d'un pick-up, c'est un peu plus difficile. Mais je suis content. Je reviens dans la Sierra. Je vais retrouver des amis et poursuivre mon enquête.

Pénétrer le territoire Kogi a quelque chose d'impressionnant. Il y a la beauté des paysages, bien sûr, la beauté des vallées qui se dévoilent au rythme de la marche. Mais il y a surtout une dimension sacrée, une dimension magique qui semble inscrite dans les lieux, les arbres, les rivières. D'où vient cette impression ? Je ne saurais le dire. Peut-

Quatrième monde

être du regard qu'ils portent sur la nature, sur le monde qui les entoure. Pour eux, il est inconcevable, comme nous le faisons, de réduire le territoire à un simple espace géophysique capable de supporter tous les outrages. Univers de signes et de symboles, le territoire est un véritable « livre ouvert » qui les relie au monde, à leur histoire collective, et qui leur permet « d'être » Kogis, c'est-à-dire des « gens » libres et entiers. Habités par les esprits divins, les arbres, les pierres, les rivières sont des rappels « vivants » de cette histoire collective qui se doit d'être entretenue par le groupe. Concrètement, chaque membre de la communauté est physiquement rattaché à un lieu qu'il a la charge de faire vivre et d'entretenir pour l'équilibre du tout. Reflet du monde surnaturel des esprits, le territoire n'en est qu'un support transitoire et éphémère.

Un support qui devient source de savoir et de mémoire pour tous ceux qui sont à même de communiquer avec les esprits qui peuplent l'univers. Cheminer, marcher n'est donc jamais un acte neutre. C'est un acte de pouvoir, un acte spirituel qui permet de participer à l'identité des lieux que l'on traverse et de tisser les fils de sa vie. C'est pourquoi être invité à parcourir le territoire Kogi, à s'inscrire dans leur histoire, c'est le signe d'une grande confiance. Une confiance pleine, entière, une confiance que l'on ne peut trahir. C'est sans doute aussi cela que je ressens en m'engageant vers les hautes terres de la Sierra.

Après quelques heures de marche, nous arrivons à Maruamaké, ce village Kogi dans lequel Lindo m'avait invité lors de notre première rencontre. À notre arrivée, je suis frappé par les changements, les évolutions du paysage. Là où il n'y avait qu'herbes rases et terres ravinées, les Kogis ont fait pousser une couverture végétale de trois ou quatre mètres de hauteur, une « mini-forêt » de laquelle ils tirent une part importante de leurs ressources agricoles. La performance est à la hauteur de l'échec des tentatives officielles de reforestation qui, malgré engrais et « expertises » agronomiques, n'ont jamais produit plus d'une vingtaine d'eucalyptus fatigués. Grâce aux connaissances des Kogis, Maruamaké reprend vie. Les quelques maisons qui composent le village sont maintenant cachées derrière un rideau d'arbres où se mélangent avocats, bananes plantains, ananas, yuccas, papayes, tomates, haricots, arbres fruitiers et autres plantes couramment cultivées par les Kogis. Pour survivre, chaque famille se doit d'avoir deux ou trois fincas, une en terre froide où elles cultivent essentiellement oignons et pommes de terre, une autre en terre chaude et une troisième en terre tempérée, près d'un centre de cérémonie ou dans un village.

Des villages qu'ils habitent peu, et qui ne servent que pour certaines occasions précises : cérémonies religieuses ou réunions politiques. Notre présence, la proposition que je viens faire aux Kogis de reprendre possession de leur terre, les bouleversements que cela risque de susciter sont autant d'événements qui justifient une réunion. Pour y participer plusieurs Kogis ont quitté leurs fermes. Les maisons ont été ouvertes, la place du village nettoyée. Les Kogis n'ont pas de « maison » au sens où nous l'entendons, c'est-à-dire un lieu fixe, dans lequel il se sentirait chez eux. Pour eux, il ne s'agit que d'abris où l'on dort, rien de plus. On ne « rentre pas à la maison », on arrive simplement sur une terre où il y a de la nourriture.

Les mules sont rapidement déchargées. Sacs, tentes, vivres sont rangés dans la hutte mise à notre disposition pour la durée du séjour. Lindo réunit quelques branches sèches et allume un feu. Rapidement, les flammes éclairent notre nouvel abri. Quelques peaux de vache laissées par nos prédécesseurs semblent pouvoir faire de parfaits isolants. Un moment, je suis les volutes de fumée qui s'élèvent vers le plafond. Accrochée au chaume du toit, une imposante araignée noir et jaune se dirige vers la sortie.

Quatrième monde

Nous ne sommes pas seuls, la fumée a réveillé les habitants du lieu. Allez savoir pourquoi, je laisse les peaux de côté et décide de monter une tente, comme ça, dans la hutte. Chez les Kogis, il faut respecter tous les êtres vivants, mais bon... La mère nature d'accord, mais les araignées, dehors ! Devant la hutte, debout ou assis, une cinquantaine d'Indiens sont là, qui discutent dans les dernières lueurs du jour. Dans la Sierra, cette réplique du cosmos, depuis chaque montagne, chaque temple, chaque maison, jusqu'au plus petit objet usuel, s'établit une chaîne de signification à travers laquelle le Kogi suit un chemin de transformation.

Dans cet univers où tout est porteur de sens, pour pouvoir assumer les conséquences de notre intrusion, assumer la responsabilité de notre présence, de nos pensées et de nos actes, les Kogis doivent s'assurer qu'ils ont pris les bonnes décisions. Pour cela, ils ont un système complexe et particulièrement élaboré. Après la phase de diagnostic où un maximum d'informations est apporté sur le sujet ou le fait qui est l'objet d'une décision, hommes et femmes, chacun de leur côté, se réunissent pour évaluer les hypothèses possibles et leurs conséquences pour la communauté.

La plupart du temps, ce travail se passe dans l'obscurité de la Kankurua, une obscurité rassurante qui permet à chacun d'exprimer ses craintes, ses attentes, ou de faire appel à la mémoire de la communauté, véritable jurisprudence de références par rapport au sujet abordé. Moments de catharsis, ces échanges permettent à chaque membre de la communauté d'exprimer ses angoisses, de prendre le temps de parler, d'être écouté. Chacun peut prendre la parole, être entendu. Le travail est long, les mots s'associent, se séparent, nourrissent une énergie qui nourrit les mots. Étrange alchimie qui permet à ces hommes et à ces femmes de se relier et de relier chaque événement, chaque

Le chemin des neuf mondes

question *au sens profond de leur vie, l'équilibre*. Pendant tout le temps de la réunion, les quatre feux, symboles des quatre communautés qui soutiennent la Sierra, doivent rester allumés. La fumée qui s'accumule peu à peu dans les parties hautes de la hutte représente la pensée collective qui vient nourrir des épis de maïs, symboles de la fertilité. Les jours passent, puis les nuits. Plus le sujet est compliqué, les enjeux importants, plus le temps d'échanges, pour s'approprier la question et la manière d'y faire face, peut être long et impliquer un grand nombre de participants. Le dernier à parler est généralement un ancien, un Mamu reconnu pour son expérience, ses connaissances et sa maîtrise du fonctionnement collectif du groupe. Il ne prend pas la décision, il met en mots structurés la pensée collective du groupe.

« Tous les acteurs de la réunion se sont comportés en sujets agissants. En tant que tels, ils forment une communauté et peuvent faire leur affirmation connue, maintenant située dans le contexte adéquat. [...] "Nous sommes égaux et l'ancien, grâce au fait qu'il a du cœur [de la compassion], a l'intuition de notre façon de penser communautaire et en fait l'annonce." On est parvenu à un consensus exprimé par le mot "nous autres". Cette sorte d'assemblées communautaires nous fait voir l'intersubjectivité en action. C'est la communauté qui vit grâce à la participation de tous et de chacun[1]... »

Arrive ensuite le temps de la divination. La décision que nous allons prendre est-elle la bonne, est-elle juste, en cohérence avec le monde ? Au contraire du temps d'appropriation et de décision qui se passe la nuit, hommes et femmes séparés, les rituels de divination se passent en plein jour, sur des collines ou des lieux reconnus comme sacrés.

---

1. Carlos Lenkersdorf, *op. cit.*

Quatrième monde

Lorsque nous arrivons à Maruamaké, les discussions sont terminées, le temps des divinations vient de commencer. Depuis plusieurs jours, sur une colline qui domine le village, une centaine de personnes, hommes et femmes, sont assis immobiles sous le soleil. Miguel arrive et m'invite à le suivre, je suis seul. Lindo est parti voir un ami, et Arné, terrassé par une crise de paludisme, doit rester dans sa tente avec les araignées.

Nous nous engageons sur un chemin qui rejoint la colline. De hautes herbes denses et d'un vert profond masquent le lieu de la cérémonie. Au fur et à mesure de notre approche, je ressens une impression curieuse. Entre les herbes, je vois les Indiens, ils sont là, présents, mais en même temps ils paraissent ailleurs. Quelques minutes de marche et nous débouchons sur un replat où sont disposées plusieurs pierres plates. On dirait que les Kogis sont en transe. L'effet est saisissant. Intimidé, je m'assieds, c'est à peine si j'ose bouger une jambe, tourner la tête. Ils sont tous tellement là et tellement ailleurs, dans un autre univers. Certains sont assis, d'autres debout, tous séparés les uns des autres mais réunis par une énergie, une présence impressionnante. Je crois qu'ils ne me voient même pas. Au bout de quelques minutes, une vieille femme assise à mes côtés me tend ce qui ressemble à des brindilles. Non, il y a des brindilles, de l'herbe et une petite pierre.

— *Tomalo...* [Prends-le...]

Miguel me désigne les brindilles et les herbes que me tend la vieille femme. Un bref regard, et elle reprend ce qui semble être une forme d'incantation. Je ferme les yeux. J'essaie de ressentir cet instant, son énergie. On dirait qu'il y a là un concentré de vie porté, animé, nourri par les participants. Au milieu du groupe posé sur la terre, entre les pierres plates, une calebasse remplie d'eau. À l'intérieur, Miguel dépose quelques cristaux colorés. La cérémonie commence. J'ai presque du mal à respirer, tellement l'air, l'ambiance, est chargé d'énergie, de présence.

Miguel est un grand Mamu. Il a passé plus de dix-huit ans dans l'obscurité — « dix-neuf, me dira-t-il en souriant, la dernière année, je n'étais pas assez attentif, alors j'ai redoublé ». Depuis sa plus petite enfance, séparé de sa famille, il a suivi l'enseignement ascétique des *Kuiwis*, les élèves Mamus. Emmené dans un endroit reculé, au cœur de la Sierra, il a été adopté et suivi par un Mamu qui a joué auprès de lui le rôle de « maître ». Pendant les dix-huit ans de son enseignement, correspondant à deux cycles de neuf ans, il a dû mémoriser les récits mythologiques, les formules sacrées et apprendre un vaste ensemble de connaissances et d'observations qui relèvent de domaines aussi variés que l'astronomie, la météorologie, le comportement animal ou l'utilisation des plantes et des minéraux. « Les privations sensorielles, l'absence d'affection féminine, l'interdiction de consommer du sel, un régime très pauvre en protéines ne manquent pas d'affecter profondément la constitution physique et psychique des novices. L'intention manifeste de cet entraînement est de perturber, chez ces enfants, les rythmes circadiens, et de distordre leur conception du temps [1]. »

Ainsi est-il devenu un Mamu, un « éclairé », un de ces hommes dont la finalité transcendantale doit les mener à un état où les questions du bien et du mal n'ont plus cours, « où le corps doit être devenu pure pensée ». Un état qui ne peut être atteint sans une pureté spirituelle qui n'est pas sans rappeler celle de l'innocence enfantine. Pour progresser vers cet état, il faut tout oublier, être pur et serein. Aujourd'hui, c'est à lui qu'est revenue la charge de faire vivre et de transmettre le savoir et la mémoire collective

---

1. Gerardo Reichel-Dolmatoff, *op. cit.*

Quatrième monde

de la communauté. Humble, discret, c'est un très grand personnage.

Lorsque je redescends vers le village, je suis épuisé, je n'ai rien fait, rien dit de particulier, et pourtant je suis vidé. Impression d'avoir participé à quelque chose, mais sans en être vraiment conscient. Que s'est-il passé sur cette colline ? Je retrouve le village, la nuit est là. Devant la hutte, plusieurs hommes nous attendent. Alcazar ! il est revenu.

— Il faut que l'on vous explique des choses, si vous êtes communistes, vous pouvez comprendre...

De longues explications commencent, confuses, parfois dogmatiques, parfois sincères. Questions, acquiescement, sourires, Lindo semble prendre un malin plaisir à relancer son discours, entretenir la discussion. Au bout d'une heure, je n'en peux plus. Je m'assieds sur une vieille chaise arrivée là par la grâce de l'Administration colombienne. Je lutte contre la fatigue. Mes paupières se ferment. Je bascule mon dossier contre le mur de la hutte, mon visage disparaît dans l'obscurité. Je le vois, mais lui ne peut plus me voir. Doucement, je ferme les yeux... enfin ! le repos. La voix d'Alcazar me berce doucement.

— Et toi, tu en penses quoi ?

Brusquement, sa voix m'interpelle. Je sors de ma torpeur.

— Bien, bien !...

— C'est bien que vous soyez là, avec vous on peut discuter. Vous pouvez rester, le commandant est d'accord.

Depuis un moment, l'un des guérilleros lorgne sur mon couteau, l'un de ces petits couteaux au manche de bois si pratique pour pique-niquer. Alcazar me regarde, regarde mon couteau. Sans doute serait-il bon de sceller notre accord, en faisant un don... Des couteaux peut-être ? Les six guérilleros se mettent au garde-à-vous et reçoivent chacun l'un des précieux objets, rapidement fixés sur leurs treillis militaires. Quelques jours plus tard, Alcazar me fera passer une cassette de musique révolutionnaire, il y est question de liberté, de paysans opprimés, de gouvernements qu'il faut combattre. Mais la musique reste la même. Guérillero ou non, ici on joue et l'on écoute du vallenato.

Le lendemain matin, dans un demi-sommeil, il me semble voir Fiscalito entrer dans la hutte. Il bouscule une casserole, se gratte la gorge puis finit pas s'asseoir devant le foyer.

— Tu veux quelque chose ?
— Il y a du café ?
— Non, mais je peux en faire.
— On s'en va.
— On s'en va, où ça ?
— Là-haut, à Makotama.

Le matin, comme ça... la nouvelle me réveille plus sûrement qu'une casserole d'eau froide. Les Kogis ont donné leur accord... Incroyable, nous sommes autorisés à nous rendre à Makotama, leur capitale spirituelle, l'un des lieux les plus sacrés de la Sierra. C'est là qu'ils forment leurs Mamus. Et Fiscalito qui m'annonce ça comme ça !

Ce matin-là, je prépare le petit déjeuner en sifflotant. Être chez les Kogis est une chose, retourner dans les hautes vallées de la Sierra, en retrouver l'ambiance, les odeurs, et peut-être le lieu où les Kogis m'ont soigné, ça... Dehors, plusieurs mules nous attendent. Départ.

Une longue montée, une vallée, puis une autre, peu à peu nous nous enfonçons dans les territoires sacrés de la Sierra. Les heures passent. Marcher, de toute façon il n'y a rien d'autre à faire. Un soir, Fiscalito, amusé par mes questions, ma fatigue, me glissera :

— Nous aimons marcher, monter et descendre, se

Quatrième monde

déplacer d'est en ouest, c'est un peu comme si nous étions en train de tisser sur un métier, nous sommes comme le vent, nous tissons notre vie...

Un escalier de pierre, vestige des chemins Tayronas qui sillonnent encore la Sierra, une passerelle étroite suspendue au-dessus d'un torrent, puis de nouveau des sous-bois humides et ombragés. En haut d'une côte, une famille nous regarde passer en silence. Hommes, femmes, enfants, tous sont chargés de pommes de terre qu'ils ramènent de leur champ. Un peu plus loin, c'est une petite fille seule qui surgit de la forêt. D'où vient-elle ? Où va-t-elle ? Peu importe, droite, le pas assuré, un lourd chargement de bois sur les épaules, elle disparaît rapidement, au détour du chemin. Petite bonne femme affairée, pressée de rentrer chez elle.

Enfouies sous les arbres, noyées dans l'exubérance de la végétation, partout de petites huttes rondes signalent une ferme, momentanément à l'abandon ou habitée par une famille. Parfaitement entretenu, le chemin serpente sur les flancs escarpés d'une vallée étroite, remonte une arête puis replonge brutalement sur l'autre versant. Lors de mes précédents voyages, je n'étais encore jamais venu dans cette partie de la Sierra. Je ne pensais pas que l'accès en était si difficile. En traversant une vallée plus étroite que les autres, barrée par des entrelacs de troncs et de lianes, je perçois mieux pourquoi et comment les ancêtres des Kogis ont pu rester si longtemps à l'écart du monde. Je repense aux écrits d'Élisée Reclus et à ses tentatives malheureuses pour explorer la Sierra. « Pour avancer, écrit-il, il était souvent plus facile de nous glisser de branche en branche comme des singes que de ramper sur le sol. Après nous être déchiré les vêtements, les mains et le visage, nous parvînmes à atteindre le plateau qui domine l'autre rive ; mais arrivés à la lisière de la forêt qui s'étend sur les pentes mêmes de la montagne, il nous fut impossible de fran-

Le chemin des neuf mondes

chir la barrière des troncs, des lianes, des parasites entrelacés. [...] Il fallut bien céder aux plaintes de mon guide et me décider à faire ignominieusement volte-face. Ainsi qu'on me l'avait prédit à Sainte-Marthe, les sortilèges du diable l'avaient emporté[1]. »

C'est vrai que la nature semble démesurée, les distances déformées. Il faut réapprendre le temps, réapprendre l'humilité et l'insignifiance. À chaque arrêt, mes tentatives pour essayer de savoir quelle distance nous avons parcourue et combien de temps il nous reste avant d'arriver restent vaines. Même Lindo s'amuse de mes questions. Mesurer le temps, savoir, comprendre... voilà bien quelques-unes des limites qu'il me faut dépasser. Cinq jours, il nous faudra cinq jours avant d'arriver enfin sous les sommets. Cinq jours durant lesquels nous allons traverser tous les étages thermiques de la Sierra, depuis les vallées brûlées des basses terres jusqu'aux étendues désertiques des hauts plateaux en passant par la forêt des brumes, les *pajamos* et les anciennes moraines glaciaires. Leur traversée est l'étape la plus longue. Minuscules, perdus au milieu de gigantesques cirques, bordés d'imposants sommets enneigés, nous marchons des heures à travers de grandes étendues brûlées par le froid et le vent. Partis loin devant, Miguel et Ignacio recherchent le meilleur itinéraire. Cet itinéraire du corps et de l'esprit qui nous permettra d'arriver à bon port. Au bout de quelques instants, des signaux de fumée nous indiquent la direction à suivre. Un instant immobiles, les mules se remettent en marche. Chutes de pierres, choc des sabots ou des étriers contre la roche, dans cet univers minéral, immobile, les sons résonnent, comme amplifiés.

Après avoir remonté une longue moraine, nous arrivons sur un petit replat d'herbe rase, c'est la dernière nuit, la

---

1. Élisée Reclus, *op. cit.*

Quatrième monde

dernière étape avant le sommet. Je décharge les sacs. J'ai l'impression d'avoir une sorte de voile devant les yeux, comme si les couleurs devenaient grises, floues. Que se passe-t-il ? Sans doute la fatigue. On dirait que l'air s'épaissit, qu'il change de teinte. Intrigué, je regarde Arné, puis Lindo. Puis, je me souviens, une éclipse, c'est une éclipse. Avant mon départ, j'avais lu dans un journal qu'une éclipse était prévue au-dessus des Caraïbes. Mais là, dans la Sierra, j'avais complètement oublié cette information... Et soudain cette éclipse, avec les Kogis, en plein cœur de la Sierra. Le ciel s'assombrit, curieusement on dirait presque que le soleil se couche des deux côtés à la fois, à l'est et à l'ouest. La nuit s'installe. Les Kogis semblent inquiets, mais sans plus.

— Qu'en pensez-vous ?

Fiscalito, Ignacio et son frère continuent à débâter les mules.

— On savait que le soleil allait disparaître, les Mamus nous l'avaient dit. Ils ont fait les rituels pour qu'il revienne, on savait.

La nuit est là... L'instant est magique, féerique, instant suspendu. À l'horizon, quelques bandes de lumière s'élargissent, déjà la lumière revient. Autour du feu, nous échangeons sur la vie, le monde, le cosmos... Miguel nous parle des étoiles, du soleil et de sa course dans le ciel.

— Pour nous, le soleil, c'est comme un homme avec un masque, c'est le père. Du père sortent les rayons, la vie qui fertilise les semences, qui font que la vie naît et se développe. Le soleil parcourt le ciel, mais on ne voit que son profil, jamais son visage ; s'il se tournait, tout ce qui vit sur terre commencerait à brûler. Deux Mamus, Uldihé et Huingelda, le portent sur leurs épaules. Comme tous les hommes, le soleil est marié. Le soleil aime les femmes. Au début, il s'est marié avec Seldabauku, mais elle le battait, alors il s'est marié avec la grenouille, mais elle l'a trompé avec d'autres hommes, alors il a été avec le serpent. Ce n'était pas non plus une bonne épouse, alors, à la fin, il s'est marié avec la lune . Toutes les étoiles sont les filles ou les femmes du soleil. Elles se déplacent sur la voie lactée et retourne chez elles quand arrive le jour. Le soleil, la lune et les étoiles font partie d'une grande famille, c'est une bonne famille...

Ce soir-là, j'apprendrai que les Kogis sont d'excellents « astronomes », que leurs Mamus ont une grande connaissance des étoiles et de leurs déplacements. Leur calendrier, divisé en 18 mois de 20 jours, se base essentiellement sur l'observation des solstices et des équinoxes. Deux fois par an, lorsque le soleil est à l'équinoxe, les Kogis disent : « Le soleil est dans sa maison, plus tard, il sort par une porte, et traverse le ciel jusqu'au solstice, là il fait demi-tour et revient dans sa maison. » Toutes leurs cérémonies ont pour objectifs de faire revenir le soleil, de marquer la fin de l'été ou le début de la saison des pluies. Le soleil qui disparaît en plein milieu de journée est une anomalie dont les Mamus vont chercher l'explication ou les origines dans une Kankurua spécialement dédiée à l'observation des mouvements du soleil. Un petit trou percé dans le toit laisse filtrer quelques rayons lumineux dont les déplacements au sol, le long de repères de pierre, font office de calendrier. Ce calendrier, entretenu depuis des centaines d'années par la mémoire collective des Kogis responsables du lieu, leur permet de suivre les déplacements du soleil, d'identifier, voire d'anticiper les anomalies telles qu'une éclipse, une époque de sécheresse ou la saison des pluies qui n'arrive pas. Toutes les informations relatives aux observations astronomiques et aux lieux où elles se pratiquent sont tenues particulièrement secrètes.

Ce jour-là, non seulement les Kogis savaient qu'une éclipse allait avoir lieu, ils en avaient prévu la durée, mais ils nous ont parlé d'autres éclipses qui avaient eu lieu dans

Quatrième monde

le passé, et surtout des trois prochaines, de leurs dates et de leur durée, trois éclipses à l'issue desquelles le monde va disparaître... et la lumière s'éteindre.

Au petit matin, nous arrivons au col, enfin ! L'air est vif, pur. Rapidement, Miguel et Fiscalito sortent quelques-uns des coquillages qu'ils ont ramassés au bord de la mer. Disposés sur un curieux autel de pierre, « ils permettent de nourrir la montagne. Et puis la mer est loin, elle ne connaît pas la montagne, il faut qu'ils se parlent, qu'ils apprennent à se connaître », m'explique Ignacio. Miguel a sorti son *boro*, ce curieux chapeau pointu symbole de sa fonction de Mamu. Chacune des trois composantes des vêtements Kogis est rattachée à un territoire particulier. Traditionnellement, le pantalon doit être fait en coton, une plante cultivée en terre chaude. La tunique, tissée à partir de la laine, symbolise les espaces tempérés où paissent les troupeaux de moutons. Quant au boro, il est élaboré à l'aide d'une fibre végétale que l'on trouve en altitude. Trois matières différentes, trois étages thermiques, une manière privilégiée, symbolique, de rester en relation avec les univers naturels de la Sierra.

Sur la droite, une longue arête de rochers effilée attire le regard. Elle semble nous inviter vers un sommet sombre et abrupt qui domine la vallée. Dans l'air pur et bleuté qui caractérise la haute altitude, il paraît proche, si proche.

— *Vamos a perdernos por allí...*

Miguel disparaît derrière le col. Rapidement, il s'engage dans un long pierrier grisâtre qui remonte vers le sommet. Ignacio et Fiscalito lui emboîtent le pas. Je repense à mon œdème pulmonaire. Dans le silence de l'altitude, les battements de mon cœur résonnent dans ma tête. Ce n'est pas tant le sommet qui m'attire que l'envie d'accompagner Miguel là-haut, jusqu'au bout. J'y vais, j'y vais pas, allez, j'y vais. Un pas, un autre, puis je m'engage dans le pierrier derrière Fiscalito. L'air est immobile, je cherche mon rythme, doucement... je vais y arriver, je le sens, je le sais. J'ai l'impression d'un pacte secret passé avec la montagne, d'une autorisation éphémère délivrée par les dieux. Ta place n'est pas ici, petit homme. Tu as trop besoin du vent, de l'eau, des arbres. Sens-tu le vide, l'univers, sens-tu cette frontière fragile qui sépare la vie de la mort, la sens-tu ? La pente devient plus raide. Des jambes s'alourdissent, ma démarche devient moins assurée. Je lève la tête, encore quelques mètres. Une dalle de rocher et je me rétablis enfin sur le sommet. Sourire... Miguel est là, heureux. Un bonheur simple, lumineux, que j'ai l'impression de connaître pour l'avoir souvent ressenti lors de mes années de montagne dans les Alpes. Une impression de plénitude, de partage avec les êtres et le monde. Comme si l'on habitait la vie, enfin ! Debout, à la fois digne et léger, Miguel explique le monde. Il commente à Ignacio et Fiscalito les secrets de son équilibre et sa tristesse de le voir détruit, abîmé par l'aveuglement du petit frère.

— On est là pour protéger ces sommets, ces montagnes, nous en avons la responsabilité, car, à travers elles, nous protégeons la terre et le monde. Toutes ces montagnes sont en train de mourir, car les petits frères les abîment en sortant du charbon, du pétrole, et en réchauffant la terre. Nous ne sommes pas responsables de tout cela, mais on en souffre. Nous sommes tristes de voir que chaque groupe humain ne fait pas ce qu'il doit faire pour le respect de la terre. Les petits frères violent la tradition.

Miguel s'arrête un instant. Il scrute l'horizon, laisse son regard se poser sur les sommets, les arêtes, ces vallées profondes qu'il connaît pour les avoir mille fois parcourues. L'instant est précieux, comme suspendu. Un instant, son regard à la fois grave et amusé me dévisage.

— Il faut que tu leur dises, que tu transmettes ce message, que les petits frères sachent. Ces montagnes sont les montagnes aînées de la terre. Nous en avons la responsabi-

Quatrième monde

lité. S'il vous plaît, laissez-nous vivre et faire notre travail, arrêtez de faire du désordre. Petits frères, si seulement vous pouviez respecter la vie, la Sierra. Aidez-nous à protéger le cœur du monde. Si vous continuez à tout abîmer, la Sierra va mourir. Toute la montagne, la neige, la nature est en train de mourir. L'eau disparaît, les arbres disparaissent, la montagne s'abîme. Vous ne voulez pas voir, et vous ne voulez pas apprendre. Nous sommes les grands frères, nous avons la responsabilité de protéger la terre et le monde, c'est ça notre travail, nous devons maintenir l'équilibre et nous faisons tout le travail spirituel et mental pour cela. Nous allons faire tout le travail pour que vous compreniez la terre et le monde.

Là-haut, dans les replis secrets de la montagne, Miguel écoute le monde. Là-haut, c'est un homme libre.

— Makotama, c'est là-bas, c'est là que nous allons...

Là-bas ? Dans l'immensité bleutée du paysage, comme un signal, une mince colonne de fumée grise semble indiquer un lieu de vie, comme une bulle qui éclate. Il nous faudra encore plusieurs heures de marche avant de distinguer un village, puis des maisons. Makotama, la capitale des Indiens Kogis, le centre de leur monde. Lorsque nous arrivons, la nuit est presque là. Dans la pénombre, je distingue quelques huttes aux formes curieuses. On dirait qu'elles ont des antennes sur le toit. Mais peu m'importe, je suis trop fatigué. Exténué, je m'allonge sur le sol. Rapidement déchargées, les mules se roulent dans l'herbe avec un plaisir évident. Miguel nous désigne une hutte où nous sommes autorisés à nous installer. Je ne sais pas comment se débrouille Lindo, mais, avec le peu de réserves qu'il nous reste, il réussit à composer un menu de choix : purée de riz aux pommes de terre, *platanos* au sucre caramélisé, un régal. Un hamac accroché dans un coin de la hutte, une moustiquaire et je sombre dans un sommeil profond.

Le lendemain matin, c'est l'arôme du café qui me réveille. Instant délicieux. Encore engourdi par le sommeil, blotti dans mon hamac, je laisse mon regard se perdre dans les hauteurs de la hutte. Au-dessus de moi, des cercles de bois, neuf, les mêmes cercles que dans la hutte où j'ai été soigné il y a plus de dix ans. Assis au soleil, profitant des premiers rayons de la journée, Lindo prépare le petit déjeuner.

Une tasse de café à la main, je m'assieds à ses côtés. Posées au milieu de grandes étendues d'herbes brûlées par le soleil, une dizaine de huttes reliées entre elles par des terrasses et des escaliers de pierre s'offrent à mon regard.

— Tu reconnais quelque chose ? me demande Lindo.

Reconnaître quelque chose ? Ma tasse de café à la main, je m'avance entre les huttes. Partout des fleurs, de grandes terrasses dallées où sont disposés de curieux sièges de pierre, des murets où poussent quelques plants de tabac. C'est vrai qu'il y a quelque chose de familier, mais quoi ? En fait, ce sont les paysages, la forme des montagnes qui dominent le village, qui m'évoquent vaguement quelque chose. Légèrement sur la droite, en contrebas du village, un torrent lumineux alimente un ensemble de piscines naturelles creusées dans la roche. Les piscines ! c'est là que je suis venu me baigner pendant ma maladie. Je me retourne vers Lindo :

— Tu savais que c'était là ?

— Je n'en n'étais pas sûr, mais quand tu m'as raconté ton histoire, j'ai pensé que ça pouvait être ici, dans ce village, cette vallée où tu avais été accueilli après ton accident. Géographiquement, c'était plausible. Je pouvais difficilement t'en parler. D'abord, pour les Kogis, ce village, c'est vraiment le village le plus sacré, ils n'acceptent que très rarement la présence d'étrangers, et puis, les condi-

Quatrième monde

tions n'étaient pas vraiment réunies pour que tu reviennes. Maintenant, c'est différent. Tu es parti avec une dette et tu reviens avec un élément de réponse concret, un territoire, ta parole est devenue crédible, vous allez pouvoir échanger. Pour les Kogis, les actes comptent plus que la parole.

Un moment, le silence s'installe. J'ai l'impression que quelque chose se termine. Grâce à Lindo, je suis revenu dans le premier village où j'ai été soigné. Treize ans après mon accident, la boucle est bouclée. En me poussant à agir, à mettre mes actes en accord avec mes paroles, Lindo savait ce qu'il faisait. Il venait de m'offrir une clé, une superbe clé pour renouer avec mon histoire. C'est sans doute le plus beau cadeau qu'il pouvait me faire.

— Lindo...
— ¿ Sí ?
— Non... rien.

Pendant toute la matinée, le village restera vide, silencieux. Puis dans l'après-midi, par petits groupes, plusieurs Kogis, seuls ou avec leurs familles, commencent à arriver. Certains apportent des pommes de terre, elles sont petites et de toutes les couleurs ; d'autres amènent de petits sacs de haricots. Tous transportent des bûches ou des morceaux de bois en prévision des longues nuits de veille et de discussions qui vont avoir lieu. En passant devant nous, curieux, les plus jeunes nous regardent en souriant, les Mamus et les plus anciens préfèrent contourner la hutte pour éviter d'avoir à nous saluer. Notre présence ici ne fait pas forcément l'unanimité. Miguel va devoir s'expliquer. Pourquoi a-t-il amené des étrangers jusqu'ici ?

Peu à peu, le village s'anime. Les maisons sont ouvertes, quelques feux sont allumés.

Derrière la hutte où nous avons passé la nuit, un homme s'est installé pour tisser. Assis sur un petit tabouret, il chantonne doucement en faisant glisser la navette de gau-

Le chemin des neuf mondes

che à droite entre les trames du tissu. Exclusivement utilisé par les hommes, le métier à tisser incarne le monde. Il rend l'ordre pensable en offrant une forme aux possibilités. Regarder ou utiliser un métier à tisser, c'est entrer en interaction avec l'univers et les forces cosmiques qui l'animent. Les Kogis disent que tisser, « c'est penser, c'est mettre les choses en accord les unes avec les autres. Comme la vie, le tissu a deux faces. Le soleil symbolisé par le fuseau, progressant en spirale d'arrière en avant, tisse en permanence les deux faces de l'étoffe, une face pour le jour et une face pour la nuit, pour la lumière et pour les ténèbres, pour la vie et pour la mort ».

Tisser, pour les Kogis, revient donc à construire sa vie dans le cadre d'un ensemble de relations qui permet « d'enrouler les pensées et d'être enveloppé dans la sagesse de la vie comme on s'enveloppe dans un tissu ». La qualité de la vie dépend de la pensée des hommes. Les pensées doivent être belles et bonnes pour que la vie du Kogi soit digne, sincère et heureuse. « Je tisserai l'étoffe de ma vie, je la tisserai blanche comme un nuage. J'y tisserai un peu de noir, j'y tisserai des épis sombres de maïs, quand le cœur pense, il tisse et les pensées forment une étoffe. »

Fatigué, allongé dans les herbes chaudes, je regarde cet Indien qui ne me voit pas. Perdu dans ses pensées, il tisse sa vie. L'image est belle. Équilibre, harmonie des formes et des couleurs.

À la fin de la journée, un groupe de Kogis particulièrement dignes, presque graves, s'avancent au milieu du village.

— Regarde, me glisse Lindo, ceux qui arrivent sont les plus importants Mamus de la Sierra, ils sont tous là. C'est

Quatrième monde

rare qu'ils se déplacent comme ça pour accueillir des étrangers.

Accompagnés de leurs assistants, ils ont marché plusieurs heures pour participer à la réunion. À leur tête, petit homme sec et ridé comme une pomme, Mamu Valencia. Droit dans sa tunique blanche, ses mochilas en bandoulière, il pose un regard perçant sur ses interlocuteurs. Il y a une noblesse, une incroyable présence qui se dégage du personnage. Sa voix aiguë, presque nasillarde, force au respect. Lorsque Mamu Valencia parle, on l'écoute. On dirait un personnage sorti d'un conte fantastique. Le bâton noir, orné de cercles dorés et de deux pompons rouges, symbole de son autorité, renforce cette impression. Sans un regard, le groupe disparaît dans une hutte. Ils sont peu à peu rejoints par tous les Kogis arrivés au cours de la journée. La première nuit « de travail » va pouvoir commencer.

Ces curieuses huttes en chaume, coiffées de leurs étonnantes antennes où se tiennent les réunions, sont des Kankuruas, mais des Kankuruas particulièrement sacrées. C'est là que les Kogis prennent leurs décisions ou abordent les questions essentiellement religieuses ou spirituelles qui préoccupent le groupe, c'est là qu'ils vont statuer sur notre sort. Lieu intégrateur, la Kankurua symbolise l'univers, mais aussi la Sierra et, donc, l'univers de vie des Kogis. De fait, pénétrer dans la Kankurua, c'est pénétrer dans la Sierra et entrer en communication avec les neuf mondes, les neuf états de conscience qui la composent, symbolisés par ces cercles de bois dans le toit. C'est un espace chaud, protecteur, qui permet de communiquer avec le monde. Dans cet espace, représentation de l'utérus maternel, matrice créatrice de l'univers, chacun se sent protégé, en sécurité, loin des difficultés du monde extérieur. C'est aussi un espace démocratique, où, selon un rituel précis, chacun peut exprimer ce qu'il ressent, ses rêves, ses envies, ses peurs. Une manière de formaliser et d'exprimer

Le chemin des neuf mondes

ses sentiments, qui permet d'aborder et de résoudre les difficultés de chaque membre de la collectivité. Elles sont hiérarchisées selon leur importance, leur sexe (il y a des Kankuruas masculines et des Kankuruas féminines), leur utilisation.

Lors de la première, puis de la deuxième réunion, aucun d'entre nous n'est invité. Miguel, Ignacio et Fiscalito, seuls, doivent s'expliquer sur notre présence et les raisons qui les ont amenés à braver l'interdiction faite aux étrangers de venir jusqu'ici. Un déséquilibre a été créé. Comme lors de mon premier retour dans la Sierra, il est impératif pour le groupe de trouver un sens à notre intrusion, et de rechercher la meilleure réponse à nous apporter.

Le lendemain matin, le village est de nouveau silencieux. Après une première nuit de travail et d'échanges, dès le lever du jour, les Kogis sont partis sur la *Loma*, de nouveau, le temps de la divination. Miguel a amené ses cristaux de quartz. La nuit ils discutent, et le jour ils évaluent leurs discussions.

Les jours passent...

Le troisième soir, nous sommes invités à nous rendre dans la Kankurua. Lorsque nous arrivons, les quelques objets « étrangers » à la Sierra, trois ou quatre vieilles paires de chaussures, quelques machettes, sont soigneusement rangés, alignés devant la porte. L'image est touchante, on dirait des enfants qui ont rangé leurs affaires devant leur maison. Une fois passé l'entrée étroite de la hutte, je reste un moment debout, immobile. Il faut un certain temps pour s'habituer à l'obscurité. Peu à peu, je distingue des corps. Certains sont assis autour des quatre feux, symboles des quatre points cardinaux qui soutiennent l'univers ; d'autres sont allongés sur de grandes planches posées au centre de

L'un des ponts de liane qui vous font accéder à la Sierra des Kogis.

Photos : Éric Julien.

Six heures du matin, à Nabusimaké, « Là où naît le Soleil », premiers rayons sur la caravane qui se prépare à gagner les hautes terres de la Sierra.

Les Indiens Kogis, derniers héritiers des grandes civilisations précolombiennes du continent sud-américain, offrent une renaissance à leur culture.

Saga, femme "Mamu". Elle est l'épouse de Mamu Fiscal. C'est l'une des plus grandes femmes de savoir et de connaissance de la Sierra.

Photos : Éric Julien.

Mamu Aruaco a suivi un enseignement particulier dont les Kogis ont le secret. Il assiste Mamu Fiscal pendant les cérémonies.

Mamu Fiscal assis sur le tabouret qui le relie à la terre. C'est lui qui a soigné Éric Julien il y a quinze ans, quelque part au cœur de la Sierra.

Chez les Kogis, la musique est un moyen privilégié d'entrer en relation avec les forces obscures de l'univers.

Les hommes de la Sierra tissent leurs propres vêtements comme on tisse le fil de sa vie...

Miguel, Andres et ses assistants, en éternelle contemplation du monde.

Installé sur les nouvelles terres, à quoi songe le fils de Camilo ?

Photos : Éric Julien.

Une terre, mais deux regards sur le monde.

Mamu Fiscal est un de ces hommes énigmatiques qui a passé dix-huit ans dans l'obscurité pour apprivoiser les mystères de la vie.

Garçon Kogi. Dans ce système éducatif, chaque enfant a la responsabilité d'un enfant plus jeune que lui.

En avril 1999, plus de vingt Kogis et leurs familles arrivent avec Éric Julien, sur leurs nouvelles terres.

La vie vient de la mer, mère de toute chose. Il faut l'honorer, la respecter et venir régulièrement lui faire des offrandes. Puis repartir dans la Sierra.

Invités en France, deux Indiens Kogis demandent : « Mais pourquoi faites-vous des trous dans la terre ? Pour aller plus vite ? Mais où donc voulez-vous aller plus vite ? »

Quatrième monde

la hutte ; d'autres, en boule dans de petits hamacs de chanvre, semblent dormir.

Il y a bien soixante-dix personnes dans cette Kankurua. Lindo, très à l'aise, va rejoindre Miguel devant l'un des quatre feux. Je trouve une petite place libre au pied de l'un des piliers qui soutiennent la Kankurua. À tâtons, je m'assieds dans l'obscurité. Je commence à entrevoir des visages. À notre entrée, les discussions se sont interrompues. Dans l'obscurité, une voix m'interpelle. Je pense que c'est Ignacio, mais je n'en suis pas très sûr, et puis ça n'a pas vraiment d'importance.

— Nous t'écoutons, tu peux parler...

Encore une fois, je raconte mon histoire, mes émotions, mes doutes, qui je suis, pourquoi je suis ici et ce que je leur propose. En parlant, j'ai l'impression de me vider, de me purger de quelque chose. Je sais que chez les Kogis la parole est importante. Au-delà de sa signification première, elle véhicule les émotions, la vie intérieure de celui qui l'utilise.

La plupart des Kogis ne parlent pas l'espagnol, mais ils écoutent le ton de ma voix, mes intonations, le rythme de mes paroles. Sans me voir, ils essayent de percevoir qui est cet étranger que leur a amené Miguel, quelle est la sincérité de ses propos. Au bout d'un temps qui me paraît particulièrement long, la gorge sèche, je m'arrête de parler. J'aimerais boire... Pieds nus sur la terre tiède, adossé à l'un des piliers centraux de la Kankurua, je me laisse envahir par une douce torpeur, bercé par le bruissement des conversations qui ont repris et le frottement régulier des poporos, je crois que je me suis endormi, je ne sais plus. Lorsque je regarde ma montre, il est trois heures trente du matin. Depuis dix-huit heures, depuis notre entrée dans « le ventre de la mère terre », les discussions ne se sont pas interrompues. Chez les Kogis, la décision ne peut en aucun cas être le fait d'une personne. Elle est toujours collective, fruit d'un long processus de maturation et d'évaluation. Il leur faut se réapproprier mon histoire, la faire vivre, la partager. Pour cela, chacun doit s'exprimer, donner son avis.

Peu à peu, les paroles viennent alimenter une pensée autonome qui prend vie et dont sortira la décision. Au cours de la nuit, la fumée, symbole de leurs pensées, s'accumule dans les parties hautes de la Kankurua. C'est mon nom, prononcé par Lindo, qui me fait sortir de ma torpeur.

— Éric, ho ! Éric, ils te répondent... tu es prêt ?

Je me redresse contre mon pilier.

— Quand tu es parti, il y a longtemps, quand tu nous as dit que tu reviendrais pour acheter une terre, nous étions nombreux à penser que tu ne reviendrais pas. Trop de gens sont venus chez nous, ont fait des photos, ont dit qu'ils allaient nous aider, et puis, ils ne sont jamais revenus. On pensait que tu serais comme eux. Et puis, tu es revenu, tu nous as aidés pour retrouver un morceau de notre terre. Il a fallu expliquer aux plus jeunes qui tu étais, faire revivre ton histoire, maintenant ils ont confiance. Tu dis que tu veux continuer à nous aider, alors il te faut revenir, non pas quelques jours, mais plusieurs mois pour apprendre les règles de la terre mère. Quand tu seras prêt, tu pourras revenir, tu seras le bienvenu. Grâce à toi et à Lindo, plusieurs familles vont pouvoir aller s'installer sur ce nouveau territoire, renouer avec les ancêtres de ce lieu qui a été délaissé tant d'années. Ça, c'est bien. Nous sommes contents, il faut continuer.

Une sorte de bruissement, que j'attribue à un acquiescement général, monte de la Kankurua. Je suis vraiment ému par cet instant, instant unique de rencontre et de partage avec les représentants d'un monde à la fois si proche et si lointain. Dialogue hors du temps. Ce soir-là, je me sens bien, peut-être parce que je me sens particulièrement proche des Kogis comme on se sent proche d'une famille, je

Quatrième monde

ne sais pas et ça n'a pas beaucoup d'importance. J'ai tenu ma promesse, les Mamus ont accepté cette terre que nous avons achetée. C'est peut-être ça le bonheur... un simple instant de joie, de magie. Ce soir-là, j'ai aussi compris que je n'étais qu'au début de mon histoire. Que ce chemin des neuf mondes que les Kogis m'invitaient à emprunter, c'est en moi-même que je devais le parcourir. Que la finalité profonde de leur culture consistait bien à permettre aux hommes de (re)naître à la réalité du monde, « loin des lumières trompeuses du soleil, loin du monde visible, pâle reflet de la réalité », et que, si je le souhaitais, les Kogis m'invitaient sur ce chemin et quel chemin !

Le lendemain matin, après avoir passé la nuit à discuter avec les Mamus de Makotama et Takina, Miguel nous rejoint pour partager un café. Il n'a pas dormi de la nuit et il semble en pleine forme.

— Les Kogis sont contents, ils pensent que c'est important de continuer, ils vont faire des rituels pour t'aider, là-bas...

Continuer, bien sûr, mais comment ?... Comment mobiliser plus de gens, trouver plus de fonds ? Je lui explique que ce n'est pas simple de convaincre des Occidentaux qu'il est important de les aider à conserver leurs terres et leur culture. Que là-bas, ils ont d'autres problèmes, d'autres priorités.

— Si tu veux, on va là-bas, on vient t'aider...
— M'aider !
— On va là-bas pour leur dire, leur parler.

Intrigué, je regarde Lindo... les Kogis à Paris !

— Pourquoi pas ?...

Miguel attrape mes lunettes de soleil, se coiffe d'un vilain bob et rajoute en riant :

— Ben oui ! On va là-bas, dans ton pays...
— Vous viendriez ? Alors, d'accord... j'organise le voyage.

Le chemin des neuf mondes

Quelque chose s'achève. La réunion terminée, nous devons redescendre, quitter la Sierra, sortir de ce territoire où nous restons des intrus. Miguel accepte de nous accompagner jusqu'au village de Pueblo Viejo. Là, nous pourrons trouver d'autres mules pour terminer le voyage. La descente commence, longue, épuisante. Une vallée puis une autre, un village, quelques Kogis qui refont le toit d'une maison ou préparent des pains de sucre de canne, puis une autre vallée. Au fur et à mesure de la descente, la chaleur devient lourde, écrasante. Après plus de quatorze heures de marche... quelques huttes, un village. Nous arrivons à Pueblo Viejo. Le supplice touche à sa fin. La poussière me pique la gorge. Le village est désert. Une femme nous observe un instant, intriguée par la présence de plusieurs Kogis dans notre groupe. L'ambiance semble moins paisible et détendue que dans les villages d'altitude. Il y a peu de temps que les Kogis ont repris possession de cette vallée, de ce territoire. Nous sommes revenus sur cette frontière fragile, cet « entre-mondes » incertain qui sépare l'univers Kogi de la société moderne. Au fond de la vallée, sur la droite, séparés du village par de longues barrières barbelées, deux bâtiments bleu et blanc. Géré par des sœurs, c'est un orphelinat qui accueille et recrute des enfants Kogis. Avec un peu de chance, elles nous prêteront des mules.

Malgré ma réticence, nous décidons de leur demander l'hospitalité. Après avoir pris des nouvelles, écouté poliment notre histoire, la mère supérieure, stricte dans son costume de religieuse, nous montre une pièce où dormir. À dix-huit heures précises, nous sommes invités à partager le dîner. Au menu, soupe, couenne de lard grillée et riz, un vrai bonheur. Un moment, je pense aux Kogis, mais ils ont disparu. Peut-être sont-ils allés au village saluer des amis ou des membres de leur famille. Dans le silence de la fin de journée, une cloche retentit. Une cinquantaine

Quatrième monde

d'enfants Kogis viennent s'aligner devant la mère supérieure. Tous ont les cheveux courts, bien coiffés. À chacun, elle donne un conseil, fait une recommandation avant de distribuer bonbons et friandises. Puis, un à un, les enfants pénètrent dans la chapelle. Je détourne mon regard et me dirige vers les bâtiments de l'orphelinat. Au milieu de la cour, penchés sur un mince filet d'eau, Miguel et Fiscalito lavent quelques couverts et de vilaines assiettes de couleur.

Un instant, je croise leurs regards. Miguel baisse la tête, visiblement mal à l'aise. Ces regards, je ne les oublierai jamais. Il y a de la tristesse mélangée à une sorte de respect, respect du lieu et des gens qui l'accueillent.

— Où étais-tu ?
— Dans la cuisine, je mangeais.
— Mais pourquoi as-tu mangé là ?
— Les sœurs nous ont dit de manger là.
— Mais pourquoi vous n'avez pas mangé avec nous ?
— ... !

La vérité me fait mal, je ne veux pas la voir. Je viens de comprendre que les sœurs ont conduit nos amis Miguel, Ignacio et Fiscalito à la cuisine où ils n'ont eu droit qu'à un bouillon clair où surnageaient quelques nouilles. Fatigué, je n'ai pas fait attention. Je croyais, ou je voulais croire, qu'ils étaient dans le village. De nouveau ce regard... Il n'aime pas cet endroit, encore moins ces sœurs qui prennent leurs enfants et les éloignent de leur culture. Il ne les aime pas, et pourtant, il respecte leurs habitudes, leur culture. Ce jour-là, j'ai senti Miguel blessé. Son regard est encore présent, vrillé dans mon cœur... Sa tristesse aussi.

Quelques mots rapidement échangés, déjà Miguel, avec Ignacio et Fiscalito, repart vers la Sierra... Lindo, Arné et moi redescendons vers la vallée. Nous quittons les territoires Kogis, comme ça. Impression étrange d'une porte qui se ferme...

Chapitre 5

Cinquième monde

> *Avec le cinquième monde, sont venues la parole, la pensée. Dans ce monde, la mère était Enkuàne-ne-nulang. Alors, il n'y avait pas de maisons, mais là, c'est formée la première maison, pas avec du bois, des lianes et des palmes, une maison en « Aluna », dans l'esprit, pas plus.* « Il y avait des gens, mais ils n'avaient pas d'oreilles, pas de bouche, pas d'yeux, ils n'avaient que des pieds, alors la mère leur a demandé de parler. C'est la première fois que des gens ont parlé. Mais comme ils n'avaient pas de langage ils ont juste dit, nuit, nuit, nuit. » *C'est la confrontation, la rencontre, la création du lien qui rattache, qui relie ou qui repousse. C'est la pensée... Il y a cinq mondes.*

Roissy, terminal 1 : ils sont là, tranquilles, comme si leur présence était évidente. Quelques fines gouttelettes de sueur sur les tempes trahissent l'effort que représente ce voyage, cette arrivée sur Paris. Lorsque je les ai vus dans leurs tuniques écrues, j'ai eu une bouffée d'émotion. Immobiles devant la guérite de la police des frontières, ils paraissent ailleurs, comme si leur arrivée en ces lieux était impossible, inimaginable, et pourtant ! En ce 8 novembre 1998, Miguel, Ignacio et Lindo sont à Roissy. Jusqu'au

Le chemin des neuf mondes

dernier moment, j'ai douté... douté qu'ils confirment une proposition faite un an plus tôt quelque part dans la Sierra, douté qu'ils acceptent de venir, qu'ils obtiennent des passeports, qu'ils puissent avoir des visas. Je me souviens encore des questions de l'ambassade de France à Bogotá.

— Mais à quelle adresse doit-on les prévenir ?

— Il n'y a pas d'adresse précise, ils vivent dans la montagne.

— Ils ont bien un téléphone quand même, quelque chose.

— Ben... non !

Je serre Lindo dans mes bras, trop heureux qu'il soit là, qu'il ait réussi à tout gérer, tout organiser. Brutalement, je ressens la réalité de leur présence, la responsabilité que cela représente. Pourvu que tout se passe bien. Je me tourne vers Miguel, après douze heures d'avion, sept heures de décalage horaire, il semble serein, comme si tout cela était parfaitement normal. Un petit sourire traverse son visage.

— Éric !

Mon frère, mon ami, quelle joie de te voir, de t'accueillir ici. Douceur, sérénité et silence arrivent à la rencontre du bruit et du fracas de nos cités. Un monde horizontal accueille un monde vertical. Impossible, c'est impossible, quelle folie d'avoir organisé ce voyage !

— Vous avez des bagages ?

— Non.

Incroyable, ils n'ont jamais quitté leur territoire, ils viennent dans un pays dont ils ignorent tout, et ils n'ont aucun bagage. À peine une mochila, un de leurs petits sacs traditionnels, chargée d'un pantalon de rechange et de quelques plantes médicinales... Rien à voir avec les vacances familiales où, à chaque départ, de longues négociations sont nécessaires pour séparer l'utile du superflu et placer dans le bon ordre les innombrables paquets, valises et

Cinquième monde

autres sacs alignés sur le sol. Là, rien ! Parfait, cela nous fera gagner du temps pour rejoindre la sortie. La douane, les portes vitrées qui s'ouvrent en chuintant. Nous voilà parmi la foule bruissante et cosmopolite de l'aéroport. Rien de tel qu'un aéroport pour passer inaperçu. Ici, l'espace d'un instant, d'une heure ou d'une minute le monde entier se croise, tisse d'impossibles rencontres avant de repartir aux quatre coins de la planète. Alors deux Kogis de plus ou de moins... Soudain, un mouvement de foule. Képis vissés sur le crâne, mégaphones à la main, plusieurs CRS viennent de faire irruption devant nous.

« Mesdames et messieurs, gardez votre calme. Suite à une alerte à la bombe, nous vous demandons d'évacuer les locaux, s'il vous plaît, évacuer les locaux... »

Une alerte à la bombe, il ne manquait plus que cela. Repoussée, canalisée par les CRS, la foule s'écoule lentement dans les ascenseurs et vers les escaliers. Néons bleutés du parking... payer, retrouver la voiture et quitter ce lieu. Déjà, une multitude de véhicules se dirigent vers la sortie. Bouchons, ronflement des moteurs, l'air devient lourd, piquant. Mon dieu ! et ces voitures qui n'avancent pas. Quelle arrivée ! Le choc est brutal. En quelques heures, les Kogis viennent de réaliser un incroyable voyage dans le temps.

Enfin dehors ! Quelques bretelles d'autoroutes, et notre voiture s'engage sur le périphérique vers la porte de la Chapelle. Ce matin-là, l'air est froid, triste. Les Parisiens sont chez eux, au chaud. Le long de la rue, une camionnette verte aspire consciencieusement quelques feuilles mortes qui semblent tout faire pour s'échapper. Le visage collé contre la vitre, Miguel et Ignacio regardent, mais que voient-ils ? Que pensent-ils de cette agitation, de ces immensités de béton ? Miguel semble fasciné. Pourquoi aspire-t-on des feuilles avec cette drôle de machine ? Et après, où les emmène-t-on ? Je m'engage dans les ruelles

Le chemin des neuf mondes

qui montent vers Montmartre. Pour leur arrivée, je veux leur montrer Paris, comme ça, son étendu, sa beauté aussi. Le regard de Miguel parcourt la ville qui s'offre à lui.

— C'est grand. Mais où est la nature ? Comment peut-on vivre dans un endroit où il n'y a pas de nature ?

L'air est froid, pénétrant. Retour vers la voiture. Devant la Seine, intrigués, ils interrogent :

— Est-ce que la rivière est vivante ?

— ... la rivière !

— Elle est entourée de béton, et il n'y a aucun arbre pour la protéger et pour nourrir les poissons, elle ne peut pas être vivante !

Pour les Kogis, les rivières représentent le sang de la terre qui véhicule la vie, l'énergie. Une rivière morte, c'est l'irrigation du corps qui ne peut plus être assurée, un problème de circulation sanguine en quelque sorte.

De nouveau le silence. Ce jour-là, Paris frissonne, le froid est vif. Un appartement, des amis, enfin se reposer. Miguel et Ignacio parcourent lentement cette nouvelle maison, la cuisine, les toilettes, les robinets, l'eau chaude, l'eau froide, les interrupteurs, autant de choses qu'ils doivent découvrir, apprendre. Dans l'entrée, une flûte ramenée d'un lointain voyage en Roumanie attire leur attention. Miguel la regarde, l'ausculte, risque quelques notes, puis l'emporte dans sa chambre. Cette nuit-là, il jouera un morceau, toujours le même, sorte de rythme lancinant qui le relie, le rattache à la Sierra, de l'autre côté des océans, là-bas, au cœur du monde.

« La terre est une sorte de grand plateau arrondi, composé de neuf niveaux. Nous, nous vivons dans la terre du milieu. Le centre, c'est "Cherua", c'est le centre de l'univers. C'est là que sont nés les Kogis, c'est à partir de là qu'ils ont peuplé la Sierra. Au nord et au nord-est, c'est la fin de la terre, il y a seulement la mer. Au sud, il y a beaucoup de terres, et là-bas vivent les Chimilas (ethnie

Cinquième monde

de la région de la rivière Ariguani) et les Motilones. Plus loin, il y a beaucoup de montagnes et là-bas, il y a Bogotá. À l'ouest, il y a une grande rivière et plus loin, c'est la fin du monde. »

Cette phrase résume bien l'idée que les Kogis se font de la terre et des environs de la Sierra. Pour eux, les terres basses ont peu d'intérêt. Ce sont des terres dangereuses où l'on peut attraper des maladies. Plus loin, de l'autre côté de la mer, il y a deux pays où vivent « le Français » et « l'Anglais », mais il est difficile de savoir s'il s'agit réellement d'autres pays, ou d'un simple prolongement des terres basses que les Kogis connaissent. Comme concept géographique et politique, la Colombie n'existe pas. Son territoire, le neuvième monde, fille de la mère, se limite à la Sierra Nevada de Santa Marta, ce petit espace de terre entre la mer, la cordillère et le désert, presque un pays.

Sortir de cet univers, quitter ce qui donne sens à leur existence, prendre l'avion et venir vers ces terres lointaines, desquelles sont venus les conquistadores, l'effort a dû être violent. Dans la cuisine, Lindo me raconte que pendant les douze heures du voyage, ni Miguel ni Ignacio n'ont osé se lever ou se déplacer. Tous les deux craignaient de déséquilibrer l'appareil et de provoquer sa chute. Une telle anecdote peut faire sourire, elle montre surtout la difficulté qu'a dû représenter pour eux un tel voyage.

Au petit matin, lorsque je pénètre dans la cuisine pour préparer le petit déjeuner, le réfrigérateur est entrouvert, sur la table, une carcasse de poulet... petit creux nocturne de mes nouveaux invités. Dommage pour le déjeuner ! Autour d'un café, j'explique notre programme, les réunions, les rencontres. Les Kogis sont venus ici pour travailler, pour alerter les « petits frères » sur les risques que leur comportement aveugle fait courir à la terre mère.

Le chemin des neuf mondes

De par sa situation et ses caractéristiques géographiques, la Sierra est une sorte de maquette, de modèle réduit de la planète ; un modèle réduit qui les renseigne sur les grandes évolutions de la terre. Or aujourd'hui, la Sierra va mal. En moins de trente ans, sous l'effet conjugué des narcotrafiquants et des paysans, plus de 70 % de la forêt tropicale a disparu. Les terres s'appauvrissent, les rivières s'assèchent, les neiges éternelles reculent et le climat s'affole. L'hiver arrive en pleine saison des pluies et les pluies dépassent les périodes habituelles. L'équilibre de la Sierra est menacé. Au-delà de leur univers propre, grâce aux courants marins, aux poussières déposées par les vents d'altitude ou aux déplacements de certains oiseaux migrateurs, les Kogis se sont toujours tenus informés de la vie là-bas, ailleurs, par-delà les mers ou les terres lointaines. Depuis quelques années, malgré les rituels, malgré ces graines où prospèrent des fourmis dont les oiseaux voyageurs sont particulièrement friands, le ciel reste vide. Là-haut, sur les neiges éternelles les poussières sont noires. Là-bas, ailleurs, quelque chose ne fonctionne plus. Le danger est suffisamment grand, oppressant, pour que les Kogis décident de venir vers nous, pour nous rencontrer, savoir, comprendre pourquoi nous respectons si peu la vie, les êtres et le monde. Je repense aux paroles lointaines de ce Mamu, dans une hutte quelque part dans la Sierra, ces paroles auxquelles je n'avais pas su répondre.

— Écoute cette parole. Les Mamus disent qu'il faut enseigner au petit frère pour qu'il comprenne, mais il ne va comprendre que quand il va voir ; s'il ne voit pas, il ne comprendra pas. Il faut sauver la Sierra, elle a des ramifications dans le monde, c'est une petite terre, mais elle est immense. Emmène cette parole dans les gouvernements des petits frères pour qu'ils l'étudient bien... emmène-la.

Quinze ans plus tard, les Kogis sont là, en France, ils sont venus eux-mêmes amener cette parole « dans les gou-

Cinquième monde

vernements », comme ils disent. Conférences, interviews, expositions, tout a été organisé pour essayer de créer des instants réels d'échanges et de rencontres. Un programme de « ministre » qui les emmènera du ministère de l'Environnement au monastère bouddhiste de Karma-Ling en passant par le Parlement européen, la Commission européenne à Bruxelles et l'UNESCO. Pour Miguel et Ignacio, à Paris, dans cette ville lointaine, tout est nouveau. Passages cloutés, feux tricolores, métro, ascenseurs, langue, culture, mode de vie, aliments, ministères, institutions... il leur faut désapprendre pour réapprendre.

Le lendemain matin, nous sommes à l'UNESCO. Devant les grands bâtiments de pierre et de verre qui scintillent sous le soleil, j'essaie d'en expliquer le fonctionnement, les objectifs. Attentifs, la tête légèrement penchée, nos deux amis écoutent. Parfois, Lindo tente de créer un pont, d'évoquer une analogie pour illustrer une idée, un concept. Comment envisager un tel dialogue entre deux hommes sortis d'un temps différent où sont associés visibles et invisibles, et les acteurs d'une organisation internationale où se mélangent couloirs, bureaux et subtilités diplomatiques ? Je suis perplexe.

Un badge, puis nous sommes orientés vers un ascenseur aux couleurs vives. Derrière un bureau rempli de dossiers, un responsable du programme MAB (Man And Biosphere) nous attend :

— Les réserves de biosphère ont pour objet de préserver les zones les plus remarquables de la planète en matière de biodiversité, il y en a à travers le monde entier, certaines dans des espaces marins, d'autres dans des zones désertiques ou semi-désertiques, et d'autres, et c'est le cas de vos amis, dans des zones de forêt tropicale. Mais ici, nous ne pouvons pas nous substituer aux États. Notre rôle ne peut être qu'incitatif...

Cartes, graphiques, photos, les explications fusent. Zones périphériques, zones centrales, zones tampons, incitations gouvernementales, voilà notre chargé de mission qui se lance dans de longs commentaires techniques sur le fonctionnement des réserves de biosphère, leur intérêt, leur nombre et leur diversité. Miguel et Ignacio écoutent en silence. Comme habitants de la Sierra, ils n'ont jamais coupé le lien homme-nature, ils sont la nature. L'idée d'une « réserve » qui protège la nature, qui protège la terre mère, qui protège les Kogis leur est totalement étrangère. Et puis, c'est quoi, l'UNESCO ? Profitant d'un moment de silence, Ignacio prend timidement la parole.

— On nous a dit que nous étions devenus une réserve de biosphère, que des gens de l'UNESCO avaient transformé nos territoires en réserves. Mais c'est quoi l'UNESCO, et qu'est-ce que ça veut dire une réserve de biosphère ? On pourra continuer à vivre chez nous ?

Le flot de paroles s'arrête, suspendu...

— Bien sûr, une réserve de biosphère doit être constituée avec ceux qui y vivent, c'est chez vous.

— Ah bon !...

Plus tard, une autre salle, d'autres explications, et toujours :

— Nous sommes des Indiens Kogis, habitants de la Sierra Nevada de Santa Marta. Nous travaillons pour conserver l'équilibre du monde. Est-ce que vous pouvez nous aider ?

Attentives, droites derrière une grande table de bois verni, deux femmes prennent des notes, l'une est responsable de l'un des services de l'UNESCO, l'autre est stagiaire. À la fin de la présentation d'Ignacio, après avoir regardé de nombreuses photos, après s'être fait expliquer où et

Cinquième monde

comment vivaient les Kogis, la réponse tombe, surprenante :

— Ce que vous pourriez faire, c'est un CD-Rom, comme ça avec les ordinateurs, vos enfants pourront conserver la trace de leur culture. Nous pouvons vous montrer, nous avons de nombreux catalogues...

Un moment, je reste incrédule, un CD-Rom ? pour qui ? pourquoi ? D'un côté, il y a les Kogis, des Indiens qui veulent simplement continuer à être indiens pour eux, mais aussi et surtout pour nous, tant il est vrai que leur survie et celle de la Sierra est la garantie de notre survie ; de l'autre côté, des institutions qui se proposent de « sauver » une culture, mais qui n'ont aucune réponse à donner à ceux qui les font vivre. Toujours ce paradoxe, où l'on sauve les signes visibles d'un regard sur le monde pour laisser disparaître ceux qui le créent et le font vivre. Je fais la seule réponse qui me vient à l'esprit :

— Un CD-Rom, pourquoi pas ? Mais ils n'ont pas l'électricité.

— Mais ils l'auront forcément un jour.

Silence, quelques saluts aimables, les couloirs, l'ascenseur et nous retrouvons la rue. Ce jour-là, j'ai ressenti l'abîme insondable qui sépare leur vision du monde de la nôtre. Pour les Occidentaux, le temps est une conception linéaire, historique, composé d'un passé, d'un présent et d'un futur. Dans cette représentation tellement ancrée qu'elle est le plus souvent inconsciente, les Indiens ne peuvent être que les témoins archaïques de ce que nous ne sommes plus, le monde occidental représentant le modèle de développement que toute société se doit de pouvoir rejoindre. « Ils n'ont pas l'électricité, mais ils l'auront *forcément* un jour ! » Les Indiens représentent un passé révolu, et nous, nous sommes le futur, comme si aucune autre voie, aucun autre possible n'était imaginable. À travers le prisme d'une telle vision du monde que faire de mieux, de plus, que de proposer nos produits, nos CD-Rom et nos machines ?

« Si le propre de l'homme est l'historicité, quel statut convient-il d'attribuer à ces sociétés dites "sauvages" dont tout indique qu'elles ne sont pas entrées dans le monde de l'histoire, donc dans le monde spécifiquement humain de la "perfectibilité" et de l'arrachement à la nature[1] ? »

Extraordinaires non-rencontres où l'autre, sa vision du monde et ses difficultés ne sont absolument pas prises en compte. Aussi curieux que cela puisse paraître, le plus souvent, il ne s'agit pas d'actes délibérés, mais bien d'une réelle impossibilité à imaginer et accepter d'autres possibles radicalement différents de ceux qui nous animent. Une impossibilité chronique à imaginer qu'ailleurs, pour d'autres hommes et d'autres femmes, le temps a une autre réalité, qu'il n'est pas linéaire, mais circulaire, qu'il n'exclut pas mais qu'il permet de réinventer le monde en permanence.

« Apprendre l'autre, sa langue, s'ouvrir à l'accès, à la compréhension d'une autre culture reste et restera toujours la marque d'une pensée élargie[2]. »

À plusieurs reprises, sous ma casquette de consultant en entreprises, j'ai été confronté à ces dialogues, qui n'ont de dialogues que le nom, où les deux protagonistes ne font que se projeter leur subjectivité, sans prendre la peine, une seconde, de découvrir l'autre, sa vision, son point d'observation et de faire le chemin nécessaire pour s'y ajuster... Mais là !

Après l'UNESCO, nos pérégrinations nous emmènent vers le ministère de l'Environnement, le ministère de « ce

---

1. Luc Ferry, *Le Nouvel Ordre écologique*, Grasset, 1992.
2. *Ibid.*

Cinquième monde

qui nous environne ». Ici, on administre la nature entre la politique et l'économie, on essaie de voir comment protéger « nos lieux de vie », des lieux de vie dont la détérioration nous menace directement. L'accueil est froid, comme le hall.

— Vos papiers, vous venez pour quoi ? Ah oui ! la conférence...

Nous sommes le 10 novembre : dans quelques minutes, le ministre va déposer une gerbe de fleurs en mémoire d'une guerre et de ses martyrs. Fanfare et drapeaux envahissent les lieux. « Mesdames, messieurs... » Impassibles, leurs petits sacs en bandoulière, Miguel et Ignacio s'éloignent dans un long couloir.

La salle mise à notre disposition est un modèle de non-communication, d'impossible dialogue.

— C'est la salle des commissions paritaires, nous précise notre hôte.

À droite une rangée de chaises, en face une autre rangée de chaises, au milieu une longue table impossible à déplacer et une batterie de micros. En pénétrant dans la salle, le doute m'envahit : comment envisager un échange, une rencontre dans un tel lieu ? La salle se remplit peu à peu. Bientôt, ce sont plus d'une centaine de personnes qui entourent les Kogis. Dialogue...

— Qui êtes-vous ? Pourquoi êtes-vous venus en France ?

— Nous sommes des Kagabas, des fils de la terre, habitants de la Sierra Nevada de Santa Marta. Nous sommes venus en France pour vous rencontrer, pour échanger avec vous sur l'équilibre du monde.

— Vous avez un regard différent sur le monde. Quels conseils nous donneriez-vous face aux problèmes de chômage et d'environnement dans notre société ?

Sourires, bruissement dans la salle, comment les Kogis

peuvent-ils répondre à une telle question ? Le silence s'installe.

— Si vous écoutiez plus la nature, si vous arrêtiez de construire des grandes villes qui coûtent beaucoup d'argent, sans doute auriez-vous moins de problèmes. Vous déracinez la terre, et nous sommes ici pour essayer de découvrir comment vous faire comprendre d'arrêter. Blesser la terre, c'est se blesser soi-même.

Pendant près de deux heures, doucement, avec sérénité, les Kogis vont répondre aux questions, tenter d'expliquer leur lecture du monde. Un moment rare.

— La salle était habitée, dira une participante.

— Il y avait une présence très forte, c'est la première fois que l'on vit quelque chose comme cela dans ce ministère.

Nous nous arrêtons un instant sur les quelques photographies de la Sierra exposées dans le hall. On pourrait les penser à leur place, elles sont presque incongrues... images lointaines d'un monde spectacle. Miguel et Ignacio regardent leur montagne, parcourent leur vallée.

Déjà, nous repartons vers les locaux d'un quotidien national, dernier rendez-vous de la journée.

— Le Département international, s'il vous plaît ?

— C'est plus haut.

Un ascenseur, du bruit, des regards curieux, interrogatifs. Photos. Les yeux de Miguel se ferment. Besoin d'intériorité, de se retrouver face à ces mouvements, cette violence des êtres et des choses. Ici, nous traitons les *news*, l'actualité, il faut « angler », trouver un titre « accrocheur ». Face au bruit, à la multitude d'informations, aux sollicitations de toute nature, comment s'y retrouver, quel sens rechercher ? Une jeune journaliste pose des questions sur ces Indiens « justes vêtus de ponchos, sacs en bandou-

Cinquième monde

lière et cheveux noirs laissés libres, ces Indiens qui ont à peine une paire de baskets contre le froid de l'hiver ». L'article s'appellera « Deux Indiens dans les villes ».

Ce soir-là, dans le calme de l'appartement retrouvé, Miguel et Ignacio vont discuter longtemps. L'un après l'autre, ils se racontent les gens, les rencontres, les odeurs, leurs impressions. Une manière à eux d'enregistrer ce voyage, d'en garder les moindres détails pour le raconter et le partager à leur retour dans la Sierra. Et toujours ce morceau de flûte, sorte de signal, de repère pour mémoriser les informations et garder la trace de ce voyage. Quelques couvertures, puis je ferme la porte de leur chambre. Longtemps, je les entendrai rire de quelque chose, du monde, de cette rencontre.

Avant de venir en France, Lindo m'avait transmis une demande de Miguel : « Il aimerait rencontrer des sages chez toi, en France. » La question m'avait surprise. Des sages, jusqu'à ce jour, je ne m'étais jamais vraiment posé la question de savoir s'il y avait des sages en France, qui ils étaient et comment les rencontrer. Dans le doute, j'ai envoyé plusieurs courriers à ceux que l'opinion publique me semble désigner comme « sages », ou pour le moins comme des personnes à même d'engager un dialogue avec les Kogis. Philosophes, sociologues, biologistes : à part un refus poli, je n'ai pas eu l'ombre d'une réponse, le vide. Seules deux personnes ont accepté le principe de cette rencontre prévue dans l'appartement d'une amie à Paris : Andreu S., sociologue, enseignant chercheur dans une école de commerce ; François T., maître de conférences au Muséum national d'histoire naturelle.

Arrivés en avance chez notre hôte, je laisse Miguel et Ignacio faire le tour de l'appartement, repérer les lieux. Ils finiront par choisir un coin de canapé, qu'ils ne quitteront quasiment plus de toute la soirée.

Vers vingt heures, les invités arrivent. Naïvement, je pensais qu'il suffisait d'expliquer qui étaient les Kogis, l'origine de leur culture, le choc que représentait leur venue en France, pour que s'instaure une tentative de communication fondée sur l'écoute, le partage et le respect. Il n'en est rien. Au bout de quelques instants, un mur invisible s'est élevé entre ceux qui tentent de se mettre à l'écoute des Kogis et ceux qui continuent leur soirée parisienne... impossible rencontre entre l'universalité de la tradition et l'éclatement de la modernité.

Dans leur univers, avant tout échange ou rencontre d'importance, les Kogis se doivent de créer les conditions qui permettent d'« ajuster » les énergies, les projections, les attentes, sorte de sas de régulation entre les possibles, les envies des différentes parties en présence. Pour pouvoir communiquer, il faut se mettre en situation d'harmonie et d'écoute réciproque, où l'on retrouve le concept de « Yuluka » selon lequel il convient de se mettre en harmonie avec le monde, les êtres, pour prétendre pouvoir échanger avec eux.

Plusieurs mois plus tard, Andreu S. me racontera le choc qu'il a ressenti, les questions nées de cette rencontre :

— Tombé de vélo... C'est une image et plus encore une émotion corporelle que je conserve de cette soirée parisienne. Arrivé le premier et à l'heure, c'est-à-dire en avance pour les vrais Parisiens, je suis aimablement accueilli par la propriétaire du lieu. Affairée, occupée à finir de préparer le dîner, elle s'excuse, me laissant à l'entrée du salon. Je me revois faire un pas dans la pièce, deviner une présence humaine, m'apprêter, par automatisme, à accomplir un rituel élémentaire — saluer ses occupants — et, subitement, perdre mes moyens. Dans notre monde, lorsqu'il s'agit de saluer, il faut que les personnes

Cinquième monde

que nous désirons saluer nous signifient leur envie, ou, à tout le moins, leur acceptation d'être saluées : nous nous attendons à ce qu'elles nous prêtent un minimum d'attention, se tournent vers nous, nous adressent un regard engageant. Rien de tout cela de la part des deux Indiens vêtus de leurs costumes traditionnels, enfoncés côte à côte dans le canapé. Que faire lorsque nos comportements réflexes ne « marchent » plus ? Ce que j'avais découvert et appris dans mes livres d'ethnologie ne m'était d'aucune aide. Confronté physiquement à un tout autre monde, je me suis senti perdu, ridicule, mon cartable noir d'intellectuel à la main. Après quelques très longues secondes, un « bonjour » en espagnol est sorti de ma bouche. Silence. Un seul m'a répondu, et d'une drôle de manière à ce qu'il me sembla. À Paris, dans le salon d'un appartement typiquement parisien, c'était l'humain soi-disant cultivé qui se sentait désemparé, déplacé, de trop. Décontenancé, comme vidé, je me suis posé sur la chaise la plus proche, et ai attendu — un inexprimable silence nous enveloppant tous les trois. Le salon s'est empli peu à peu de personnes et surtout de bruit. Même très entourés, très sollicités, les deux Indiens me paraissaient étrangement, inexplicablement absents. Le repas, l'excellent vin plus particulièrement je suppose, me procura suffisamment de courage pour assumer la naïveté des interrogations qui me travaillaient. Nous avions été invités pour dialoguer avec des représentants du monde Kogi, deux Indiens qui n'avaient jamais quitté leurs hautes montagnes de Colombie avant le voyage qui les avait menés jusqu'à cet appartement. Première question : « Qu'est-ce qui vous a le plus surpris depuis que vous êtes en Europe ? » Je m'attendais à ce qu'ils évoquent les prouesses techniques du monde moderne, la monstruosité de nos villes, l'indifférence et l'agressivité des gens dans la rue. Long silence, puis très longs échanges dans leur langue entre les deux Kogis. Nouveau silence... Réponse

Le chemin des neuf mondes

en espagnol du plus jeune : « Les tunnels ! » Deuxième question : « Qu'avez-vous fait ce soir que jamais vous ne feriez chez vous ? » Cette fois, je ne me risquais aucunement à prévoir leur réponse. Même silence, même attente... Réponse : « Changé de chaise ! » Rentré tard à la maison, ressentant l'égoïste nécessité de partager ce que j'avais ressenti, j'ai réveillé ma femme, j'ai parlé, j'ai fait du bruit. Le lendemain matin, aussitôt levé, je suis passé à la seconde étape. Après l'étonnement, il convenait d'analyser les événements, de les expliquer grâce à des concepts et des théories. Ce fut un échec. S'imposait à mon esprit une simple image, une image simplette, la nostalgique et physique image de la chute de vélo. J'eus, comme autrefois, il y a fort longtemps, le sentiment d'être lourdement tombé. Faisant son chemin, m'échappant, l'image produisit une série d'interrogations vélocipédiques. Qu'est-ce que le vélo duquel je suis tombé ? Pourquoi pédalons-nous ainsi, nous hommes qui désirons toujours être modernes ? Pourquoi pédaler si fort, pour aller où ? Tomber de vélo, n'est-ce pas apprendre l'équilibre ?

Les derniers invités viennent de repartir, l'appartement retrouve son calme. Fatigué, silencieux, Miguel regarde quelques photographies faites au Musée de l'or à Bogotá. Surprise : l'un des objets présentés appartient à son clan. C'est Kakaserankua, l'un des dieux fondateurs de l'univers Kogi. Il est représenté sous forme d'un sceau en or, un sceau sacré, sans doute volé à ses ancêtres il y a plusieurs siècles. Agité, Miguel scrute la photo. La description de ses motifs et leur signification lui ont été transmises par son père qui lui-même les avait reçues de son père. Incroyable : c'est en Europe qu'il vient de retrouver la trace d'un objet qu'il pensait ne plus jamais revoir.

Cinquième monde

La première rencontre, fragile, mais réelle, c'est à l'Institut bouddhiste de Karma-Ling qu'elle aura lieu. Dans les bâtiments de l'ancienne chartreuse de Saint-Hugon situés au-dessus de Chambéry, Miguel et Ignacio retrouvent le sourire. Ici, il y a des arbres, des rivières. La nature est vivante, même si elle leur semble déséquilibrée, presque malade. « Nous sommes des bouddhistes, des bouddhistes tibétains. Notre culture, basée sur le principe d'équilibre, est née elle aussi dans une montagne lointaine... le Tibet », raconte Lama Denys, responsable spirituel du monastère. En avril 1997, c'est ici qu'ont été organisées les rencontres intertraditions. L'objectif : « Faire converger les traditions essentielles dans un souci de pluralité, source de richesse pour le monde. » Miguel s'arrête devant le lieu où se sont tenues les réunions. De la grande coupole de toile qui abritait la rencontre, il ne reste que quelques petites pierres posées sur le sol.

— C'est un lieu important.
— Vous voulez une photo... un souvenir ?
— Non, ici c'est un lieu sacré, les lieux sacrés, il ne faut pas les prendre en photo...

Miguel a froid, mais le lieu lui plaît, la nourriture est en harmonie avec les paroles. Par petites touches, un dialogue s'engage.

— Nous connaissons les bouddhistes. Lorsque Kakaserankua, notre dieu fondateur, a créé le monde, il a donné un rôle et un territoire à tous les groupes humains. Avant de venir, nous savions que vous existiez.

Rencontre entre deux traditions essentielles, deux traditions menacées dans leurs territoires et dans leur survie. Au déjeuner, la confiance s'installe.

— En arrivant ici, on a senti que la terre, la nature était déséquilibrée, est-ce que votre pensée spirituelle est rattachée à votre territoire ?

Un moment, Lama Denys réfléchit :

Le chemin des neuf mondes

— Non, notre territoire, c'est notre esprit.
— Mais la pensée ne peut pas exister sans la terre, et ici la terre est tellement déséquilibrée...

Cette nuit, blottis sous d'imposantes piles de couvertures, dans les petits chalets prêtés par Lama Denys, Miguel et Ignacio vont parler. Il leur faut encore et toujours enregistrer, s'approprier cette rencontre, ces instants, pour pouvoir les restituer lors de leur retour au village.

La poursuite de notre périple nous emmène au cœur des Alpes, vers les vallées de haute Tarentaise. Il y a là-bas une montagne que j'aimerais leur présenter. En ce mois de novembre, les premières neiges sont tombées... Au détour d'un virage, la voiture s'engouffre dans un tunnel. Miguel et Ignacio retiennent leur souffle. Comment les petits frères peuvent-ils ainsi violer la terre ? Pourquoi ces trous, ces blessures ? Quelques kilomètres dans l'obscurité, puis de nouveau la lumière du jour... Soulagement.

— Pourquoi faites-vous des trous dans la terre...
— ... pour aller plus vite, pour gagner du temps, ça évite de faire le tour de la montagne.
— Pour aller plus vite ! Mais vous voulez arriver où plus vite ?
— ...

Course effrénée dont on ne maîtrise plus la raison et encore moins le sens. Lorsque l'on arrive chez nos hôtes, un grand feu de cheminée éclaire la pièce.

— Comment on leur dit bonjour, je les embrasse ?

Mouvement de recul, Miguel semble impressionné par cette grande fille aux cheveux rouge vif qui s'approche de lui.

— Non non, c'est juste une façon de se dire bonjour, lui souffle Lindo, les gens font comme ça ici.

Différence de regards, de vie, différence de cultures. Les

Cinquième monde

vaches dans les étables « enterrées sous terre », la neige — « pour nous, elle recouvre les esprits. C'est le pays des morts, ici il y en a partout, je n'aime pas. C'est autre chose, c'est votre monde ».

Dans cette maison perdue, au creux d'une vallée savoyarde, les amis, les voisins, le maire, tous passent saluer ces voyageurs d'un autre monde. Autour de la cheminée, l'ancien du village interroge :

— Vous avez des vaches ? et vous cultivez quoi ?

Miguel est attentif, respectueux de cet ancien porteur de mémoire. Après la course des derniers jours, ces quelques instants de répit sont les bienvenus. Légèrement engourdis par la chaleur, Miguel et Ignacio commencent à se détendre. Tableaux, photos, vases, objets divers, murs, tout semble étrange dans cette grande pièce où nous sommes accueillis pour la journée.

— C'est quoi ?

La tête légèrement penchée, comme s'il cherchait à comprendre quelque chose, Ignacio fixe le fond de la pièce. Sur une étagère, posé en hauteur, un globe, un globe terrestre.

— C'est la terre.

Ignacio fronce les sourcils. Un sourire intrigué apparaît sur son visage.

— La terre !

À la fois amusé et ému, je tente de faire appel à mes souvenirs d'étudiants pour rappeler cette évidence.

— La terre est ronde. Elle tourne autour du soleil. Elle est composée d'un cœur en fusion, et d'une mince écorce terrestre sur laquelle nous vivons... Les continents sont posés sur ce cœur en fusion et se déplacent les uns par rapport aux autres, c'est la dérive des continents...

Concentrés, Miguel et Ignacio tentent d'appréhender ce drôle de monde que je leur décris. La terre serait une boule

Le chemin des neuf mondes

ronde qui flotterait dans l'espace ? Quelle drôle d'idée... Comment est-ce possible ?

La surprise et l'étonnement de Miguel sont aussi grands que les miens la première fois qu'il m'a décrit la voûte étoilée de la Sierra.

— Les étoiles nous servent pour orienter la vie, les activités agricoles, la santé. Si on regarde les étoiles, on peut apprendre le futur. Une étoile qui clignote nous annonce la pluie, une étoile filante qui descend annonce l'arrivée de l'été ou une période de sécheresse. Toute l'année, ce ne sont pas les mêmes étoiles. Certaines annoncent l'époque des semences, d'autres annoncent un travail ou une cérémonie particulière. Chaque étoile a un sens précis pour faire ou pour comprendre les choses...

Ce qui pour nous n'est le plus souvent qu'objet d'observation ou d'étonnement fonde l'ordre du monde pour les sociétés traditionnelles. Le ciel, cet univers infini, est perçu comme une carte, un modèle fondamental où l'on puise l'essence et l'ordre des choses. C'est donc vers le ciel et ses énergies cosmiques qu'il convient de rechercher les fondements de la vie, ces fondements dont le monde terrestre ne serait qu'un pâle reflet.

— Il y a des étoiles positives et des étoiles négatives. Il y a aussi une communication importante et permanente avec les étoiles. Il est nécessaire de connaître le nom de chacune d'entre elles. Chaque étoile a son histoire. Autiboun [la voie lactée] a une très longue histoire. Les étoiles qui sont à droite appartiennent au monde positif, celles qui sont à gauche, c'est le négatif. Autiboun appartient aux forces de gauche. Lorsque les forces de gauche dominent les forces de droite, ce sont des difficultés qui s'annoncent, des choses négatives peuvent apparaître. Alors, les Mamus vont travailler pour faire face, pour gérer ces déséquilibres. Sur les maisons, il y a toujours des *Troa*[1]. Ce sont des

---

1. Sorte d'antennes en bois qui prolongent la hutte.

Cinquième monde

étoiles. Les étoiles représentent ces Troa, cette partie de la maison. Toutes les choses qui existent sur terre sont représentées à travers les étoiles. Il y a forcément une relation, ce qui est en bas est le reflet de ce qui est en haut.

« Celui qui cueille une fleur dérange une étoile », écrivait un poète anglais, il n'y a que les poètes pour oser dire des choses pareilles. Les Kogis seraient-ils des poètes ?

— Le froid, la rosée viennent du firmament étoilé, le froid ce n'est pas négatif, cela rafraîchit le sol... Là-haut, tous les êtres vivants ont leurs frères. Et puis, il y a Nunate, cette grande étoile est là pour faire en sorte que les choses ne se mélangent pas, qu'elles restent comme elles sont. Nunate a des relations avec toutes les autres étoiles qui ne se voient pas en permanence. C'est l'étoile de l'équilibre entre le positif et le négatif. C'est un peu comme la tête, le point principal des choses, c'est l'étoile la plus importante. La nature est dans le ciel, il faut toujours rechercher l'équilibre entre la terre et le ciel.

Je suis frappé par les similitudes entre la pensée Kogi et la pensée des grandes traditions qui, de tout temps, se sont tournées vers le ciel pour organiser et incarner leur vie terrestre.

« Ignores-tu, ô Asclépios, que l'Égypte est l'image du ciel et qu'elle est la projection ici-bas de toute l'ordonnance des choses célestes ? »

Un lien que nous avons eu, et qui, pour certains auteurs, est fondateur de notre équilibre et de notre harmonie.

« De tout temps, les hommes ont eu conscience d'un rythme auquel on ne peut échapper. Un rythme qui les relie au ciel et à la terre, à la nature. C'est pourquoi, il apparaît normal qu'une plante, un animal, une étoile avertissent, conseillent ou soient pourvus d'une signification précise [...]. Tout peut être appris dans l'univers, les secrets les plus cachés s'y découvrent[1]. »

---

1. Marie-Madeleine Davy, *Initiation à la symbolique romane*, Champs-Flammarion, n° 19, 1977.

Le chemin des neuf mondes

« L'ordre traditionnel émane d'une vision du monde spécifique, tournée et orientée vers le haut, le monde céleste, dont il est un reflet[1]. »

Alors, qui sommes-nous, ou plutôt où sommes-nous ? Le monde ne serait-il que le pâle reflet d'une réalité invisible comme ont tenté de me l'expliquer les Kogis, la terre étant une sorte d'œuf cosmique composé de neuf mondes, neuf niveaux de conscience et de plans de réalités ? Ou bien la terre, notre bonne vieille terre, n'est-elle qu'une planète ronde, oasis de vie dans l'immensité de l'univers ?

Il y a deux manières de progresser, d'essayer de dépasser ce paradoxe. La première, la plus rassurante, est la suivante : on peut penser que notre vision du monde doit être assez proche de la réalité. Grâce au développement de la science et des techniques, nous avons inventé les avions, puis les fusées, qui, en nous permettant de prendre de la hauteur, nous ont permis de conforter nos hypothèses. La terre est bien ronde, la lune tourne autour et le soleil est au centre du système solaire. Toutes autres explications, et notamment celles de ces Indiens, ne peuvent être qu'élucubrations sympathiques, mythologies dépassées d'un peuple resté aux temps de l'âge de pierre. Vision historique qui nous place en tête d'une dynamique de progrès linéaire, les Kogis se trouvant quelque part loin derrière nous. Ils ne connaissent pas l'avion, encore moins la fusée, ils ne peuvent donc pas voir que nous avons raison. Point final.

La seconde façon de penser ce paradoxe est celle-ci : certes notre vision du monde ne doit pas être totalement fausse, la terre doit être effectivement ronde et la lune doit bien tourner autour. Avions et fusées nous ont permis de

---

1. Christophe Levalois, *Les Temps de confusion. Essai sur la fin du monde moderne*, Guy Trédaniel éditeur, 1991.

Cinquième monde

conforter cette hypothèse. Notre représentation doit être exacte et opératoire, mais la leur doit être aussi exacte et aussi opératoire. Ce n'est pas parce que le processus d'observation change qu'il donne accès à un autre aspect de la réalité et qu'il est faux, bien au contraire. Il est simplement différent. Il n'y aurait donc pas une manière de voir le monde mais plusieurs. Seulement voilà, comment admettre que des Indiens peuvent être porteurs d'une vision et d'un savoir différents des nôtres, mais tout aussi valables et opératoires ?

Pour comprendre, pour découvrir, il faudrait pouvoir regarder l'autre en général, ces Indiens en particulier, sans préjugement, sans hiérarchie de valeurs et sans autres ambitions que « de recevoir en vue de partager ». Il faudrait admettre que leur regard, si différent soit-il, est aussi opératoire que le nôtre et que c'est la rencontre de ces deux regards et non leur exclusion qui peut nous permettre d'imaginer d'autres manières d'être au monde. Chaque culture produit une représentation du monde, qui elle-même sous-tend un système de lecture et de compréhension du réel. Acteur et produit d'un système, nous pouvons avoir l'illusion de sa complétude, et chercher « humaine tentation » à en occulter les incohérences, failles et interstices. En cela, nous oublions que ce qui est source de déséquilibre est source d'évolution et de fécondité.

La vie est dans l'ouverture à l'étrange, à l'incohérent, à l'autre, à sa différence, une ouverture qui nécessite humilité et respect. Humilité d'admettre qu'il n'y a pas forcément un chemin unique pour accéder au savoir, respect pour ces autres chemins ouverts en d'autres temps et en d'autres lieux. Imaginer, trouver d'autres voies, c'est s'ouvrir aux possibles, tous les possibles, sans préjuger de leur valeur ou de leur pertinence, et sans opposer les mondes et les cultures qui les ont produits.

C'est incroyable : si nous avions l'humilité d'écouter

Le chemin des neuf mondes

les Kogis, de croiser leurs champs de connaissance, leurs regards sur le monde avec les nôtres... médecine, biologie, agriculture, psychanalyse, nous ferions des découvertes stupéfiantes. C'est sans doute là que pour moi s'est fait jour cette évidence : le monde n'est pas un monde d'exclusion ou d'opposition des différences mais bien de juxtapositions, d'associations, voire de mise en harmonie des contraires. Certes la planète terre, cette réalité décrite par les premiers astronautes et montrée par une multitude d'images, existe bien, mais sans doute ni plus ni moins que l'univers des Kogis.

Ce simple constat, en apparence anodin, ouvre d'étonnantes perspectives. Ainsi, il y aurait d'autres univers, aussi réels et perceptibles que le nôtre, issus de notre vision et de notre compréhension des choses. Mais alors, que sont ces univers, comment peut-on y avoir accès et sur quoi nous renseignent-ils ?

Une fois passé la jubilation de cette découverte, on ne peut manquer de s'interroger : mais pourquoi ces mondes, ces chemins de connaissance n'ont-ils pas ou peu été explorés ? Peut-être, comme l'explique Tobie Nathan, car notre conception du monde, celle des chercheurs de savoir, des explorateurs de connaissance, n'autorise pas d'autres possibles : « Ils n'essaient pas d'élargir leurs possibles ou d'explorer d'autres mondes, ils ne sont préoccupés que d'élargir un monde et un seul, le leur [1]... »

Comment et par où glisser la petite faille, le petit doute qui va amener l'autre à s'interroger, à questionner ses valeurs, ses représentations et finalement à élargir son champ de conscience et sa vision du monde ? Comment ?...

---

1. *Actualités de la schizophrénie*, « Ethnopsy. Les mondes contemporains de la guérison », n° 1, Synthélabo, février 2000.

Cinquième monde

Le lendemain matin, premiers pas dans la neige, première découverte des Alpes.

— J'aime cette montagne, on dirait une autre Sierra, une petite sœur, et puis l'endroit est important, mais je n'aime pas la neige. Chez nous, la neige c'est le pays des morts et des ancêtres. Ils vivent là-haut, au milieu de la neige et des nuages. Aucun être mortel ne peut aller là-bas. Pour aller là-haut, il faut se préparer, se mettre en accord, trouver le juste chemin.

Après quelques heures de marche au fond d'une vallée encaissée, Miguel s'arrête et cherche des pierres dans le lit d'un torrent.

— C'est bien ici, il y a aussi des lieux sacrés, je vais ramener quelques pierres de votre Sierra chez nous pour qu'elles se parlent...

Un instant, Miguel lève les yeux vers le ciel, puis les referme doucement. Un murmure, discrète prière, quelques gestes de la main. Dans l'univers des petits frères, il a enfin trouvé un lieu à travers lequel il peut retrouver le monde des esprits.

— Pour nous, le monde visible n'est pas la réalité. Nous devons apprendre à quitter les apparences trompeuses de la lumière pour la vérité de l'ombre et des esprits, il y a des lieux pour ça.

— Avancez ! voilà, un peu sur la droite, ne bougez plus, merci.

Photo d'identité, badge obligatoire. Des Alpes, nous sommes passés à Strasbourg et aux bâtiments du Parlement européen. Plusieurs rendez-vous ont été prévus avec les députés. Réunis en séance plénière, ils invitent les Kogis à assister à leurs travaux. Éclats de rires. Parmi les multiples langues qu'Ignacio peut entendre dans son casque... il n'y a pas le Kogi. Cantine du Parlement, tour de Babel de

Le chemin des neuf mondes

langues et de cultures. La délégation Kogi rencontre une délégation venue pour défendre les sans-papiers qui croise une délégation de Sud-Africains. Dans les couloirs, une caravelle, reproduction fidèle de ces grands navires porteurs de mort et de destruction. Le regard perdu, Miguel s'éloigne dans ses pensées.
— Colomb... Christophe Colomb... *la historia*.
— 123, 124, 125, c'est ici.
Le bureau d'un député est mis à notre disposition. Attente... Derrière un placard, Ignacio découvre une télévision. Un documentaire sur les fourmis... Une petite porte, un cabinet de toilette, une douche. Miguel s'éclipse.
Enfin, une rencontre, puis une autre. Entre deux réunions, un député européen accepte de nous recevoir et toujours ces mots :
— Nous sommes des Indiens Kogis, habitants de la Sierra Nevada de Santa Marta en Colombie, nous venons vous demander de nous aider à préserver l'équilibre du monde.
Poignée de main, sourire du député, remerciements, fatigue. Les premiers flocons tombent sur Strasbourg. Rencontres éphémères, impossibles. Les Kogis viennent pour essayer d'alerter les petits frères sur les destructions massives qu'ils font subir à la planète, ils ne rencontrent que des hommes pressés, enfermés dans des logiques à court terme.
« La forme démocratique des régimes dans les pays riches — ou les élections à court terme commandent les choix — n'est pas compatible avec les décisions politiques à long terme, et drastiques, qu'il faudrait prendre. L'homme mettra de plus en plus en péril sa propre existence sur la terre [1]. »

---

1. Marcel Conche, « Génération Vitesse », *Le Nouvel Observateur* numéro hors série, mars-avril 2001.

Cinquième monde

Je repense à un petit film que j'ai vu, il y a quelques années. On y voyait la vie, l'évolution et la mort d'une pêche filmées en accéléré. Dans les premières secondes un bourgeon s'ouvre et devient une jolie fleur, puis apparaît le fruit qui grossit rapidement jusqu'à devenir une superbe pêche, que l'on imagine sucrée et savoureuse à souhait. Puis peu à peu, la pêche se flétrit, de petites taches noires apparaissent sur sa peau. Elles s'étendent, se rejoignent et gagnent peu à peu l'ensemble du fruit qui flétrit et se rabougrit. Puis il flétrit encore, pour devenir une petite boule informe, puis une sorte de jus noir et gluant... La vie de la pêche est terminée. Je repense toujours à ces images avec un sentiment d'angoisse, sans doute évoquent-elles pour moi la réalité inexorable de la vie pour tout être vivant et pour cet énorme être vivant qu'est la terre. Ne pourrions-nous pas être assimilés à ce phénomène inexorable de pourrissement qui gagne la pêche ? Si oui, qu'avons-nous de vraiment humain si nous ne sommes pas capables d'évoluer différemment de ce vers quoi notre nature semble nous entraîner, la disparition ? Qu'avons-nous d'humain si nous ne pouvons prendre conscience des limites et des mécanismes qui nous enferment plus sûrement peut-être que les barreaux d'une prison ?

Après Strasbourg, Bruxelles. Quelques minutes de métro « dans les entrailles de la terre », un escalier, le froid vif. Les nouveaux bâtiments de la Commission européenne, mélange de verre et d'acier, se dressent vers le ciel. Des hommes pressés, quelques femmes, peu.

— Vous avez rendez-vous ?

De longs couloirs blancs, partout des bureaux. Une salle de réunion, des dossiers.

— Prenez une chaise. Nous allons nous installer là...

Un accord de coopération a été signé récemment entre la Commission européenne et la Colombie. Ce contrat concerne directement la Sierra Nevada de

Le chemin des neuf mondes

Santa Marta, leur montagne, leur territoire. Les Kogis aimeraient savoir les termes exacts de cet accord, en quoi et comment il va les concerner :

— On sait qu'un accord a été signé, mais on n'a jamais eu d'informations, personne n'est jamais venu nous expliquer ce que c'est que la Commission européenne et ce que cette « commission » va venir faire chez nous ?

Explications. Attentifs, Miguel et Ignacio écoutent, posent des questions. La Commission européenne commence à exister, à prendre vie. Ils ont vu des hommes, des femmes qui leur ont parlé. Le commissaire de la DG1 est venu les saluer.

— Maintenant, on vous connaît, on sait où vous vivez et comment vous travaillez, tous nos frères sauront ce que vous nous avez expliqué et comment vous nous avez accueillis...

Avant le voyage, nombreux sont ceux qui avaient émis des réserves sur ces réunions, ces rencontres. Témoins, ces propos entendus dans une administration : « Mais pourquoi ces Indiens veulent-ils venir en France ? Vous ne croyez quand même pas qu'ils vont être capables de travailler et d'aller dans des salles de réunions ! S'ils veulent venir en France, j'imagine que c'est pour s'amuser » ... Eh bien ! ce n'est pas pour s'amuser, mais pour travailler. Un engagement à la hauteur de leur sentiment de responsabilité vis-à-vis de la terre et du vivant.

Rendez-vous, rencontres, conférences, le voyage touche à sa fin.

— Est-ce qu'ils ont leurs flèches et leurs arcs, monsieur ? Notre professeur nous a dit que les Indiens avaient des arcs et qu'ils vivaient tout nus dans la forêt... C'est vrai qu'ils vivent dans la forêt ?

Dans le public, les questions fusent. Timides, les enfants interrogent :

— Ce sont de vrais Indiens ?

Cinquième monde

Un dessin à la main, une petite fille s'approche :
— C'est pour toi.
Des couleurs vives, un arbre, un dessin qui va partir en Colombie. Miguel est rassuré, il y a des enfants ici. La dernière conférence se termine. Légers, Miguel et Ignacio courent dans la nuit, heureux. Éclats de rires. Un bateau-mouche illumine les façades de l'île Saint-Louis. Miguel s'arrête, et m'attrape par la manche.
— *Tu es un pichón de paloma, de verdad, vas a volar, un día, vas à volar...* [Tu es comme un bébé pigeon, un jour tu vas voler, c'est sûr tu vas voler...]
Il y a de la légèreté, de la beauté, impression fragile de faire partie du monde, de la vie. Demain, ils repartent vers leurs montagnes, leurs familles... Demain ! Le dîner est joyeux, au menu des œufs, des nouilles et des pommes de terre, plein de pommes de terre... Miguel quitte la table. Des objets posés sur une étagère l'intriguent. Deux grenouilles en bois. Caresses, regards, il semble « être » avec les grenouilles, « *el sapo* », l'être d'entre-deux, de l'air et de l'eau. Leur parle-t-il ? Quelque chose se termine... Échanges de cadeaux. Miguel reçoit une pierre noire ornée de hiéroglyphes. Une pierre sacrée en provenance d'Égypte. Que penseront les futures générations d'ethnologues qui, peut-être, découvriront cet objet dans quelques années ? L'Égypte aurait eu des relations avec les Kogis !

Départ... Sur la route de l'aéroport, une pluie fine...
Une question me brûle les lèvres :
— Qu'est-ce qui vous a le plus marqués ? Qu'est-ce que vous retiendrez de ce voyage ?
— Ce qui nous a surpris, c'est l'accueil et la gentillesse des gens. On nous a nourris lorsque nous avions faim, chauffés lorsque nous avions froid, prêté des maisons. Au début, nous avions un peu peur de vous rencontrer. Depuis

Le chemin des neuf mondes

que les Blancs sont arrivés, depuis les conquistadores, les Blancs, les petits frères, n'ont fait que nous créer des problèmes. Ils ont voulu nous mettre des yeux en verre et des sacs en plastique sur la tête pour que nous ne puissions plus voir et sentir le monde. Mais nous avons su rester Kogis. Ici, nous avons pu nous rendre compte qu'il y avait des Blancs qui pensaient différemment. Chez vous, il y a aussi des lieux sacrés et des gens qui sentent le monde et la nature. Ça, c'est bien...

Pendant dix-huit jours les Kogis sont restés eux-mêmes, simplement... Curieux miroir de nos règles de vie, de nos conventions où l'essentiel se perd. Venus interroger nos certitudes, ils repartiront comme ils sont venus, un sourire aux lèvres et des étoiles plein les yeux.

Roissy, une passerelle, de verre et d'acier : retour vers leur ici, notre ailleurs...

Chapitre 6

Sixième monde

> *Alors, le sixième monde s'est formé, s'est mis en place. Sa mère était Bunkuàne-ne-nulang, son père était Sai-Chakà. Ils formaient un corps, un corps entier avec des bras, des pieds, une tête. Alors, les maîtres du monde ont commencé à naître. Au début, ils étaient deux : le Bùnkua-sé bleu et le Bùnkua-sé noir, et dans chacun il y avait neuf Bùnkua-sé. Ceux du côté gauche étaient tout bleus et ceux du côté droit étaient tout noirs.*
>
> *Le corps est entier, deux esprits vont pouvoir naître, le monde va se diviser en deux parties. La recomposition... Avec le sixième monde vient le temps des extrêmes, explorations obscures des profondeurs de l'âme.*

— Et qu'est-ce que l'on en a à foutre de tes Indiens !

L'interpellation me laisse perplexe. Dans le cadre d'une soirée parisienne où l'on parle de tout et de rien, je suis apostrophé par un curieux personnage. L'œil ironique, les cheveux ras, les formes arrondies, j'ai du mal à apprécier s'il est sérieux ou s'il se moque de moi.

Humour, provocation ou vraie question ? À la limite, peu importe, car il a raison. Ils ont quoi de particulier, ces Indiens ? Je sens qu'ils sont porteurs de quelque chose,

Le chemin des neuf mondes

mais au-delà de mon affection pour eux, de mes impressions, j'ai du mal à le formuler, à dire pourquoi et en quoi ces Indiens sont si particuliers. En fait, je ne peux pas répondre à sa question.

Ce soir-là, je retourne vers mes livres, je commence à lire et relire les ouvrages de spécialistes, de ceux qui savent, qui étudient les Indiens, qui peuvent parler de leurs habitudes, de leurs cultures. Lectures tâtonnantes, hasardeuses, de celui qui cherche, mais qui ne sait pas ce qu'il cherche.

Chaque ouvrage me propose un regard, une projection de la réalité, celle de son auteur, tous parlent depuis notre univers, tous évoquent le monde indien comme objet d'étude et non comme expression d'une humanité.

À travers ces lectures, je ne cherche pas à comprendre les Kogis, à les analyser, encore moins à les classer dans une famille linguistique ou géographique, peu m'importe qu'ils soient caraïbes ou d'origine andine. Ce qui me fascine, c'est d'entrevoir qu'ils sont porteurs de réponses modernes aux paradoxes et aux enjeux de nos sociétés contemporaines. Que ces hommes et ces femmes, que nous avons relégués au rang de société primitive, disposent de démarches, de modes de fonctionnement et de pensée qui peuvent nous aider à faire face aux problèmes éternels de l'humanité que sont, entre autres, la violence, le pouvoir ou l'ego. Je le pressens, mais je n'arrive pas encore à trouver les mots, les phrases. Peut-être n'ai-je pas encore fait tout le chemin ? J'ai l'intuition que notre avenir passe par ces savoirs anciens, par ces peuples sur lesquels, par ignorance, nous avons longtemps transposé nos croyances, notre peur et notre lecture du monde. Mais l'intuition ne suffit pas, elle est porteuse de déformations, d'interprétations. Je dois comprendre ce qui fonde cette différence, ce que sont ces connaissances qu'ils continuent à faire vivre et que nous avons laissées mourir, comment elles s'incar-

Sixième monde

nent et pourquoi nous ne sommes plus capables d'en apprécier l'importance. Il me faudra plusieurs voyages, des heures d'échanges et de discussion avec des Mamus, de nombreuses lectures, des moments de questionnement, de doute, avant que je dépasse les mots, les apparences, avant qu'apparaissent enfin les premières pistes, premières bribes de réponses à mes questions.

Il me faudra, surtout, la proposition d'un ami, responsable de formation dans une entreprise, pour que je commence à ordonner et formaliser mes découvertes. Je lui expliquais à quel point j'étais convaincu que ces Indiens, que l'on a longtemps méprisés, étaient porteurs d'idées, de principes de fonctionnement tout à fait contemporains au regard des questions et problématiques des grandes entreprises... Après un instant de silence, l'œil malicieux, il m'a lancé :

— Eh bien ! Puisque tu en es si convaincu, viens en parler dans un séminaire.

— Un séminaire ?

— Oui, j'organise régulièrement des séminaires sur le thème du changement, et j'ai besoin de gens comme toi qui bousculent un peu leurs habitudes... je t'appelle et on voit des dates.

— D'accord.

Encore une fois, je suis au pied du mur. C'est une habitude. C'est à croire que j'ai besoin de ces situations pour me stimuler ou me dépasser. Comment parler des Indiens à des cadres d'entreprises sans risquer de basculer dans un exotisme de mauvais aloi ou de braquer mon auditoire ? Comment faire pour qu'ils acceptent d'ouvrir leurs regards, d'interroger leurs pratiques, leurs certitudes ? Comment rapprocher les questions du consultant et les réponses des Kogis ? Le mieux, sans doute, c'est de partir de leurs représentations, de l'idée qu'ils se font de ma présence en ces lieux pour leur parler d'Indiens. Et l'idée

Le chemin des neuf mondes

qu'ils se font, c'est qu'ils se demandent bien pourquoi on vient leur parler d'Indiens dans un séminaire de formation, car enfin, quels rapports, quels liens peut-il y avoir entre des cadres d'entreprises préoccupés par des questions essentielles telles que : le développement de nouveaux marchés, la performance, le management stratégique, le marketing opérationnel, la gestion de carrière ou l'évaluation des compétences, et des Indiens aussi sympathiques soient-ils ?

À première vue, rien, sauf peut-être une chose. Avant d'être des Kogis, avant de porter des vêtements blancs et un curieux chapeau tressé, là où nous portons cravates, costumes et autres tailleurs, les Kogis sont des hommes et des femmes comme nous.

Jalousie, envies, peur, ego, joies, pouvoir, émotions, ils ont les mêmes préoccupations, les mêmes questions, les mêmes difficultés que toutes les communautés humaines. Les mêmes préoccupations, mais pas les mêmes réponses. Là où nous avons choisi d'investir avec succès dans la transformation de la matière, dans le comment, les peuples premiers en général et les Kogis en particulier ont privilégié les relations aux autres et au monde, le pourquoi.

Architecture, bateaux, avions, voitures, Internet, etc., le résultat de nos réflexions, le résultat de cette incroyable énergie que nous mettons à transformer les êtres et les choses s'inscrit dans la matière, dans le visible, ce qui nous amène tout naturellement à parler de progrès. Progrès de la vitesse, progrès de la médecine, progrès de l'efficacité... nous allons de plus en plus vite, pour faire de plus en plus de choses, avec cette naïveté incroyable de croire qu'il en sera toujours ainsi puisque, d'après certains de nos contemporains, l'imagination et le pouvoir de transformer la matière différencient l'homme de l'animal.

« Longtemps, les hommes crurent qu'autour d'eux s'étendait un espace où aller sans fin. [...] Encore un siècle,

Sixième monde

et l'homme aura atteint les limites à lui fixées par la nature — sa propre nature, la nature de la biosphère, de la terre, de l'univers. On dira qu'il appartient à l'homme de considérer les limites comme un défi à relever. On imaginera que la mort peut être vaincue ou que l'homme, dans quelque vaisseau spatial, pourra un jour s'aventurer jusqu'aux étoiles. Laissons fantasmer ceux qui ont besoin de cela pour calmer leur angoisse. Ce n'est pas mon cas. Les Grecs m'ont appris à accepter les limites de l'homme. Voici le "mur du temps". Voici le mur de la mort. Voici le mur de la distance et de l'immensité. Est-ce à dire que je sois voué au fini ? Je crois plutôt que l'infini est déjà là si on sait le voir. À l'exemple de Rosa Luxemburg dans sa prison, j'essaie de me rendre attentif à l'infinie richesse de ce qui s'offre à moi dans le présent : ce peut être un geste, une parole, un regard, un sourire. Car les choses qui se font le plus vite sont celles qui se font en un instant [1]... »

En revanche, apprendre à trouver le juste équilibre entre les énergies créatrices et les énergies destructrices que chaque personne rencontre dans son existence, être préoccupé par l'équilibre et l'harmonie des êtres et des choses, et ce depuis le microcosme jusqu'au macrocosme, sont autant de réflexions de savoirs, de connaissances qui ne laissent aucune trace dans l'espace, hormis sa sacralisation. Il devient facile de parler des sociétés amérindiennes comme des sociétés sans histoire, a-historiques, puisqu'il ne semble pas que leur mode de vie, leur rapport au monde laissent des traces ou permettent de parler d'évolution ou de progrès.

Or, s'il est bien un domaine dans lequel notre société contemporaine, si fière de ses sciences et de ses techniques, est assez pauvre, voire même archaïque, c'est bien celui de la relation au monde et aux autres. J'en veux pour

---

[1]. Marcel Conche, *op. cit.*

preuve ces textes qui, de tout temps et en tout lieu, s'interrogent sur notre incapacité à vivre heureux, simplement heureux au présent, notre incapacité à profiter de ce miracle qu'est la vie sur terre.

« La vie est prodigue et nous, toujours insatiables, nous avons et nous aurons toujours l'impression qu'il nous manque quelque chose. Ah ! si seulement nous nous occupions d'être heureux, avant que la mort ne soit en vue [1]... »

Pour réinterroger nos pratiques, nos représentations, pour tenter de comprendre ce qui empêche l'animal humain d'apprendre à vivre heureux au présent, va-t-on avoir l'humilité de se mettre à l'écoute d'autres cultures qui ont placé ces préoccupations au centre de leur culture ? Va-t-on avoir le culot, l'envie d'engager un dialogue entre deux visions du monde que tout semble opposer et qui auraient pourtant tellement à se dire ? Un dialogue entre le visible et l'invisible, entre la matière et l'émotion, entre vous et vous...

— Pourquoi pas, c'est intéressant... mais nous ne sommes pas encore convaincus.

Les premières fois que j'ai présenté cette idée, ce possible, les réactions ont été mitigées. C'est clair, il faut que j'aille plus loin, que je poursuive cette exploration de l'univers Kogi et que je trouve ce qui fonde son originalité par rapport au nôtre.

Pour poursuivre ce travail, cette enquête, je dispose de plusieurs indices. Le fait qu'ils disent : « nous » — « Nous sommes des Kagabas, habitants de la Sierra Nevada de Santa Marta... » ; qu'ils pensent global et collectif là où nous pensons individuel et morcelé. Le fait qu'ils se vivent comme les fils et filles de la terre, ce qui induit une relation particulière à la nature et au vivant. Le fait qu'ils vivent

---

1. Sénèque, « Apprendre à vivre », *Lettres à Lucilius* (62 après J.-C.), Éditions Arléa.

Sixième monde

les dégradations et les destructions du vivant comme un drame, comme une menace profonde, vis-à-vis de l'équilibre et l'harmonie de la terre dont ils se considèrent les gardiens. Les Kogis se pensent comme un prolongement, une continuité presque organique du vivant.

Le déclic vient d'une série d'articles qui, a priori, n'a rien à voir avec l'ethnologie ou l'anthropologie. Des articles qui s'interrogent sur les grands paradoxes de notre temps, et qui mettent en mots, en phrases les bribes d'informations, de sentiments autour desquels je tourne depuis quelques mois.

« Le combat reste toujours celui de l'humanisation. Celui-là est de tout temps [1]... »

Comment et par quels chemins, encore et toujours, humaniser nos sociétés ? Comment trouver le juste chemin de l'équilibre « entre les forces créatrices et les forces destructrices que tout homme rencontre au cours de son existence » ?

« Il est urgent de pouvoir et de savoir progresser dans les pourquoi plus que dans les comment, car les pourquoi peuvent être porteurs de sens face aux risque de chaos actuels [2]. »

Une humanisation qui doit pouvoir se faire en nourrissant ou en répondant à la question du sens...

« Comment faire accéder les sujets, non à l'utile, au sens étroit du terme, mais à la joie ? [...] [Car] seul le bonheur, comme finalité significative, permet de critiquer l'esprit actuel de l'économie et de proposer une finalité à nos actions [3]. »

---

1. Jean-Loup Dherse et Dom Hugues Minguet, *L'Éthique ou le Chaos ?*, Presses de la Renaissance, 1998.
2. *Ibid.*
3. Robert Misrahi, Alain Caillé et Ahmet Insel, « Éthique et économie », *Revue du MAUSS*, premier semestre 2000.

Le chemin des neuf mondes

« La joie de vivre, la solidarité, la compassion à l'égard d'autrui doivent être considérées comme des sentiments en voie de disparition qu'il convient de protéger, de vivifier et de réimpulser dans de nouvelles voies [1]. »

Un sens qui peut être recherché dans la légèreté et l'harmonie du temps présent, chemins privilégiés qui peuvent permettre de redécouvrir la compassion, la joie de vivre ou la solidarité, les valeurs indispensables pour notre survie. Les articles sont là, étalés sur ma table, je les croise, les lis, et les relis... l'excitation me gagne. Je pars faire le tour du pâté de maisons, puis je replonge dans mes notes... ce dont sont porteurs les Kogis, leur culture, commence enfin à se faire jour...

... Parce qu'ils ont toujours privilégié le pourquoi, c'est-à-dire la recherche du sens, un pourquoi basé sur leur relation au vivant et les règles d'équilibre que suppose cette relation, les Kogis sont porteurs de clés indispensables pour réhumaniser le monde.

Ces « clés », ils les ont élaborées, mises au point à travers un ensemble de concepts, sorte de modèle écosophique ou philosophie écosystémique de l'existence, qui permet non pas de dominer la nature, mais d'en transcender certaines contraintes et de réimaginer d'autres relations à l'autre, au monde.

Réhumaniser le monde, c'est bien là que se situe notre plus grand défi. Et pour cela, il nous faut réinventer cette écosophie, lui donner sens dans notre société contemporaine. C'est sans doute-là que nous avons beaucoup à apprendre de la société Kogi.

Il y a une décision qu'ils n'ont jamais prise, mais que nous avons prise, sans bien en mesurer les raisons ni les

---

1. Félix Guattari, *art. cit.*

Sixième monde

conséquences, c'est de séparer l'homme de la nature, de couper ce lien essentiel qui nous relie au vivant. D'ailleurs, nous ne parlons plus de nature mais d'environnement : ce qui nous environne, qui est autour de nous. C'est comme si nous cherchions à mettre le plus de distance possible entre nous et cette nature sale, obscure, violente pour ne garder que le spectacle de son apparente harmonie. Une telle décision est lourde de conséquences. La première, c'est que nous avons transformé la nature en objet. À ce titre, le vivant, et tout ce qui le constitue, rentre dans les règles et le système qui veut que tout puisse être acheté, vendu ou transformé, pour peu que l'on puisse en tirer un profit.

De fait, la nature a été rabaissée au niveau de n'importe quel objet de consommation. Tout ce qui est, qui vient de la nature est exploité, transformé, vendu à un rythme de plus en plus rapide et frénétique. Il n'y a plus une seule composante du vivant qui, au nom de la science et du progrès, ne fasse l'objet de transformation, de manipulation et de vente. Et il n'y a aucune raison que cela se ralentisse puisque dans le discours, qui est celui des entrepreneurs et des acteurs économiques, les termes utilisés sont des termes guerriers qui évoquent la lutte, la domination, les conflits, la nécessité d'être le plus gros, le plus rapide et le plus fort. Des termes et des manières d'être et d'agir qui suscitent souffrances et injustices. Parfois, on évoque l'idée d'un comité d'éthique, d'un groupe de sages chargé de rendre un avis le plus souvent consultatif, lorsque quelque part, confusément, on sent bien que l'on va trop loin, trop vite. Ainsi certains pays autorisent le clonage de tissus humains, mais uniquement à des fins thérapeutiques, alors que d'autres, c'est le cas de la France, le refusent... mais pour combien de temps ? Il y a peu de temps des chercheurs ont annoncé qu'ils avaient cloné un embryon humain, et qu'ils l'avaient ensuite détruit. Plus récemment, d'autres chercheurs, américains ceux-là, ont annoncé avoir greffé des cellules d'un fœtus humain de quatre mois sur le cerveau d'un macaque : « Selon la revue *Science* aux États-Unis, l'équipe du professeur Evan Snyder, du Children Hospital de Boston, a réussi à greffer des cellules-souches provenant de fœtus humains dans le cerveau de fœtus de singes. Non seulement elles n'ont pas été rejetées, mais elles se sont multipliées et ont participé au développement nerveux de l'embryon[1]. »

La tentation est trop forte, les enjeux trop importants pour que, comité d'éthique ou non, l'homme occidental décide de ne pas continuer cette aventure. Et puis, qui pourrait prétendre disposer d'une éthique suffisamment évidente, universelle, pour que chacun, en son for intérieur, en accepte les règles et les orientations ? Étrange situation qui veut que l'être humain joue avec la vie, comme un enfant joue avec son jouet ; et, comme un enfant, il risque de le casser... mais là, il sera trop tard.

Autre conséquence, et non des moindres, l'homme moderne s'est coupé de sa nature, de ces cycles vitaux qui rythment son existence. Il se crée peu à peu des règles et des logiques de fonctionnement artificielles, dont certaines sont parfois en opposition totale avec les règles et les nécessités de vie d'un organisme vivant.

Les Kogis, eux, n'ont jamais fait cette coupure, cette séparation. Ils considèrent le monde, l'univers, comme un énorme écosystème dont chacune des parties, visibles et invisibles, animales ou végétales, est nécessaire pour l'équilibre du tout. De fait, pour eux l'homme n'a ni plus ni moins d'importance qu'un arbre, une rivière ou une montagne. La terre est une sorte d'énorme corps humain, la terre mère, dont les rivières seraient le sang ; les arbres et la végétation, le système pileux ; la terre, la peau ; les

---

1. *Le Parisien*, mercredi 1ᵉʳ août 2001.

Sixième monde

roches, les os ; le vent, le souffle ; et l'énergie, le système nerveux. Dans un corps humain, qu'il s'agisse du cœur, du foie ou des poumons, chaque fonction est vitale pour l'équilibre et le bon fonctionnement du tout et aucune fonction n'est plus intelligente ou plus importante que l'autre. Il ne peut y avoir de hiérarchie et de jugement de valeurs, il n'y a que des complémentarités. Les composantes du vivant sont reliées entre elles et interdépendantes les unes des autres. Ce qui devient fondamental, ce sont les fonctions bien sûr, mais surtout les relations entre les fonctions, leur interdépendance.

Une telle représentation du monde, fondatrice et millénaire, fait partie chez les Kogis de cette sagesse éternelle et immuable.

« ... Qui sait que le monde est un tout, *unus mundus*, qu'aucune chose n'est séparée en ce monde et que les phénomènes émanent de nos esprits ? Une certitude qui fonde toutes les traditions et toutes les religions existantes sur la planète. C'est l'apparition de la pensée scientiste au XIXe siècle qui brise d'un seul coup cette vision millénaire et qui sépare l'essence de la substance, le sujet de l'objet. Cet événement a constitué le traumatisme le plus dramatique de l'histoire de l'humanité[1]... »

C'est cette vision du monde, ou plutôt cette « participation » au monde, qui fonde le système politique, social et religieux de la société Kogi. Un système dans lequel il n'y a pas de chef, où chacun selon son rôle, ses possibles et son expérience subjective participe à l'équilibre du tout, et où chacun se sent responsable du tout et de chacune de ses composantes. C'est là que se situe l'originalité et la modernité de leur système de vie.

---

1. Sous la direction de Michel Random, *La Mutation du futur*, colloque de Tokyo, Albin Michel, 1996.

Le chemin des neuf mondes

Quelques mois plus tard, une amie me propose de présenter mes réflexions, non pas dans le cadre d'un séminaire de formation, mais devant des dirigeants d'entreprises désireux de s'ouvrir l'esprit et d'élargir leur champ de représentations... des patrons « ouverts » en quelque sorte. Cette nouvelle expérience va me permettre d'approfondir mes réflexions, et de mieux appréhender à quel point la pensée de ces hommes que l'on appelle des Kogis, parce qu'ils existent ici et maintenant, est une pensée moderne, mouvante et créatrice. Tout en étant ouverts, ces patrons veulent des exemples concrets, des outils ou des concepts qu'ils puissent utiliser. Il me faut aller plus loin dans mes réflexions, comprendre quelles sont les conséquences d'une telle vision du monde sur le fonctionnement d'une organisation humaine, qu'il s'agisse ou non d'une entreprise.

La première présentation est prévue dans l'une des salles de réunions d'un restaurant cossu à l'ouest de Paris. Une fois par mois, une vingtaine de chefs d'entreprises s'y retrouvent pour échanger, se former ou écouter de doctes conférenciers leur évoquer les grandes tendances économiques du moment. Accompagnement du changement, mesure des performances, stratégie, ressources humaines sont régulièrement à l'ordre du jour. L'ambiance est courtoise, familière, mais pas trop.

Il est midi, les premiers participants commencent à arriver. Petites lunettes d'acier, cravate sombre, cheveux blancs coupés court, un homme mince s'avance dans la salle. J'apprendrai plus tard qu'il dirige une importante banque nationale. Mais pour l'instant, je me demande, perplexe, comment il va réagir à mes propos. Parmi les patrons qui se pressent autour du bar, c'est lui qui semble le plus distant, presque sévère. Un dernier verre, quelques paroles de présentation de l'animateur de ce club de dirigeants, et je me lance...

Sixième monde

Aborder et expliquer le monde comme un écosystème qui associe visible et invisible, voilà un pari qui nécessiterait plusieurs heures d'échanges, d'explications. Mais là en quelques heures, il me faut être clair, précis, il me faut suffisamment les surprendre pour ouvrir quelques brèches et questionner leurs représentations.

En quelques mots, je présente les Kogis, je raconte comment je les ai rencontrés et en quoi leur système de pensée me semble pouvoir enrichir nos pratiques, nos représentations. Politesse ou curiosité, mon auditoire semble intéressé, mais le plus délicat reste à venir. La présentation des passerelles concrètes qu'il me semble possible d'effectuer entre notre univers et celui des Indiens Kogis. Je commence par un exemple simple, qui me semble pouvoir intéresser mes interlocuteurs : la gestion et la culture de projets, thème à la mode, s'il en est, dans le milieu des entreprises.

S'ils ne sont pas de même nature, les Kogis sont eux aussi amenés à concevoir et mettre en œuvre des projets. Dans le cas de la construction d'un pont par exemple, leur démarche va être la suivante : dans un premier temps, ils vont commencer par parler longuement du pont, de ses composantes, de l'emplacement où il va être construit, des rôles respectifs de chacun des participants ; ils vont passer en revue leurs dernières expériences en matière de construction dans ce domaine. Bref, ils vont consacrer un temps assez long dans ce que des chefs d'entreprises appelleraient « la phase d'analyse et de recherche de solutions ». Dans un deuxième temps, lorsque toutes les hypothèses ont été posées, les solutions évaluées, lorsque la « vision » de ce que va être ce pont est partagée dans ses moindres détails, les Kogis vont mettre peu de temps pour le construire. Dressé entre 5 et 10 mètres au-dessus de l'eau, ce pont peut avoir entre 15 et 20 mètres de portée. Ces ponts permettent le passage de deux personnes de front et sont construits à l'aide de bois et de lianes à l'exclusion de câbles, de cordes, de clous et autres matériaux étrangers à la Sierra. Une fois terminés, ils resteront en place plusieurs dizaines d'années, le plus souvent sans qu'aucune réparation soit nécessaire. Un savoir-faire d'experts.

Dans les organisations occidentales, on assiste plutôt au phénomène inverse. Les phases d'analyse et de recherche de solutions vont avoir tendance à être raccourcies, parfois même éliminées, au profit de l'action immédiate. Le risque est bien sûr que les problèmes et les difficultés apparaissent pendant le projet, ce qui en ralentit considérablement la réalisation. Ce que les Kogis ont parfaitement intégré, c'est le double rôle que joue cette phase d'analyse et de recherche de solutions. Bien sûr, elle permet que soit conçu et élaboré le projet, mais elle permet surtout son appropriation. C'est à travers cette étape que ce pont devient « leur » pont.

Ce qui fonde une telle logique de projet, c'est leur fonctionnement « écosystémique » basé sur une relation étroite, presque un prolongement, avec le monde naturel. Ces fameuses « lois » de la terre mère sont évidentes et partagées par tous, puisqu'elles ne sont pas imposées de l'extérieur, mais bien intégrées et vécues de l'intérieur par chaque membre de la communauté.

Un tel fonctionnement se structure autour de plusieurs points fondamentaux que j'ai essayé de formaliser et que je présente à mes interlocuteurs.

Forte autonomie et dépendance de chacune des fonctions

À travers ce fonctionnement, chaque fonction portée, incarnée par une personne ou un groupe de personnes se doit d'être à la fois très autonome dans son rôle, tout en étant interdépendante des autres fonctions du système.

Sixième monde

Autonomes, car le système nécessite que chacune (celui ou ceux qui la font vivre) soit la plus efficace et la plus juste possible là où elle se trouve. Si nous conservons la métaphore du corps humain, il est nécessaire que le cœur joue au mieux son rôle de cœur, qu'il batte au bon rythme, au bon moment, ni trop vite ni pas assez. Interdépendantes, car toujours dans l'exemple du cœur hors du corps humain, hors des fonctions qui donnent sens à sa propre fonction, un cœur n'est rien et ne peut rien. Il n'a de sens et il ne peut jouer de rôle qu'au sein d'un système précis.

Cette notion d'interdépendance nécessite que chaque acteur du système soit à même d'aller à la rencontre des autres fonctions pour créer et entretenir les liens, les passerelles indispensables au fonctionnement de l'ensemble. Il faut pouvoir aller vers l'autre, ses besoins, et savoir y répondre au mieux, depuis sa fonction et son rôle dans le système.

« Percevoir l'interdépendance des phénomènes permet de réduire ses attachements, ses peurs et ses aversions. La compréhension de l'interdépendance doit mettre à bas le mur illusoire que notre esprit a dressé entre "moi" et "autrui". Elle rend absurdes l'orgueil, la jalousie, l'avidité, la malveillance. Une telle prise de conscience engendre un processus de transformation intérieure qui se poursuit tout au long du chemin d'éveil spirituel[1]. »

Vision, finalité et responsabilité partagées

Pour qu'un tel système fonctionne, il est indispensable que chacune des personnes ait une vision globale et partagée du sens de son action collective. C'est cette vision

---

1. Matthieu Ricard, Trinh Xuan Thuan, *L'Infini dans la paume de la main...*, Nil éditions/Fayard, 2000.

partagée, et l'expérience qu'elle suppose, qui déclenche l'engagement et la responsabilité de chacun des acteurs du système. Sans une telle vision qui relie les actions élémentaires, qui leur donne sens et finalité, les dysfonctionnements, la perte de visibilité globale, et donc de sens, déstabilisent le système et ne lui permettent plus de remplir la mission pour laquelle il a été mis en place.

Verbalisation, gestion du non-dit et anticipation des déséquilibres

Les Kogis attachent une attention particulière à la verbalisation, à la gestion des conflits et autres tensions portées par le groupe. Il y a tensions, conflits, lorsque l'énergie (la parole, le souffle...) ne circule plus, lorsque les règles ne sont plus acceptées, respectées et mises en pratique, lorsque le profane envahit et domine le sacré. Tous les Kogis n'acceptent pas les règles et les contraintes des « lois de la mère ». Certains peuvent choisir de ne pas les respecter, voire de les rejeter, ce qui, pour les membres de la communauté, constitue un délit majeur. Entendons-nous bien : pour les Kogis, les lois universelles de la terre mère sont des lois vécues de l'intérieur qui garantissent l'équilibre et la continuité de la vie.

« Tout système a tendance à évoluer naturellement vers un état d'équilibre, c'est-à-dire un état caractérisé par une certaine uniformité, où toute variable locale tend à être rapidement compensée par une variation opposée, de façon à maintenir la symétrie de l'ensemble [1]. »

La survie de la communauté, son équilibre, passe par leur respect, un respect qui s'incarne dans une attitude, une

---

1. Antoine Danchin, *La Barque de Delphes. Ce que révèle le texte des génomes*, Odile Jacob, 1998.

Sixième monde

posture « juste » par rapport aux êtres et au monde. Que cette posture de partage, d'écoute et de respect ne soit plus vécue et mise en pratique et c'est l'ensemble de la communauté qui se trouve menacée. Les personnes concernées vont alors être invitées à parler, puis à parler encore, et ce afin de pouvoir identifier l'origine de ce manque de respect, de ce déséquilibre.

« Les personnes concernées vont voir le Mamu et lui demande si elles peuvent parler, échanger avec lui. Elles lui demandent alors d'être interrogées sur leurs derniers actes et les pensées qui les animaient lorsqu'elles les ont réalisés. C'est le Mamu qui dirige cet échange. Les premières questions portent sur les rituels que chaque Kogi se doit de réaliser dans sa vie quotidienne : "As-tu fait les offrandes au maître des arbres ? à la mère des rivières ?..." Puis, la conversation évolue vers le comportement religieux, les obligations sociales et son rôle dans sa famille : "T'es-tu disputé avec ton frère ? As-tu été visiter ton beau-père ?" En fait, ce travail de verbalisation porte autant sur les actes de la vie quotidienne que sur les pensées ou la manière d'être vis-à-vis d'"Aluna", cette énergie essentielle qui, pour les Kogis, fonde la vie sur terre [1]. »

« La réalité cosmique sacrée (les lois de la terre mère, du vivant...) exige que nous la respections. Si nous ne le faisons pas, nous la profanons. En ne respectant pas les sujets frères, nous les méprisons et nous ne les traitons pas comme nous le devrions. En les dépouillant de leur caractère sacré, nous les profanons. Le profane ne représente donc pas une sphère indépendante du sacré, mais peut s'observer au contraire dans une certaine attitude, une posture caractérisée par le manque de respect. »

C'est le respect des lois de la communauté qui évite la domination de l'individualisme, de la compétitivité, du

---
1. Gerardo Reichel-Dolmatoff, *Los Kogi*, op. cit.

non-dit et de la souffrance. Individus, familles, clans, communauté, à chacun de ces niveaux sont mises en place des procédures de verbalisation et de gestion des déséquilibres qui permettent d'éviter les ruptures et d'accompagner les membres du groupe dans les changements auxquels ils se trouvent confrontés.

S'il y a bien un point qui différencie nos sociétés occidentales de celle des Kogis, c'est bien celui de la verbalisation, de cette préoccupation permanente d'éviter les nœuds, les blocages, les non-dits qui déséquilibrent les hommes et les organisations. Cette volonté de faire circuler les mots, les énergies, les émotions, comme la terre qui se doit d'assurer la circulation de l'air, de l'eau, des courants et de l'énergie. La non-verbalisation entraîne la cristallisation de la colère, de la peur, de la souffrance, une cristallisation qui s'autoalimente jusqu'à la rupture. Là où les Kogis essaient d'anticiper ces ruptures, nos sociétés les subissent.

Dans nos sociétés occidentales (entreprises, familles, organisations, entendues au sens large du terme), il est très difficile pour les acteurs concernés de dire et de verbaliser leurs sentiments, peurs, limites, enjeux. Manque d'humilité, lâcheté, ignorance, colère, jalousie, parfois même indifférence, parce que non identifiés et non gérés, la diversité des sentiments humains nourrit et déforme les relations jusqu'à provoquer des déséquilibres majeurs qui peuvent s'incarner soit dans des conflits larvés ou violents, soit dans la création d'espaces de « non-dits » rapidement nourris par des interprétations, projections qui amplifient les phénomènes et les rumeurs.

Apprendre à identifier ses situations (personnelles et collectives), reconnaître les sensations, émotions, enjeux, sentiments qui les font vivre, leurs origines profondes, le contexte dans lequel elles s'inscrivent, les verbaliser, les exprimer, les partager, les gérer et gérer les réactions que

Sixième monde

cela peut susciter représente sans doute l'un des enjeux majeurs de nos sociétés occidentales.

En évoquant cette idée, cet enjeu, j'ai à l'esprit le procès parisien de celui que l'opinion publique a surnommé « le tueur de l'Est parisien ». Dans la première partie de son procès, l'accusé a nié en bloc tous les faits, les sept meurtres de jeunes femmes qui lui étaient reprochés. Puis, dans un deuxième temps, il a avoué être responsable de ces meurtres. J'ai encore à l'esprit la photo de la mère de l'une des victimes, photo publiée dans un quotidien national, prise à la sortie de la salle d'audience. Cette femme, qui a perdu sa fille dans une situation atroce, avait l'air libérée, rayonnante, presque heureuse.

Sur cet article, on pouvait lire : « L'aveu, c'est une reconnaissance de la souffrance. »

« L'aveu, c'est quelqu'un qui parle, c'est l'existence d'un sujet, c'est le premier pas vers la réhumanisation, l'appartenance à la communauté des hommes. Sans aveu, sans verbalisation, l'inconscient fait que l'on peut tout imaginer. Avouer, dire, c'est redevenir un sujet social [...]. Il se resocialise et il permet aux autres de le faire. Cette parole, c'est quelque chose qui s'arrête, c'est la fin du doute, du vide, c'est une reconnaissance de la souffrance, un autre type de travail peut commencer[1]... »

Encore et toujours dire, partager, faire circuler pour préserver l'équilibre du tout, du groupe et de l'individu.

Règles et références partagées

À la base de ce système de vie, on retrouve les règles de la terre mère, règles sacralisées et ritualisées pour permettre leur appropriation par les membres du groupe. Ce

---

1. *Libération*, mercredi 28 mars 2001.

sont ces règles qui vont garantir que le mouvement et la dynamique issus de la confrontation des différences (différences des fonctions, des finalités, des représentations, des subjectivités...) soient source d'enrichissement pour le collectif et non de déstructuration et d'éclatement. Basées sur des valeurs fondamentales telles que le respect, la tolérance, la transparence, et inscrites dans le lien que les Kogis entretiennent avec le vivant, elles se doivent d'être incarnées et repartagées régulièrement, pour ne pas se vider de leur sens et dévier vers une logique dogmatique et désincarnée.

Ces valeurs et ces règles ne peuvent vivre et être incarnées que si elles sont appropriées et réappropriées par le collectif à travers l'expérience (le rituel) partagée. C'est un travail permanent qui n'est jamais acquis une fois pour toute.

Au-delà de son intérêt, de sa richesse en valeur absolue, la société Kogi nous intéresse parce qu'elle existe ici et maintenant, parce qu'elle est porteuse de réponses originales aux grandes problématiques de nos sociétés occidentales, y compris quant à la manière de poser ces problématiques. C'est dans les marges, dans le hors norme, dans ce qui l'interroge et le dérange qu'un système, ou qu'une organisation, peut trouver les moyens d'évoluer, de se transformer et de survivre.

Si l'on pouvait résumer quelques-uns des axes de réflexion, quelques-unes des passerelles qu'il doit être possible d'établir, j'en retiendrais six :

1. *Chaque individu doit être reconnu comme faisant partie d'un tout.* Chez les Kogis, à travers sa fonction, son rôle par rapport à la communauté, chacun a sa place. À ce titre, chacun a droit à la parole. Dans une telle société, il ne peut pas y avoir d'exclus ; pour fonctionner de manière

Sixième monde

équilibrée, le système a besoin de l'ensemble de ses composantes, même celles qui ne seraient pas forcément dans la norme, puisqu'elles renseignent le système sur la norme. Comme le rappelle Carlos Lenkersdorf : « Dans les sociétés cosmiques et intersubjectives, il y a toujours une pluralité de sujets dont la participation est requise pour que les événements se réalisent. Dans les sociétés à relations sujet-objet, en revanche, les sujets s'affirment en transformant les objets dans lesquels ils voient refléter leur capacité créatrice et transformatrice [1]. »

Cette reconnaissance et le respect associé sont fondateurs de l'identité de chaque membre de la communauté. Chaque partie du système me reconnaît comme étant une partie nécessaire pour le fonctionnement du tout.

Ce sont les règles du système qui imposent l'ouverture et la reconnaissance de l'autre, comme chemin de transformation pour devenir humain.

C'est en cela que cette idée de respect mutuel qui caractérise les sociétés « écosystémiques », fondées sur la mise en relation des subjectivités de chacun, est à la base de la survie de la terre mais aussi et surtout de ses enfants, tous ses enfants, quels qu'ils soient et quelles que soient leurs croyances.

2. *La notion de faute, présente dans les sociétés occidentales, est totalement inexistante.* Il s'agit plus de déséquilibres physiques, psychologiques, sociaux qui, une fois rétablis, ne sont pas portés comme des sentences tout au long d'une vie.

3. *Le monde est compris comme un tout vivant et fragile* dont les composantes sont en permanente interaction, ce qui oblige chacun à se sentir responsable de l'ensemble. Ce sont les liens de l'expérience sacralisée qui réunissent l'ensemble et lui donnent sens. Ce monde ne sépare pas,

---

1. Carlos Lenkersdorf, *op. cit.*

Le chemin des neuf mondes

il réunit. La nature entière y est incluse : animaux, maïs, fleurs, nuages, pierres... Quand les Kogis se présentent en disant « Nous sommes des Kagabas... », c'est à cet ensemble, ce tout, qu'ils font référence.

4. *Les problèmes, les difficultés doivent être formulés pour éviter les non-dits qui nuisent à l'harmonie des êtres et des lieux.* Ce travail de « confession », de verbalisation du corps au cœur, puis à l'esprit et à la parole, se doit d'être réalisé tant sur le plan des mots que sur celui du cœur et de l'énergie.

5. *L'interrelation, l'interdépendance lient les connaissances conceptuelles et expérimentales*, cœur, conscience et esprit, hommes, nature et objets. Tout est équilibre entre un ensemble de composantes vivantes qui ont chacune un rôle et une fonction. L'ensemble ne fonctionne que parce que chacune des parties est reliée aux autres et remplit au mieux son rôle. D'après les Kogis, c'est parce que nous avons oublié cette règle élémentaire que nous provoquons de nombreuses ruptures qui menacent l'équilibre de la planète. « Ce qui compte dans la vie, et c'est si évident que l'on s'étonne que cela ne soit pas plus souvent dit, ce sont les relations entre les objets, et non les objets eux-mêmes [1]. »

6. *Leur système de compréhension du monde est un système fragile qui se doit d'être préservé et entretenu.* C'est pourquoi ce même système permet de gérer en permanence les problèmes de pouvoir et de dogmatisme liés à tout groupe social structuré autour d'un projet collectif. De fait, leur système est en permanente évolution, et ce, afin de maintenir un équilibre subtil entre les forces internes et externes qui interagissent sur leur société, où le changement, la confrontation des contraires et des subjectivités sont vécus comme des composantes essentielles de la vie.

---

1. Antoine Danchin, *op. cit.*

Sixième monde

Ma présentation est terminée. Je suis épuisé. Le silence s'installe. Puis les questions fusent, des questions presque rituelles, qui vont revenir à chacune de mes interventions.

— Et le progrès, ils ne pourront pas vivre indéfiniment hors du progrès. Il faudra bien qu'ils s'y mettent un jour, ces Indiens, non ?

— C'est bien gentil, votre truc, mais il y a l'Histoire : on en fait tous partie et on ne peut pas y échapper.

— Votre idée de système où il n'y a pas de chef... pourquoi pas, mais une société sans chef, ça n'existe pas.

— De toute façon, on n'a pas le choix, nous devons nous développer ou disparaître. Ce que vous expliquez, ça marche peut-être pour des petites sociétés coupées du monde... mais ça ne peut pas fonctionner à grande échelle pour des sociétés comme nous.

— On n'a pas le choix...

... Mais on a toujours le choix. Le monde tel que nous le vivons n'est que le fruit de l'esprit humain, de ses rêves, de ses errances, de ses aspirations. Or, nos aspirations, quelle place laissent-elles à l'autre, sa différence ? Aucune. Aujourd'hui, il n'est plus un article, ou un documentaire TV qui parle des dernières communautés indiennes, qui ne se termine par cette sentence : « Mais malheureusement ils sont condamnés à disparaître... » La phrase exacte devrait être : « Et malheureusement, *nous* les condamnons à disparaître... » Comme des insectes aveuglés par la lumière, nous ne comprenons pas que notre survie passe par la leur, que notre avenir passe par le leur, que si nous les condamnons, nous nous condamnons. Comme disent souvent les Amérindiens, « le monde est le fruit de notre rêve ; changeons nos rêves, nos attentes, nos espoirs et nous changerons le monde ». Aujourd'hui, nos rêves sont assez simples. Ils sont construits sur la peur et la domination. Peur de perdre ce que nous avons et qui ne nous appartient pas, besoin de dominer l'autre, le vivant, l'inconnu. Pourquoi ne pas les changer, pourquoi ne pas rêver d'un autre monde, d'une autre façon de le vivre ?

Au fur et à mesure des questions, se dessine la carte des possibles et des impossibles de ceux qui, pour une bonne part, construisent le futur de la planète, notre futur. Pour l'essentiel, ils ne semblent retenir que les quelques règles ou principes qui peuvent leur permettre d'accroître l'efficacité de leur entreprise. Rares sont ceux qui remontent jusqu'aux références, aux objectifs fondamentaux de notre société au regard de celle des Indiens Kogis. D'un côté, nous cherchons à augmenter notre efficacité pour faire plus de profit, de l'autre ils cherchent, avec désespoir, à maintenir l'équilibre de la planète.

« Effet de serre, réchauffement climatique iront en s'accélérant. Les inondations et les tempêtes seront plus fréquentes et plus dévastatrices. En moyenne montagne la neige se fera plus rare. À la fin du siècle les glaciers auront peut-être fondu, la neige aura disparu. Le réchauffement résulte de l'activité humaine, puisque toute forme d'énergie se dégrade en chaleur. Comment réduire l'activité humaine polluante ? Les efforts de chacun seront insuffisants [1]... »

Il faudrait vraiment pouvoir changer nos représentations du monde, pouvoir ouvrir nos consciences et dépasser nos peurs, nos égoïsmes personnels, corporatistes ou nationaux.

Depuis le début des échanges, une personne est restée étonnamment silencieuse. C'est ce patron à l'apparence froide et lointaine dont j'appréhendais les réactions. Il pose son stylo, repousse la feuille de papier qu'il griffonne

---

1. Marcel Conche, *art. cit.*

Sixième monde

consciencieusement depuis le début de l'après-midi, et se tourne vers les participants :

— Je voudrais vous raconter une histoire. Ça s'est passé il y a quelques mois. L'un de mes collaborateurs, le directeur de l'une de nos filiales, a demandé à me voir. Il m'a simplement dit qu'il n'en avait plus que pour quelques mois à vivre, et il souhaitait que je l'accompagne dans cette dernière étape. Je l'ai fait, comme je pouvais. Je lui ai parlé de ma foi, d'un ailleurs qu'il trouverait sûrement... de l'autre côté. Je me souviens, quelques jours avant de mourir, il m'a adressé une carte. Il avait juste griffonné la phrase suivante : « Merci, je sais maintenant qu'il y a quelques chose derrière, je m'en vais plus tranquille. » Une telle expérience, ça m'a fait sacrément réfléchir. Aujourd'hui, c'est vrai que je regarde la vie différemment. Je me suis même demandé quel était le sens de ce que j'avais fait jusqu'alors et la manière dont je l'avais fait.

Soudain, ces hommes et ces femmes, tous chefs de grandes ou petites entreprises, stricts et rigoureux, retrouvaient, l'espace d'un instant, un petit bout d'humanité, un quelque chose qui les faisait redevenir hommes, sensibles et touchés par la vie, reliés à la vie. Peu à peu, par petites touches, un dialogue s'engage, des portes s'ouvrent, la parole, la vraie, celle du cœur et des émotions, commence à circuler. Plusieurs mois après, lorsque j'ai revu cet homme, il avait changé. Son regard, sur l'entreprise et ceux qui la font vivre, était transformé.

— Ça vous fait quelque chose une expérience pareille, on ne peut plus regarder les choses de la même manière. Je ne peux pas en parler dans l'entreprise, car les gens ne comprendraient pas. Mais j'essaie d'agir, d'être à l'écoute, et de faire élaborer les décisions importantes par l'ensemble de mes collaborateurs. Cela prend plus de temps, mais c'est beaucoup plus efficace. Ne pas parler mais être, voilà comment je résumerais cette nouvelle façon de faire.

Le chemin des neuf mondes

Il est vingt heures, le contraste est frappant entre ce dirigeant, devenu plus humain, et les locaux de cette banque, luxueux et froids, où l'humain ne semble pas avoir sa place. Pour vivre humain, vivons cachés ?

Un autre jour, à l'issue de l'une de mes conférences auprès des cadres d'une grande chaîne de distribution, un homme jeune, un peu coincé dans son ensemble vert et jaune avec cravate assortie, s'avance vers moi, hésitant :

— Mais en fait.. ce que l'on fait, de vendre toujours plus... c'est terrible, on est en train de tout détruire...

— ...

— Je n'avais jamais réalisé les choses comme ça...

Je le sens perturbé, ennuyé par ce qu'il vient de comprendre. Mais sur la cinquantaine de personnes présentes ce soir-là, c'est bien le seul à s'interroger, le seul à ne pas avoir seulement écouté mes propos, mais à les avoir entendus.

Une autre fois, c'est un ancien chef d'entreprise qui est venu vers moi et qui m'a dit :

— Je crois que j'ai honte, je réalise que j'ai passé ma vie dans le pouvoir, la recherche du gain à tout prix, des profits, et je ne me posais aucune question, c'était évident, c'était comme ça... maintenant que je réalise à quel point j'étais inconscient, je ne sais plus quoi faire... j'ai l'impression d'être passé à côté de quelque chose... c'est terrible de réaliser cela à l'âge de la retraite. »

Avec le recul, je revois cette période comme un moment d'accumulation. Une période privilégiée, durant laquelle j'ai essayé de mettre bout à bout des choses, des mots, des idées, de leur chercher un sens. Je crois que la signification de cette recherche est venue plus tard, par petites touches. J'ai peu à peu compris qu'il y avait chez les habitants de la Sierra, dans leurs pratiques, leur culture, leurs questionnements, un cheminement universel dont nous avions perdu la signification et même la conscience. Un peu

Sixième monde

comme si nous n'avions développé qu'une partie de nous-mêmes, au détriment d'une dimension plus essentielle de l'existence. Comme si l'histoire nous avait coupé d'une partie de notre réalité, comme si nous n'étions plus des êtres entiers, mais morcelés, épars. C'est à cette universalité que j'ai commencé à m'intéresser et à la manière dont elle vivait à travers les discours, les pratiques et la cosmologie des habitants de la Sierra. À l'art et à la manière de devenir « humain », ou « indien ».

Ces rencontres et autres conférences m'ont permis d'explorer les passerelles possibles, fragiles, entre notre monde et « le » monde. J'en ai perçu les contours, les difficultés, les enjeux, il me reste sans doute à les emprunter.

Chapitre 7

Septième monde

> *Alors, s'est formé le septième monde et sa mère était Ahùnyikà. Alors, le corps n'avait pas de sang, mais maintenant il commence à avoir du sang. Beaucoup de vers sont nés sans os et sans force. Tout ce qui doit vivre dans le monde est vivant, le corps est entier. C'est la recomposition, la recherche de l'axe de vie. Maintenant il y a sept mondes.*

Faire un film dans la Sierra, sur les Kogis ? Est-ce vraiment le bon chemin, le plus juste, celui qui correspond à ce que peuvent attendre les Kogis, à ce que je pourrai assumer ? Est-ce que je suis vraiment prêt à supporter cet engagement, cette intrusion et cette responsabilité ? Parler, et surtout montrer les Kogis, n'est-ce pas le meilleur moyen d'attirer sur eux toutes les calamités de la terre, les phantasmes, les déséquilibres et toutes ces violences dont est porteur le monde moderne ? Qui peut vraiment savoir les conséquences d'une telle décision, d'un tel engagement ? Il y a les images, leur tournage et le choc que cela risque de produire au sein d'une communauté si éloignée de notre monde. Il y a aussi les répercussions inconnues, infinies, que peuvent avoir ces images une fois diffusées et partagées avec le public.

Le chemin des neuf mondes

Et puis, après les terres, les richesses, la culture, faire un film, n'est-ce pas une façon de leur voler la dernière chose qui leur reste, leur image ? Elles nous attirent ces images, elles nous montrent un rêve, une harmonie perdue, mais elles nous rassurent aussi. Elles nous rappellent ce que nous ne sommes plus, nous qui avons su sortir du néant pour bâtir une société moderne. C'est en tout cas ce à quoi on voudrait croire. Bien sûr, confusément, on sent bien que quelque chose ne va pas dans cette logique, cette opposition. Trop simple, trop facile, trop rassurant... sans doute, mais quand même on sait, on est persuadé que ce monde-là n'est plus le nôtre, qu'il fait partie d'un passé révolu, nous qui sommes en route vers un monde moderne.

Et pourtant, nous le sentons. Cet Indien-là, il est porteur de beauté, de légèreté, une beauté magique issue d'un équilibre subtil entre les êtres et les choses. Une beauté dont nous avons oublié la légèreté et la joie. Une beauté dont nous traquons la moindre parcelle, dans une recherche désespérée de retrouver le sens de l'équilibre et de la vie. Nous la voyons, nous la sentons, elle nous attire, mais elle nous inquiète aussi. N'est-ce pas cette beauté, cette manière d'être que nous avons à ce point perdue, que nous en recherchons la moindre trace, la moindre parcelle chez ces « sauvages » témoignages archaïques d'un autre temps ? Cette beauté que nous saluons de mille mots, mais qu'il est parfois si difficile de vivre au quotidien. Cette beauté profonde, lumineuse, intérieure.

« La beauté indienne ne se remarque pas, elle ne cherche pas à être remarquée. Elle n'est ni dédain, ni provocation. Elle ne se mesure à aucune laideur, elle ne transfigure pas, elle n'idéalise pas. Elle est là, seulement triomphale [...] Nous, qui débordons tant de richesses que nous pouvons les distribuer dans le monde, aux peuples en famine, aux

Septième monde

enfants mal nourris. Et ces peuples, eux, se vengent, simplement, en étant beaux [1]. »

Mettre en image « le beau », et le montrer comme ça, dans nos salons, nos cuisines, n'est-ce pas risquer d'en nier, d'en tuer la réalité ? Pour les peuples premiers en général, les Kogis en particulier, le beau n'est pas un état coupé du monde, quelque chose qui aurait sa logique et sa cohérence propre. C'est une résultante, le prolongement d'un état d'harmonie, d'une posture « juste » que la médecine, métamorphose de l'être, vous aide à vivre, à (re)sentir. C'est l'expression, impression magique, de vies qui restent reliées à l'expérience de l'univers.

Comment traduire en images un peuple silencieux, peu accessible, un peuple pour qui l'expérience, et non l'apparence des choses, fonde l'existence. Peuples-univers qui enroulent leurs pensées, peuples-béton qui fuient le temps de la vie, hommes du rond solidaire ou du carré solitaire, qu'avez-vous à vous dire ? Peuples de signes bavards, saurez-vous entendre les silences du cœur, sombres battements du monde ?

« Le regard n'est rien d'autre que la lecture des signes. Mais quand les signes ont cessé d'apparaître, que faire de ses yeux [2] ? »

Il y a toutes ces questions, mais il y a encore et toujours cette logique, cette histoire à construire, à habiter, pour que ce chemin, « le chemin des neuf mondes », ne disparaisse pas comme ça, un filet d'eau avalé par les sables du désert. Un processus est commencé, un engagement est pris, il faut le faire vivre. Les Kogis nous font confiance, des possibles commencent à s'ouvrir, pour eux, pour nous, des possibles toujours fragiles dans un pays aussi difficile que la Colombie. Alors, montrer et partager cette histoire,

---

1. J.-M.G. Le Clézio, *op. cit.*
2. *Ibid.*

n'est-ce pas la faire vivre, nous faire vivre et progresser doucement, à pas comptés, vers la lueur du monde, vers l'Art de la vie ?

« Ce que les peuples Indiens ont inventé, ainsi, siècle après siècle, et qui vient aujourd'hui jusqu'à nous, pour nous rendre humbles, pour nous illuminer de son expérience : dans le monde humain il n'y a pas un instant où l'inconscience soit possible, il n'y a pas moyen d'éteindre, fût-ce en dormant, l'éclair de son regard. [...] Tout est recherche de la connaissance, application, préparatif en vue de l'extermination des dangers du silence et de l'esclavage. TOUT EST ART [1]. »

Comme souvent dans ces instants de doute, je n'ai pas eu à chercher ou à attendre une réponse. Les choses vont se faire toutes seules, presque par magie. En novembre 1998, après le départ des Kogis, lors d'une soirée entre amateurs de vin, Manolo, ami d'un ami, me présente Pierre Richard. Les fils se nouent... Il me propose de produire un film : « Je ne peux pas faire grand-chose, mais ça je peux le faire. » Faire un film, depuis un moment, l'idée me trottait dans la tête. Mais quel film et comment ? Et puis venant de Pierre Richard, la proposition m'étonne. Je connais *Le Distrait*, comme tout le monde, j'ai en mémoire ses films, mais je ne connais pas l'homme, sa sincérité, ses engagements.

— Et pourquoi voudrais-tu nous aider à faire ce film ?
— Je ne sais pas. Les Indiens d'Amérique m'ont toujours intéressé parce qu'ils ont été, durant des siècles, l'objet d'un génocide caractérisé et le sont encore au siècle dit « des droits de l'homme ». Peut-être que je me sens un peu responsable. Je pense surtout qu'ils ont beaucoup à nous

---

1. *Ibid.*

apprendre, nous qui sommes champions d'une « science sans conscience », dont on s'aperçoit bien qu'elle n'est que « ruine de l'âme ». J'ai l'impression que les Indiens Kogis ont une vision du monde basée sur le respect des autres, d'eux-mêmes et de la nature. Nous, on ne peut pas en dire autant. Leur philosophie des choses, de la vie, me semble vitale à préserver, à écouter. Alors si un film peut y contribuer...

Quelques jours avant leur départ, nous avions évoqué avec Lindo et Miguel l'idée d'un film dans la Sierra, chez eux, et les contraintes, les difficultés que cela risquait d'occasionner. À la fin de nos échanges, Lindo s'est tourné vers moi et m'a demandé :

— Concrètement, l'intérêt d'un film ce serait quoi ?

— Expliquer à d'autres gens, d'autres personnes qui sont les Kogis, et pourquoi il est important de les aider, et puis aussi montrer à ceux qui nous ont fait confiance qu'ils ont eu raison de nous aider. Que ce qui n'était qu'un rêve un peu fou est devenu réalité.

Et Miguel de conclure :

— Là-bas, il y a beaucoup de besoins. Il y a des familles entières qui n'ont rien. Si faire un film, ça peut vous aider dans votre travail, si ça peut servir pour acheter d'autres terres, alors d'accord, je vais en parler à la communauté.

Un mois plus tard, appel de Lindo.

— A priori, les Kogis sont d'accord, mais c'est maintenant, ils ont fait tous les rituels nécessaires, ça pourrait se faire en avril, pas après.

Nous sommes en février. Là-bas, les Kogis viennent de donner leur accord, et ici, Pierre Richard se propose de nous aider. Alors, allons-y !

Le chemin des neuf mondes

Et voilà un autre engagement, une autre étape de ce chemin qui commence. Rapidement, la décision est prise, non pas de montrer les Kogis, mais d'essayer de créer un lien, une passerelle entre nos deux univers. En quelques mois, grâce à l'appui de Pierre Richard, une équipe est constituée. Il y a Gilles, réalisateur, Laurent, ingénieur du son, et Alexis pour les images. En quelques semaines, ce qui est exceptionnel, un diffuseur accepte de s'engager dans l'aventure.

Il y a plus d'un an, les Kogis se proposaient de venir nous aider en France : grâce à leur voyage, nous avons réuni suffisamment de fonds pour acheter une deuxième terre. Pierre Richard a croisé notre chemin, et nous allons faire un film pour mettre cette histoire en images. Finalement, ils avaient raison, ils sont bien venus en France pour nous aider, mais pas là où je m'y attendais, non, ailleurs, quelque part, dans les relations, les rencontres et ces invisibles déplacements que leurs présences ont suscités.

Quatre mois après leur venue en France, nous retournons vers la Sierra mettre en images l'achat de la deuxième terre, et poursuivre cette histoire.

C'est dans le village de Maruamaké, à l'entrée des territoires Kogis, que notre équipe est autorisée à s'installer. Fiscalito est là qui nous attend, « *el Mamito* », le petit Mamu comme l'appelle Lindo. Quel bonheur, j'ai l'impression de retrouver des amis, une famille. Moins drôle, moustiques, *garrapatas* et autres insectes retrouvent, avec bonheur, mon corps d'« albâtre » ! Plusieurs Kogis intrigués nous regardent monter nos tentes, sorte de « mini-Kankurua » des Blancs, des « petits frères ».

Frères, car les Kogis considèrent que tous les êtres humains et, d'une manière générale, tous les êtres vivants sont frères, qu'ils font partie d'une grande famille unie par les liens mystérieux de la vie. Petits, car ils pensent que nous ne nous servons pas de notre esprit pour apprendre à

Septième monde

penser « justement » le monde. Pour eux, nous sommes les petits frères de la famille, des petits frères indisciplinés qui se doivent d'acquérir l'expérience et la maturité de la vie. Un tel regard, une telle appréciation est souvent difficile à accepter pour l'homme occidental. Il n'entend souvent que jugement de valeur là où il n'y a qu'un regard sur la vie. Surtout, il ne comprend pas de quel droit, des Indiens, des sauvages se considèrent comme les grands frères là où nous, les civilisés, ne serions *que* des petits frères.

Une appréciation d'autant plus insupportable qu'elle porte atteinte à notre échelle de valeurs. Là où les Kogis nous parlent fraternité, nous parlons jugement... Dans notre vision du monde, c'est l'homme occidental qui est porteur de progrès, de développement et de civilisation. Il est le modèle de ce que les autres sociétés, celles que l'on qualifie de sous-développées, doivent atteindre un jour. Dans cette même vision du monde, des hommes et des femmes qui vivent à même le sol, sans eau ni électricité, ne peuvent être que le témoignage archaïque de ce que nous ne sommes plus. En arrivant chez les Kogis, nous arrivons chez nos frères... enfin !

Une soupe rapidement avalée, et sur l'invitation de Fiscalito, nous nous retrouvons assis autour d'un feu. Plusieurs Kogis, leur éternel poporo entre les mains, prennent place debout derrière nous. L'instant semble grave, sérieux.

— Il faudrait que vous pensiez à vos idées noires, vos émotions, ce que vous avez sur le cœur.

— Nos idées noires ?

— Oui, puis, aussi, que vous pensiez à vos intentions...

Nous nous regardons, intrigués... Penser à nos idées noires, nos intentions. La demande est inhabituelle. Inhabituelle, mais importante. Avant de nous laisser pénétrer plus avant sur leur territoire, les Kogis souhaitent que nous nous purifiions, que nous mettions nos pensées en accord avec nos actes et les terres que nous allons traverser. Instant privilégié, où chacun écoute son cœur, ses émotions, pense à ce qu'il est, ce qu'il vient faire ici. Tourner un film, bien sûr, mais dans quel état d'esprit ? Le silence s'installe à peine troublé par le crépitement du feu. Les flammes éclairent doucement nos visages, certains sont pensifs, d'autres fermés ou songeurs. Chacun pense à lui, à sa vie, au tournage, aux Kogis, à rien, peu importe. Les Kogis nous offrent un moment privilégié de rencontre avec nous-même. Le temps passe, doucement peut-être, qu'importe. Lorsqu'il n'est plus préoccupation, il coule, se déforme selon le rythme de chacun. Au début, concentrés, appliqués, nous nous sommes détendus, laissant nos pensées dériver, se dissoudre, puis disparaître.

— *Ahora, hay que hablar.* [Maintenant, il faut parler.]

La voix de Fiscalito résonne étrangement dans l'obscurité de la hutte.

— *¿ Hablar ?*

— *Sí, hay que hablar de su pensamiento, confesarse...* [Vous devez parler de vos pensées, vous confesser...]

Sourires, regards en biais. Qui va commencer à parler, à évoquer ses idées noires ? Laurent me regarde, je regarde Gilles, qui regarde Alexis... qui sourit à Lindo. Perdus en Colombie, dans un village Kogi, nous voilà obligés de parler de nos idées noires... Insolite.

Quelques mots, des phrases, puis chacun commence à parler de ses impressions, ses appréhensions. Parler, se parler, dire, décidément l'exercice n'est pas aisé. Un rituel, puis nos idées noires sont symboliquement réunies et enterrées à l'entrée du village. Fiscalito s'éclipse, le bourdonnement de la forêt nous enveloppe. Première nuit à Maruamaké.

Le lendemain matin, le village est vide. Les quelques Kogis présents hier soir ont disparu. L'équipe s'impatiente. Nous avons vingt-trois jours pour faire un film, le temps

Septième monde

qui passe coûte de l'argent. Oui ! mais c'est comme ça. Ici, le temps n'a pas la même importance. Il y a toujours un moment pour faire les choses, et ce moment, ce sont les Kogis qui vont le choisir. Il faut se laisser vivre, se mettre au diapason du village, de son ambiance. Un torrent, une piscine, les jours passent.

Ce processus n'a qu'un but, un objectif : nous permettre de rejoindre l'énergie du lieu, de trouver ses rythmes. Il ne s'agit pas d'adopter tel ou tel comportement imposé de l'extérieur, mais bien de créer la situation qui nous amène vers un état intérieur différent.

Regards, sourires, un groupe de femmes s'approchent. Elles viennent voir, apprécier qui sont ces étrangers qui envahissent leurs terres. Puis de nouveau plus rien. Derrière le silence, la discrétion des Kogis, je sais que leur système de décision est en marche. Si les femmes sont venues nous voir, c'est parce qu'elles ont été sollicitées pour donner leur avis, et prendre part aux décisions qui vont être prises par la communauté. Où va-t-on être autorisés à filmer, quels territoires va-t-on pouvoir traverser, qui va s'occuper de nous, qui va prêter ses mules pour transporter notre matériel ?

Dans la société Kogi, la femme, la mère, et d'une manière générale la dimension féminine de la vie, sont particulièrement respectées. Dans leur mythologie, les neuf mondes sont symbolisés par les neuf filles de la mère, la dernière étant la neuvième terre, la terre noire, l'utérus créateur des structures de l'univers. C'est la « terre mère » qui donne la vie, c'est elle qui est à l'origine de toute chose, c'est elle qui fonde la culture Kogi.

En ce qui concerne la vie quotidienne, la répartition des activités entre hommes et femmes est stricte. Seuls l'agriculture, les constructions de maisons ou de temples, les travaux d'intérêt collectif et la pratique de certains rituels, dont les rituels de divination, sont pratiqués en commun.

Le chemin des neuf mondes

C'est le cas du rituel de décision, pour prendre une « juste » décision, il faut solliciter les deux composantes de la vie, masculine et féminine, lunaire et solaire, celle du bas et celle du haut. Toute décision doit naître d'une relation d'équilibre entre les deux pôles de la vie, les deux pôles entre lesquels notre terre doit trouver son équilibre.

Au bout de quelques jours, comme si quelque part le système avait donné son accord, tout se déclenche. Il faut démonter les tentes, charger les mules, et partir. Préparation de la canne à sucre, réunions dans la Kankurua, montée dans un village sacré, les Kogis semblent avoir précisément délimité ce qu'il nous était possible de voir, de filmer, et ce qui doit rester secret, invisible. Nous saisissons la discontinuité des apparences, en revanche, la continuité du réel, qui fonde la culture Kogi, nous restera inaccessible.

Pendant les douze jours que nous passerons sur leur territoire, nos déplacements seront canalisés, suivis avec ce souci constant de préserver l'équilibre, équilibre entre la nécessité d'un film et le possible d'une communauté, l'exigence de l'image, et les blessures de l'âme. Caméra et micro prennent, filment, saisissent. Peu à peu, à leur rythme, un film prend vie.

En parallèle au tournage, j'explique et j'explique encore quelle est cette nouvelle terre que nous allons leur rendre, sa localisation. Je leur demande s'ils peuvent me dire quelles familles vont venir s'y installer, s'ils sont d'accord pour faire le voyage avec nous. Vaines questions qui restent sans réponses. J'ai l'impression de parler dans le vide...

La veille de notre départ, alors que nous rejoignons Maruamaké, nous croisons près d'une centaine d'Indiens, hommes et femmes regroupés en haut d'une petite colline, instant de divination sur la Loma. Gilles, le réalisateur,

Septième monde

souhaite tourner quelques images, Fiscalito lui demande de n'en rien faire.

— Ce lieu est trop important, on ne peut pas filmer la Loma.

— Oui, mais dans le film, ce serait bien...

— ... !

Fiscalito reste silencieux. Je sens sa souffrance, je comprends aussi les contraintes de Gilles. Ce jour-là, la caméra ne tournera pas. Ces Indiens, debout sur leur colline, resteront dans nos cœurs. Dans l'équipe, l'ambiance est tendue, nous avons quelques images, mais le film reste à faire. Si demain les Kogis ne nous accompagnent pas, tout est fichu. Il n'y a plus qu'à croire en notre bonne étoile.

Guarinato, cinq heures du matin, les lueurs de l'aube se glissent entre les ruelles du village. Je jette un coup d'œil par la lucarne de la pièce sombre où nous avons passé une vilaine nuit. Personne, la cour est vide. Il y a l'invisible, la confiance tissée, nourrie pas à pas, et puis il y a les actes, le visible. À quelques heures du départ, je ne sais toujours pas si les Kogis seront au rendez-vous, s'ils seront deux ou vingt, si la guérilla nous laissera passer, si les Jeeps louées arriveront jusqu'ici. Dans le doute, Lindo a envoyé quatre messages à quatre chauffeurs différents, il y en a bien deux qui viendront. Des voix : une famille pose quelques affaires devant la maison, puis une autre. Je ne peux plus attendre... aller voir, et puis, ici, il y a vraiment trop de moustiques. La relative fraîcheur de la nuit m'apaise. Un ronflement, de la musique, puis deux pinceaux de lumière trouent l'obscurité. Un camion, oui, c'est l'un des chauffeurs à qui Lindo a fait passer un message. Il y en aura au moins un, non... deux, ils sont venus à deux. Dernier ronflement, les deux véhicules s'immobilisent devant la vieille maison, lieu de notre rendez-vous avec

Le chemin des neuf mondes

les Kogis. L'aube silencieuse commence à s'agiter. Seuls ou avec leurs familles, quelques Kogis continuent d'arriver. Le jour arrive, blafard. Deux mules chargées de balluchons apparaissent en haut du chemin... Joaquín ! C'est le Mamu désigné par la communauté pour accompagner les Kogis dans leur voyage et préparer leur installation sur leurs nouveaux territoires. Comme toujours, il semble heureux, léger. Quel bonheur de le voir ! Ses yeux malicieux racontent mille histoires, des histoires simples qui apaisent, rassurent et font aimer la vie. Sourire et petit hochement de sa tête semblent me dire : « Tu vois, on est là. »

D'autres Kogis arrivent, puis d'autres encore. Jacintho, Camilo, Gabriel, Ignacio, Fiscalito, Joaquín, ils sont tous venus. Ce sont bientôt plus de quarante Kogis qui chargent leurs affaires sur les plateaux des deux camions. On range les casseroles, les machettes, on cherche une place pour les enfants, les chiens. Un bébé pleure. Chacun s'installe tant bien que mal. Nous avons plus de seize heures de piste avant d'arriver de l'autre côté du massif, avant de remonter enfin vers les nouvelles terres. Instant d'émotions, les Kogis sont là, ils nous ont fait confiance. Une porte claque et déjà les camions s'engagent sur la piste poussiéreuse qui rejoint la vallée.

Le voyage est long et difficile. Pour la plupart, c'est la première fois qu'ils quittent leur terre, qu'ils découvrent le monde des petits frères, ses routes, ses usines, ses pollutions. D'après les Kogis, en manquant de respect à la terre, c'est à nous-mêmes que nous manquons de respect.

Enfin, la mer ! Quelques offrandes, puis nous cherchons des coquillages pour baptiser la nouvelle terre. Les enfants sont fatigués. Sur la plage, quelques touristes en string ou bikini croisent les Kogis dignes et fiers dans leurs tuniques. De nouveau les camions vers Santa Marta. Il faudra

Septième monde

nous y arrêter une journée pour acheter des provisions, des semences, quelques outils et surtout pour signer les actes notariés de cette nouvelle terre.

Quarante Kogis, des femmes, des enfants, après seize heures de voyage... Où et comment dormir, se restaurer, se reposer loin des fureurs de la ville ? Les amis sont sollicités, une cour, ses hauts murs protecteurs nous accueillent pour la nuit. Deux hamacs, quelques couvertures jetées sur le sol, un campement de fortune est rapidement improvisé. Peu à peu, chacun trouve sa place, s'endort ou se repose. Quelle folie ce voyage, mais quelle confiance. Vers trois heures du matin, je ne dors toujours pas. Devant, derrière, partout autour de moi, les corps de ces hommes, de ces femmes, de leurs enfants sont là, imbriqués, blottis les uns contre les autres. Je n'en jurerais pas, mais j'ai l'impression que Joaquín me regarde. Assis contre le mur, son regard se perd dans la nuit étoilée.

Le lendemain matin, vite, dévaliser la petite épicerie du quartier, faire cuire du riz, trouver des fruits, et partir, quitter la ville, remonter vers ces territoires où les Kogis pourront continuer à être Kogis. Il faut aller vite, garder la légèreté du vent, sa fluidité, passer et déjà s'en aller, loin, au bout de la piste.

Un dernier virage, une petite maison, et les deux camions s'arrêtent sur un minuscule replat perdu dans la forêt tropicale. Plusieurs heures de marche sont encore nécessaires pour rejoindre la nouvelle terre. Gamelles, machettes, pioches, semences, sacs de riz et de pommes de terre, chacun se charge d'une partie des outils et des réserves qui permettront de préparer la terre et d'attendre les premières récoltes. Laissant derrière nous la poussière et l'inconfort du voyage, nous disparaissons derrière le rideau d'arbres et de lianes qui masquent l'entrée du chemin. Je ne réalise pas très bien ce que nous sommes en train de vivre. Une quarantaine d'Indiens, hommes, femmes, enfants, guidés par Lindo et Mamu Joaquín, progressent vers leur nouvelle terre. Comme le vent, ils partent à la rencontre des êtres et des choses, à la rencontre d'une parcelle de terre ancestrale perdue il y a plusieurs siècles.

Au détour du sentier, un torrent. Après la chaleur et l'inquiétude du voyage, boire, se baigner, quel bonheur ! Chacun se lave, se rafraîchit. Une fillette prend en charge une petite fille, lui débarbouille le visage. Un petit garçon apporte de l'eau à son frère. Dans leur système éducatif, un enfant plus âgé prend toujours en charge un plus jeune. Pendant un an, il doit s'occuper de lui, lui apprendre ce qu'il a lui-même appris de son aîné. Un apprentissage qui se fait d'un enfant à un autre mais aussi d'un enfant à un animal ou d'un animal à un enfant. Dans cet « univers écosystémique », univers d'interrelation et d'interdépendance, chacun peut apprendre de l'autre ou apprendre à l'autre, qu'il soit homme, animal, montagne, ou rivière... Le vivant est en co-apprentissage mouvant, permanent, évolutif. Alors l'enfant apprend et expérimente ses propres décisions. Très vite, il devient responsable de ses actes, de ses pensées.

« La méthode d'enseignement indienne traditionnelle privilégie toujours l'autoformation sous forme de révélation personnelle. On n'enseigne pas en expliquant ou en donnant à l'autre le sens des choses que l'on perçoit (hétéroformation), parce qu'on ne réduit pas la signification des êtres à ce que l'on en perçoit ou comprend. Au contraire, lorsque les anciens enseignent, c'est plutôt par une mise en contact avec l'influence spirituelle contenue dans le mythe de la nature ou dans le rituel, là où chacun reçoit une information intérieure [...]. L'Indien sait que même les animaux ont une grande importance et peuvent nous enseigner de grandes choses[1]... »

---
1. Pascal Glavani, « Éducation et sagesse », *Question de*, n° 123, sous la direction de René Barbier, Albin Michel, 2001.

Septième monde

Dans un monde d'interdépendance, on donne et on reçoit. Ainsi ces poussins, dont la maman poule avait fait les frais d'un repas, ont été adoptés, pris en charge par une petite fille de huit ou neuf ans. Tous les matins, elle emmenait « ses petits » dans la forêt, une douzaine de poussins qui la suivaient en piaillant. Elle leur montrait où et comment trouver des vers, quelles étaient les fèves dont ils pouvaient se nourrir, comment les sortir de leur coque protectrice, comment les écraser. Le soir, dans la hutte, ils venaient se coucher autour d'elle, retrouver son corps, sa chaleur. Peu à peu, grâce à cette « nouvelle mère », les poussins ont appris leur vie de poussins... Sans doute ont-ils transmis à cette petite fille quelque chose des mystères de leur vie de poussins, quelque chose des mystères de la vie...

Malgré la fatigue, malgré la tension des derniers jours, je me sens léger. Je suis heureux, simplement heureux de tenir une nouvelle fois ma promesse, heureux de découvrir avec les Kogis les arbres, les collines qui marquent leur nouveau territoire. Imperceptiblement, la piste devient un étroit chemin qui serpente entre des fougères géantes et d'immenses arbres aux racines noueuses. Une boue rouge et gluante colle à nos chaussures. De longs filets de brume achèvent de rendre l'ambiance irréelle, ouatée.

Sur le bord du talus, une tache claire attire mon regard. Une tasse rose, incongrue, est délicatement accrochée à une branche. Une petite écorce, posée en équilibre sur une fourche de bois, canalise un léger filet d'eau cristalline. L'eau fraîche est la bienvenue. La tasse rose passe de main en main. Dans cette forêt perdue, ce petit rien de délicatesse et de douceur laisse songeur. Après tout, peut-être n'est-ce que le clin d'œil d'un esprit qui nous souhaite la bienvenue ? Il faudra que je vérifie à la descente si la tasse est toujours là. Comme portée par l'énergie puissante de la forêt, la colonne repart, puis s'étire doucement. Six ans,

Le chemin des neuf mondes

peut-être sept, devant moi, une petite puce porte une impressionnante gamelle d'aluminium toute neuve. Chaque escarpement du sentier lui demande des trésors d'imagination. Fiscalito, chargé de plusieurs sacs de riz, marque régulièrement son approbation de quelques phrases qu'il prononce parfois en espagnol, parfois en Kogi : « C'est bien ici, il y a des arbres, de l'eau, la nature est vivante, c'est bien. » Je n'en jurerais pas, mais il me semble qu'une légère excitation commence à le gagner. Lui d'habitude si calme.

Un col, enfin ! Après plusieurs heures de marche, nous débouchons au seuil d'une étonnante petite vallée. La végétation tropicale laisse place à quelques champs aux herbes rases et jaunies.
Je me tourne vers Lindo.
— C'est là ?
Malgré l'altitude, la sueur nous pique les yeux.
— Oui, un peu plus loin, dans la vallée, sur la droite.
Un instant le groupe s'arrête. Le bourdonnement de la forêt emplit le silence. Debout, immobiles, les Kogis observent leur nouveau territoire. Assis entre les jambes de leurs parents, les enfants écoutent, s'interrogent. Il y a la montagne, lourde et puissante, la terre, il y a toute une énergie, une familiarité à sentir, à retrouver. La longue colonne reprend sa marche. Encore quelques heures, un vallon, un autre, et la terre, « El Roble », est là devant nous. Une île, un havre. Je me sens à la fois ému et épuisé. Gilles, Laurent et Alexis ne font plus seulement que filmer, ils participent aussi à cette aventure. Même les chauffeurs ont décidé de nous accompagner sur ces nouvelles terres. Cette histoire nous porte... Après vingt-deux jours de course, de négociation, d'attente, de doute, le but est là, à portée de main, cela semble presque trop facile.

Septième monde

Une petite barrière de bois, et l'un derrière l'autre les Kogis pénètrent sur leur nouvelle terre. La maison de l'ancien propriétaire est vide. Elle servira d'abri provisoire, le temps que les Kogis reconstruisent un village. Vite, s'installer, se protéger du froid, de la brume pénétrante. Le groupe s'organise. La cuisine est remise en marche, les réserves sont rangées dans une pièce. Je suis content, simplement content. Depuis Christophe Colomb, les Occidentaux ont passé leur temps à piller les Indiens, à leur voler leurs terres, leurs richesses. Je ne connais pas tout ce qui se passe en Amérique latine, mais qu'ils récupèrent quelques morceaux de leurs terres ancestrales je trouve que c'est un beau symbole. Debout, sur le replat qui prolonge la maison, Joaquín regarde la montagne, il regarde ces nouveaux paysages, que les rayons du soleil délivrent enfin du brouillard.

— ¿ *Es nuestra tierra ?* [C'est notre terre ?]

Lindo explique, donne des repères.

— Oui, elle part de la rivière en bas, c'est une des limites. Ensuite, ça va là où il y a le chemin. Tu passes la colline et tu descends jusqu'à l'autre rivière. Après, tu remontes tout en haut, jusqu'au sommet, là-bas... Voilà, c'est votre terre. Comment tu la trouves ?

Sourire malicieux de Joaquín.

— Vraiment bien, il y a beaucoup de montagnes, c'est bien... Mon fils et mon neveu vont s'installer ici, vivre ici, ils y seront bien. Demain, on va faire une cérémonie pour purifier la terre. Le village, on va le construire en bas, au pied de la colline. C'est bien !

Lorsque les Kogis retrouvent une terre, ils doivent évaluer son état d'équilibre ou de déséquilibre, appréhender son énergie. Après avoir été pillées par les Guaquéjos, les pilleurs de tombes, après avoir été déboisées, surexploitées, traitées avec des produits chimiques — désherbants, insecticides — ou pire, fumigées dans le cas de cultures

Le chemin des neuf mondes

de marijuana ou de coca, les terres que nous restituons aux Kogis sont souvent en mauvais état. Pour eux, récupérer un territoire ne veut pas simplement dire en être propriétaire, mais tenter de le « réveiller », de le purifier en faisant tous les rituels nécessaires pour réparer les dommages causés par les actes aveugles des « petits frères ». Pour pouvoir réaliser ce travail, Mamu Joaquín doit mettre en place un long processus de divination et de rituels. Cela va lui permettre de reconstituer l'histoire de cette terre, ce qu'elle a vécu, de localiser et de sentir ses cicatrices. Il lui faudra ensuite préparer les offrandes, ces *pagamientos* qui calmeront les offenses, cicatriseront les plaies et apaiseront le monde. C'est sur la base de ce travail d'écoute, de recherche de l'harmonie du lieu, de son équilibre que pourront ensuite être replantées les semences traditionnelles, remis en place les systèmes de polycultures et de contrôles biologiques associés, récupérée la forêt primordiale, et enfin, construites les maisons traditionnelles et les lieux de cérémonies. Mais avant toute chose, Mamu Joaquín va devoir baptiser cette nouvelle terre, la faire revenir dans le monde des vivants, renouer les liens avec l'esprit des ancêtres. Comme pour un individu, une terre se doit d'être « baptisée », elle doit avoir un nom, retrouver sa place, son rôle. Ce nom est secret, connu des seuls Mamus, il permet d'identifier et de reconnaître celui qui le porte, homme, terre ou animal dans le monde invisible des esprits. Être baptisé, c'est être accueilli et revenir dans le cycle de la vie.

Les Kogis sont avant tout des agriculteurs. À ce titre, ils connaissent, étudient et suivent avec la plus grande attention les phénomènes cycliques de la nature. Ils sont persuadés que les rythmes de changement géophysique du milieu affectent toutes les formes de vie et qu'ils dépendent des phénomènes multiples émanant de l'univers.

Septième monde

C'est pour cela qu'ils doivent relier la terre aux cycles de la vie.

« Le Kogi ne croit pas que les cycles biologiques soient endogènes, ni que leurs causes soient génétiques. Ils pensent tout au contraire qu'ils dépendent des grands cycles qui affectent la biosphère. Leurs observations prouvent qu'ils ont repéré la périodicité des principaux phénomènes temporels, le retour annuel des saisons, le cycle lunaire de 28 jours et le cycle circadien de 24 heures. Or, force est de constater que certaines fonctions biologiques dépendent des rythmes instaurés par ces cycles temporels. Ainsi en est-il des êtres humains, des animaux et des plantes. On sait que le cycle menstruel féminin est calqué sur celui des phases lunaires. Quant aux migrations de certains animaux, aux époques de reproduction des mammifères, à celles de la nidification des oiseaux, aux apparitions soudaines d'insectes nuisibles, elles semblent synchronisées sur la périodicité des cycles soli-lunaires [1]... »

Dans les dernières lueurs du jour, nous parcourons la terre. Ensemble, nous en découvrons les vallées, les rivières. Nous cherchons les lieux où pourront être construites les maisons, les terres qui pourront être cultivées. Quel bonheur ! Instant privilégié où la vie, cette amie précieuse, semble vous habiter, vous accompagner... comme ça, simplement. Fraternité...

Un replat, Joaquín s'arrête. Devant lui, quelques pierres plates. Elles semblent alignées, non ! on les dirait plutôt disposées en arc de cercle. Sous les hautes herbes, alourdies par l'humidité, il est difficile de se faire une idée précise. Agités, les Kogis se mettent à parler :

---

1. Gerardo Reichel-Dolmatoff, *Indios de Colombia. Momentos vividos. Mundos concebidos*, op. cit.

Le chemin des neuf mondes

— Il y a des tombes ici...
— Des tombes ?

Nous descendons plus bas, sur le versant de la colline, et de nouveau des alignements de pierre, plus nets, plus marqués.

— Tous ces replats, ce sont des plates-formes, en dessous il y a des tombes, beaucoup ont été pillées, mais certaines sont encore vivantes.
— C'était quoi ? une cité ?
— C'est la terre de nos ancêtres, ils vivaient là...

Incroyable, cette terre que nous venons de rendre aux Kogis recelait un secret. Terrasses, canaux, sous les herbes et les monticules de terre se cachent les ruines oubliées d'une cité.

Je m'approche de Lindo. C'est lui qui fait le travail de repérage et de localisation des terres que nous achetons.

— Tu savais ?
— Tu sais, il y a beaucoup de cités en ruine dans la région...
— Oui, mais là, on est en plein dessus.
— ... !

Curieux hasard, mais est-ce bien un hasard qui veut que plusieurs siècles après la *Conquista*, les Kogis reprennent possession d'une petite parcelle de leurs territoires ancestraux, et quelle parcelle ! une parcelle où dorment les ruines d'une cité de pierre, l'une des cités de leurs ancêtres. Une telle situation paraît impossible, improbable, et pourtant, c'est bien de cela qu'il s'agit. Expérience unique où les héritiers d'une culture vont eux-mêmes réveiller les ruines d'une cité construite plusieurs siècles plus tôt, par leurs ancêtres.

La nuit arrive, nous devons repartir, quitter « El Roble ». Dans l'appentis qui sert de cuisine, un feu ronfle et gronde

Septième monde

sous l'énorme poêlon où cuit le repas du soir. Camilo, Gabriel, Jacintho, Ignacio, Joaquín, les Kogis semblent heureux. Par terre, deux enfants s'endorment.

Pour nous, cette histoire se termine, le film est tourné, la deuxième terre est achetée et les Kogis sont installés. Mais pour eux, pour ces hommes d'un autre monde perdus dans notre siècle, c'est une incroyable aventure qui commence...

Chapitre 8

Huitième monde

> *Alors va se former le huitième monde, et sa mère s'appelait Kenyajé. Son père était Ahuinakatana. Alors sont nés les pères et les maîtres du monde. Il y avait trente-six pères et maîtres du monde, il y avait quatre fois neuf pères et maîtres du monde. C'était les premiers. Mais quand ce monde s'est formé, ce qui devait aller vivre loin n'était pas complet, pas terminé. Presque, mais pas tout à fait. Il n'y avait pas encore d'eau partout. Le jour, la lumière n'étaient pas encore là. Mais les esprits sont là, tous. C'est « Yuluka », le temps de l'harmonie.*

« Un couple d'ennemis brandissant des bâtons se bat au milieu des sables mouvants. Attentif aux tactiques de l'autre, chacun répond coup pour coup, réplique et contre esquive. Hors du cadre, nous autres spectateurs observons la symétrie des gestes au cours du temps. Quel magnifique — et banal — spectacle ! Or, le peintre — Goya — enfonça les duellistes jusqu'aux genoux dans la boue. À chaque mouvement, un trou visqueux les avale, de sorte qu'ils s'enterrent ensemble graduellement. À quel rythme ? Cela dépend de leur agressivité. [...] Chacun pour soi,

Le chemin des neuf mondes

voici le sujet pugnace, voilà la relation combattante. [...] Et maintenant, n'oublions-nous pas le monde des choses, l'eau, la boue, les marécages. Dans quels sables mouvants pataugeons-nous de conserve[1]... ? »

Accompagner des Indiens, pour qu'ils restent indiens et s'inventent un futur qui leur soit propre, au XXIe siècle, ce rêve est fou. Et pourtant il prend vie, il se développe, mais il est fou. Envie, comme ça, de remonter le cours d'un torrent, de quitter l'autoroute pour les chemins de traverse, de s'interroger sur les fausses évidences. Envie de dire, simplement, que le roi est nu... car il est nu. Le rêve est fou mais il est là, vivant, et puis comme dit le renard au petit prince :

« C'est le temps que tu as perdu pour ta rose qui fait ta rose si importante[2]... »

Alors, il faut continuer, encore et toujours expliquer, montrer, partager, convaincre... Les Kogis ne sont pas de simples sauvages perdus dans leur montagne, non, ils sont beaucoup plus que cela. Ils sont notre âme obscure, notre regard sur le monde, miroir de nos errances, d'un chemin que nous avons perdu. Entre les clients pour qui je travaille et qui m'accordent leur confiance, les conférences, l'animation de l'association, la recherche de financements, la fatigue gagne du terrain. L'équipe s'essouffle. Comment expliquer, comment convaincre, qui solliciter ? Là-bas, dans la Sierra, les affrontement entre guérilla et paramilitaires s'accentuent. Chassés de leurs terres, les Kogis viennent se réfugier sur leurs nouveaux territoires. Il faut de toute urgence acheter encore une ou deux terres, mais comment ?

---

1. Michel Serres, *Le Contrat naturel*, François Bourin, 1990.
2. Antoine de Saint-Exupéry, *Le Petit Prince*, Gallimard.

Huitième monde

— Bonjour, on s'appelle Asalla et Luc, nous sommes canadiens, nous avons entendu parler des Kogis et de votre action par des amis. Alors, on a collecté des fonds et nous avons décidé de vous les amener, voilà ! Il doit y avoir 6 000 francs français.

Un moment interloqué, je détourne mon regard de l'ordinateur sur lequel je tente de me concentrer pour dévisager les deux personnes qui viennent de rentrer dans le bureau.

Deux illuminés, c'est la première pensée qui m'effleure l'esprit. Après tout, depuis que j'ai commencé cette histoire, j'en ai croisé tellement qui se disaient chamanes, indiens, habités par les esprits ou traversés par la lumière, alors deux de plus... Ils ont entendu parler de nous au Canada, par des amis vivant à Mulhouse, et ils débarquent ici, comme ça... Ça n'existe pas des choses pareilles. Mais il y a les 6 000 francs posés devant moi. Ils ne viennent pas les mains vides demander quelque chose, non, ils viennent donner quelque chose. Il y a à la fois une grande naïveté et une grande détermination qui se dégagent de leur présence... Originaire de Madagascar, Asalla est ronde, tout en sourires. Natif d'Ottawa, Luc est plus réservé.

— C'est une cause qui nous semble très importante, on ne s'est pas vraiment posé de question, on en a parlé à des amis autour de nous... Et voilà, on est là...

— ...

— On a entendu dire que vous organisiez des conférences en France, si vous voulez, on pourrait organiser une tournée au Canada, les gens sont très sensibles à ce genre de situation, on devrait pouvoir sensibiliser beaucoup de personnes.

Une tournée au Canada ? Encore une fois, je reste silencieux. Qu'est-ce qu'ils m'inventent, ces deux-là ? Les Kogis au Canada, et quoi encore ? D'un autre côté, si l'on veut continuer à acheter des terres, il faut multiplier les rencontres et les conférences, alors pourquoi pas le Canada ? Mais je n'arrive pas à me décider, il y a quelque chose qui me préoccupe. Je suis partagé entre la nécessité de parler de cette histoire pour continuer à réunir des fonds et la nécessité de ne pas trop parler des Kogis pour éviter d'attirer vers la Sierra tous les déséquilibres dont nous sommes porteurs.

« C'est quoi, l'adresse des Kogis ? pour aller chez eux... je sais que je dois vivre quelque chose d'important là-bas. »

« Je voudrais aller chez les Kogis... vous pouvez me dire comment je dois faire ? »

« C'est possible d'aller vivre chez eux, d'aller les voir ? »

« On pourrait leur apporter des médicaments, des couvertures, mettre l'eau potable ? »

Combien de lettres, d'interpellations, de coups de téléphone avons-nous reçus, de personnes désireuses d'aller rencontrer les Kogis, d'aller apprendre à vivre comme eux, avec eux... Comment leur dire, leur faire comprendre que leur faire supporter nos errances et nos déséquilibres, ce serait le pire des cadeaux, que ?... Mais comment en vouloir à des gens qui sont dans la même situation que la mienne, il y a dix ou quinze ans ?... Moi aussi, je suis parti les voir, moi aussi j'ai voulu les retrouver et explorer cet univers magique dont ils sont porteurs. Alors ? Alors entre les deux, mon cheminement m'a permis de comprendre la fragilité de leur système, le risque de désintégration et de marginalisation que nous représentons pour eux. De comprendre aussi que la transformation et l'ouverture au monde n'étaient pas dans l'objectif « aller chez eux », mais dans le chemin, en l'occurrence, « créer l'association et les accompagner dans l'invention de leur futur ».

C'est à travers une réflexion sur ce cheminement gratuit, cette action d'accompagnement, de l'autre, des Kogis, que

Huitième monde

peuvent être réinventées les valeurs humaines nécessaires à notre survie. Un tel chemin oblige à ouvrir les yeux sur les conséquences de nos décisions, de nos actes. C'est bien le processus qui est important, pas le contenu ou sa finalité. C'est l'acte d'expérience, par l'histoire qu'il recrée et le travail d'équilibre qu'il nécessite, qui nourrit le sens.

Mais je crois qu'il y a autre chose qui m'inquiète dans cette proposition, la crainte de mettre les Kogis et l'organisation d'un tel voyage entre les mains de personnes que je ne connais pas. La crainte de ne pas pouvoir être « juste »... La crainte... De toute façon, je ne vois pas pourquoi je me pose ces questions ; les seuls qui puissent décider quoi que ce soit en la matière, ce sont les Kogis, alors autant leur demander ce qu'ils en pensent...

Une fois les Canadiens partis, j'envoie un fax à Lindo : « Les Kogis sont invités au Canada pour une tournée de conférences. Peux-tu leur demander ce qu'ils en pensent ? Ils pourraient profiter de ce voyage pour rencontrer des Nord-Amérindiens ? »

Pour un Kogi, décider du jour au lendemain de quitter son domicile pendant une semaine ou quinze jours est impossible. Plus qu'un espace géographique, leur territoire est le support qui les relie au monde, qui leur permet « d'être Kogis », des gens « libres » et entiers. Hors de leur territoire entendu au sens physique et spirituel du terme, le Kogi devient un être flottant, sans âme, coupé de ses origines et de ses racines, un être « mort ».

Arbres, collines, rivières, grottes, chacune de ses composantes constitue un rappel vivant de l'histoire collective, de ce temps non linéaire qui doit être entretenu par le groupe. Concrètement, chaque membre de la communauté est physiquement relié à un lieu qu'il a la charge d'entretenir et de faire vivre, pour assurer l'équilibre du tout. Plus qu'un acte physique, se déplacer au sein de leur territoire, revient à tisser des jeux d'alliances et à progresser dans une histoire immuable qui rattache chaque individu à la mémoire collective du groupe. Quitter le territoire, c'est perdre le lien qui les rattache au vivant et au sens de leur communauté. C'est pourquoi une telle décision se doit d'être longuement mûrie, préparée.

— Qu'est-ce que je dois dire ? Est-ce que je peux parler dans ma langue, ou je dois parler en espagnol ?
— Les gens ici veulent savoir comment vous trouvez le Canada et quel est votre message, dis-le comme tu veux, nous traduirons...

Manuel se lève et s'approche de la scène. Pour lui qui n'a jamais quitté ses montagnes, jamais pris l'avion, jamais utilisé un micro, parler devant plusieurs centaines de personnes cela doit être un moment difficile. Dans la salle, le silence s'installe. Manuel prend le micro et pose la main sur son cœur...

— Nous sommes des Indiens Kagabas, habitants de la Sierra Nevada de Santa Marta, Colombie.

Manuel a choisi de s'exprimer en Kagaba, une langue vernaculaire sans lien avec les grands courants linguistiques de l'Amérique latine. Une langue unique, parlée par les 12 000 Kogis de la Sierra. Sa voix est douce, presque chuintante. Malgré le micro, il faut écouter, être attentif, pour percevoir les mots, les phrases et le rythme de ses paroles.

— Je ne pensais pas que je viendrais si loin, dans ce pays, le Canada. Quand je suis venu en avion, j'ai cru que j'allais mourir, que je ne reverrais jamais la Sierra, ma famille, et puis, non, on est arrivés ici. Depuis nous avons pu voir qu'il y avait beaucoup de lacs, de rivières, il y avait des arbres, des montagnes. C'est bien, nous avons vu

Huitième monde

aussi qu'il y avait beaucoup d'Indiens et beaucoup de lieux sacrés. Mais ces lieux semblent un peu abandonnés, les traditions sont perdues et la terre est très malade. Il est important que l'on s'arrête, que l'on se mette ensemble pour réfléchir, pour travailler et trouver un autre chemin pour la terre. Nous avons vu qu'il y avait beaucoup de villes, très grandes, beaucoup de voitures, des choses très jolies, mais ce sont des choses à vous, qui ne sont pas pour nous. Ce sont des choses de Blancs, pour des Blancs. Nous vivons avec la nature, nous ne pouvons pas vivre dans les villes... Avant, le petit frère savait aussi protéger la terre, mais il a oublié. Maintenant, avec la transformation de la terre en argent, ils ne pensent plus qu'à se protéger eux-mêmes. Ils oublient la nature. Ils sortent l'eau, le bois, le pétrole, et la terre est triste, pourquoi le petit frère ne pense-t-il plus à la terre ?

Nous sommes à Montréal. Plus de trois cents personnes sont venues visionner le film tourné dans la Sierra, et rencontrer Manuel et Manuel, les deux Kogis envoyés en « éclaireurs » par les autorités spirituelles de la communauté. Le film vient de se terminer. Après l'intervention de l'un des deux Manuel, le silence revient. J'appréhende un peu les réactions du public. En France, peut-être parce que la Guyane est loin, parler des minorités amérindiennes, évoquer leurs problèmes, la richesse de leur culture ne pose pas de difficultés, bien au contraire. Au Canada, en revanche, Algonquins, Micmacs, Iroquois... nombreuses sont les communautés dont l'histoire douloureuse fonde l'identité Canadienne. Une identité difficile, cachée, source de souffrances et de déchirement. Quelques personnes posent des questions sur la communauté Kogi, puis une femme prend la parole :

— J'ai fait plus de dix heures de route pour venir vous rencontrer. Pendant longtemps, j'ai vraiment cru que le monde était simple et que ce que je voyais était la vérité.

Le chemin des neuf mondes

Il y a peu de temps, j'ai vécu une expérience très dure et j'ai découvert l'ombre, j'ai découvert l'autre partie du monde. Avant cela, j'ai fait du yoga, j'ai été voir des psychologues. J'ai fait plein de choses pour m'aider. Mais quand je suis tombé dans l'ombre, dans les problèmes, rien de tout cela ne m'a aidée. Maintenant, je suis perdue. Je ne sais plus vers qui aller, vers qui me tourner. Quand l'ombre et les difficultés sont vraiment là, c'est difficile. Cette rencontre est très importante, je peux voir qu'il existe d'autres possibles, d'autres chemins...

Enfin, au fond de la salle, un homme se lève, jeune, cheveux sombres, longs, noués en arrière, il prend le micro.

— Ici, les forêts canadiennes sont détruites, nous, les Amérindiens canadiens, nous faisons tout pour empêcher cela. Nous avons fait des barrages pour protéger les arbres, les forêts. Presque tous ceux qui ont fait cela sont en prison, alors que peut-on faire de plus, les Kogis peuvent-ils nous aider ?

Longue traduction, puis c'est au tour de Lindo de prendre la parole. Métis par sa mère, c'est son cœur d'Indien qui parle.

— Lorsque nous taillons une forêt, que nous coupons des arbres, la nature a la capacité de se régénérer, de retrouver force et vitalité. Nous, les Indiens, nous sommes comme l'oxygène de la terre, nous la faisons vivre et respirer. Aujourd'hui, les Blancs, les petits frères, prennent les terres, ils abîment les esprits. Ce qu'il ne faut pas c'est qu'ils tuent la pensée et l'esprit. Il est urgent aujourd'hui de mettre en place une "reforestation culturelle", de faire revivre la tradition. Les Kogis n'ont pas de réponses ou de messages particuliers à transmettre, ils ne savent pas forcément comment faire, comment mettre en place cette reforestation culturelle. Ils veulent simplement vous pro-

Huitième monde

poser de travailler ensemble, que l'on trouve ensemble le chemin de cette reforestation...

La salle se vide doucement. Après la conférence, nous sommes attendus par un ami, ancien fonctionnaire du ministère français de l'Environnement. Depuis trois ans, il travaille au sein de la convention pour la biodiversité, née de la réunion de Rio organisée en 1992, et dont le siège est à Montréal.

— La situation est vraiment préoccupante. Dans le poste que j'occupe, je reçois plein d'informations, et je ne peux rien faire. La calotte glaciaire a perdu près de 40 % de sa surface, les forêts sont détruites à un rythme effrayant, d'ici un ou deux ans, les derniers orangs-outangs sauvages auront disparu, le réchauffement climatique a commencé. Avant, on tuait les ours blancs qui s'approchaient trop des villages, maintenant ils sont en voie de disparition, et nous, on fait des réunions, et encore des réunions pour réfléchir à ce que nous devons faire. On produit des rapports, des notes, des dossiers, mais il ne se passe rien, c'est désespérant...

Sur l'autoroute, la lumière est dense, vive lumière de printemps, de la vie qui revient, après le froid de l'hiver. Après Montréal, nous sommes en route pour Québec, la plus « européenne » des villes du continent nord-américain. Les Kogis ne seraient pas là attachés, sanglés dans leur ceinture de sécurité, je me croirais presque en vacances. La route est agréable, je somnole doucement. Les Kogis au Canada ! Il a fallu presque un an pour qu'ils prennent leur décision. Un an pour qu'ils désignent deux des leurs pour venir rencontrer leurs « frères » du Nord.

Sur la route, nous nous arrêtons, le temps d'une réunion, dans les locaux du ministère de l'Agriculture. Plusieurs paysans canadiens souhaitent échanger avec les Kogis, connaître leurs techniques de culture. Des hommes de la terre dialoguent avec d'autres hommes de la terre. L'ambiance est cordiale, chaleureuse. Au Canada, près de 20 000 agriculteurs cultivent cinq millions d'hectares de terre.

— Depuis quarante ans, on a utilisé beaucoup de pesticides, d'herbicides et autres produits chimiques. La terre commence vraiment à souffrir.

— Et dans l'avenir, que pense faire le gouvernement ?

— D'ici à 2005, le gouvernement veut doubler la production agricole du pays, pour devenir une puissance agricole. Ça veut dire plus de pesticides, d'herbicides et autres engrais chimiques, ici il n'y a pas plus de 2 % des terres qui sont cultivées sans produits chimiques.

Les agriculteurs regardent le délégué du ministère qui se gratte la barbe et qui regarde les agriculteurs. Nous reprenons la route vers la réserve de Maniwaki, réserve des Indiens Algonquins. Quelques lacets, une route qui s'enfonce dans une forêt de bouleaux, et nous débouchons devant un long bâtiment sans âme. Casquette de travers, tennis, pantalon trop large, rien ou presque ne différencie la cinquantaine d'enfants qui nous attendent d'autres enfants au Canada ou en Europe. Peut-être le regard ou les traits du visage et encore, mais finalement, qu'est-ce que je m'attendais à trouver ?

Au fur et à mesure de notre voyage, de nos rencontres, je suis frappé par l'extrême confusion, la tristesse aussi, qui semble régner dans les têtes et dans le cœur des personnes que nous rencontrons. Il y aura cet homme persuadé que des extra-terrestres se sont posés dans un champ, proche de chez lui. Un soir, il viendra offrir solennellement le tee-shirt de sa fondation aux Kogis. Il y a tous ceux qui, en quête d'identité, deviennent plus indiens que les Indiens eux-mêmes. Dans de curieux cocktails, ils mélangent un peu de new-age, un reste de tradition chré-

Huitième monde

tienne et quelques rituels vides de sens, mais pas de conséquences. Et puis, il y a tous ceux qui, profitant de l'angoisse de certains, de la crédulité d'autres, construisent et vendent d'étranges histoires où se mélangent l'esprit des ancêtres, des voyageurs venus des étoiles et l'enseignement sacré d'une ancienne tradition. Alors, on invoque des secrets, on propose des cérémonies, et de nouveau on construit des territoires, des dogmes qu'il faut défendre et protéger. Projections, rêves et phantasmes fleurissent de toutes parts. Dans le vide, on construit, on prête à l'autre, cet Indien mythique, des pouvoirs surnaturels, des possibles salvateurs. Magie illusoire, qui nous fait oublier qu'avant d'être Indiens les Kogis sont des hommes et des femmes comme les autres, oublier que c'est en nous qu'il convient de chercher les chemins de la guérison.

« Regardez-nous comme des êtres humains [1]. »

La vie est simple, mais l'esprit humain a une capacité incroyable à la rendre compliquée, à nourrir des chimères qui gonflent et s'auto-alimentent jusqu'à devenir des entités douées d'un sens et d'une logique propres. Pauvres constructions, représentations au nom desquelles les hommes s'affrontent et oublient la simple et belle réalité du monde. Car tout est là, écrit autour de nous, accessible aux yeux et au cœur de celui qui accepte de voir, de sentir et d'entendre. Le vent, qui nous enseigne sa légèreté, qui nous parle de rencontres, de voyages, de diversités. Les arbres qui s'élancent vers le ciel et enfoncent leurs racines au plus profond de la terre, acteurs lumineux qui relient le ciel et la mère. La rose dont la fleur tendre et délicate offre son parfum sans rien attendre en retour. L'eau et la mer qui nous enseignent l'unité et le mouvement. J'ai en tête cette citation d'Arnaud Desjardins :

« Chaque vague, si elle se conçoit en tant que vague,

---

1. James Welch, *Télérama*, 19 juin 1996.

commence avec une naissance et finit avec une mort, lorsqu'au bout de sa course elle se brise sur le sable ou sur les rochers. Elle est née un certain jour à une certaine heure et meurt quelques minutes plus tard. Elle est distincte de toutes les autres vagues qui la précèdent et qui la suivent. Si elle a conscience d'elle en tant que vague, si elle voit les autres vagues autour d'elle, elle ressent la double limite spatiale et temporelle de son existence et sait qu'elle va mourir en s'approchant de la plage. Et tout la menace : le bateau qui la menace, le bateau qui la fend, le ressac de la vague précédente. Mais, si nous voulons bien considérer la vague comme une expression de l'eau, de l'océan infini et éternel, la mort de la vague n'est pas une mort, et l'océan n'est ni diminué ni augmenté parce qu'une vague naît ou qu'une vague meurt. Une vague, conçue seulement en tant que vague, n'est rien, tellement petite, tellement éphémère. Mais si tout à coup la vague réalise qu'elle est océan, l'unique océan qui entoure tous les continents, la moindre petite vague de Saint-Raphaël ou de Trouville a le droit de dire : "J'arrose la côte du Kérala en Inde, j'entoure la statue de la Liberté à New York, j'emplis le port de Papeete à Tahiti." Et cette petite vague du mardi 11 août à 9 h 05 sait aussi qu'elle a porté le navire de Christophe Colomb, l'Armada et les galères de Louis XIV. Toutes les vagues sont différentes, mais l'eau est partout et toujours la même. Et une vague qui sait ce qu'est l'eau sait ce qu'est l'océan et sait ce que sont les autres vagues [1]. »

Oublier la vague et retrouver l'océan, non pas par les mots, mais par les sens et l'expérience. Se fondre dans cette énergie cosmique, immense et infinie, en retrouver les rythmes, les énergies, la fluidité, la légèreté. Je sais que c'est possible.

---

1. Arnaud Desjardins, *Les Chemins de la sagesse*, La Table Ronde, 1999.

Huitième monde

En descendant vers Toronto, Luc et Asalla nous proposent de visiter un parc provincial. D'après eux, il y a des sculptures qui devraient intéresser les Kogis. Au bout d'une petite route de campagne, une piste de terre s'enfonce sous les frondaisons d'une forêt de pins, d'épinettes et de feuillus. Nous sommes dans le parc régional des Pétroglyphes, du nom des sculptures réalisées par les premiers Indiens qui ont occupé les lieux il y a environ mille ou mille trois cents ans... Anciennement territoire sacré des Algonquins, le site, son aménagement et son exploitation ont été cédés au gouvernement qui en a fait un parc régional avec toilettes, parking, hot dogs et souvenirs. Sur le dépliant, qui présente le lieu et ses attractions, il est précisé que « les cultures préhistoriques nord-amérindiennes utilisaient souvent ce type de sculptures. Leurs mythologies suggèrent que certaines régions ou certaines formations géologiques étaient particulièrement propices pour entrer en relations avec les esprits et les énergies de la terre ». Le parc des Pétroglyphes serait de ceux-là. Après une heure de marche, nous arrivons devant un long bâtiment de béton et de métal qui masque le site.

— C'est le début de la saison, le parc n'est pas encore ouvert, nous explique son gardien, un jeune étudiant embauché pour l'été.

Quelques explications sur les Kogis, d'où ils viennent ... et après un moment d'hésitation, il finit par nous ouvrir les portes. Étrange, l'ambiance du lieu est presque religieuse. Manuel et Manuel s'avancent sur la plate-forme en béton qui surplombe les Pétroglyphes. On dirait qu'ils reconnaissent quelque chose, des formes, une écriture ? Leur conversation s'anime. Un symbole, puis un autre, ils semblent reconstituer une histoire, lecture magique d'un livre ouvert écrit par d'autres en d'autres temps.

— C'est un lieu très important, c'est comme un livre pour vous. Ici, toute l'histoire de la mère est racontée. Les animaux, les plantes, les montagnes, les rêves, tout ce qui est ici vit dans la terre. C'est le soleil et la lune qui protégeaient cet endroit.

Ainsi, deux hommes venus d'un autre continent pourraient lire et déchiffrer cette écriture ?

— Là, il y a les étoiles, là, c'est le soleil, et ça, c'est le gardien du soleil. Chaque animal nécessite d'être protégé, écouté, il faut faire des offrandes pour chacun d'entre eux. La pensée est écrite là, comme dans un livre, la pensée des arbres, des animaux, pour savoir comment les protéger. C'est un lieu très important, un peu comme une carte qui explique le monde, qui relie les êtres vivants. Une carte qui explique comment il faut faire les offrandes pour la terre. Tout est écrit, il y a la mer, les forêts, les animaux.

— Vous comprenez tout ce qui est sculpté ici ?

— Oui, ici, en bas, il y avait de l'eau, ils l'ont enlevée. Autour, les gens ont mis du fer et du béton, cela tue le lieu, c'est grave. Regarde, là, on peut même voir comment la terre va mourir si nous ne faisons rien, c'est écrit... Les Blancs n'ont pas compris que ce site était vivant. Qu'il a besoin de l'eau, de l'air, de tous les éléments de la vie. Là, regarde, ils ont enlevé l'eau, ils ont enlevé l'énergie, le site est en train de mourir, et ce site, c'est la terre mère...

On a longtemps dit que les sociétés amérindiennes étaient des sociétés sans écriture, signe de leur faible niveau de développement. Mais pour nombre d'entre elles, écrire, c'est risquer de perdre la mémoire, de s'éloigner de l'expérience qui fait sens. Ils ont préféré investir dans la tradition orale et le symbole, cette autre écriture qui, au-delà des mots, touche le physique, l'inconscient et le mental. Cette écriture qui relie à l'essence du monde.

« Les sociétés traditionnelles ont toujours témoigné de la méfiance et d'une extrême réserve vis-à-vis de l'écriture lorsqu'elle s'applique aux enseignements spirituels, car elle fige. La transmission orale de la connaissance exige,

Huitième monde

de celui qui en est porteur, de l'avoir entièrement intégrée en lui-même. Il ne s'agit pas d'un savoir extérieur, et donc sujet à errements. L'écriture fixe l'esprit et le cristallise dans une forme, et de la forme naît l'idolâtrie [1]. »

Au-delà des conférences grand public, Luc et Asalla ont prévu plusieurs rencontres avec des représentants amérindiens. Des rencontres difficiles entre un monde qui est encore, et un autre qui souffre et se cherche. Lakotas, Inuits, Algonquins, Micmacs, Iroquois, rendez-vous est pris pour trois jours d'échanges au bord d'un lac, au nord de Montréal.

À notre arrivée, nous sommes accueillis par Grand-Mère Georgina, une femme toute ronde enveloppée dans une grande tunique de couleurs. Ses cheveux courts et grisonnants sont pris dans un serre-tête de cuir orné de coquillages. Derrière ses petites lunettes dorées, deux yeux bleus, pétillants, regardent le monde. Héritière de la tradition Micmac, femme médecine, Grand-Mère Georgina est blanche, aussi blanche que la plus blanche des ladies anglaises. Je lui ai demandé si les gens n'étaient pas étonnés de voir une femme blanche parler en indienne et se réclamer de la tradition Micmac. En souriant, elle me répond qu'elle est comme une pomme retournée, blanche à l'extérieur, mais rouge à l'intérieur.

— C'est ma grand-mère qui m'a élevée, c'est elle qui m'a tout appris... Un jour, elle m'a raconté qu'elle avait été attachée pendant plusieurs jours à un arbre, elle était nue, et ils l'ont...

Sa voix se brise. Georgina pleure, doucement elle pleure la douleur et la tristesse de son peuple.

Je me demande si les Kogis pleurent parfois.

---

1. Pascal Glavani, *art. cit.*

Le chemin des neuf mondes

— On apprend à nos enfants qu'il ne faut pas pleurer, car s'ils pleurent, les rivières vont déborder et les petits chiens noirs, ceux qui montent l'âme des morts vers les montagnes, ne pourront plus traverser, me soufflera Manuel.

Pendant trois jours, les témoignages vont s'enchaîner, difficiles, poignants. Témoignages de nations bafouées, soumises, qui souffrent dans leur cœur, dans leur chair. Communautés de regard, de pensée, entre frères du Nord et frère du Sud. C'est Manuel Dingula qui, le premier, prend la parole. Doucement, de sa voix fluette, presque chuintante, il parle des Kogis, de la Sierra.

— Le peuple Kogi est organisé autour de la responsabilité du Mamu, c'est celui qui connaît les lois de la nature. La Sierra Nevada où nous vivons est comme un monde complet. Nous pouvons vivre, voir et sentir toutes les formes de la nature. Nous avons appris des Mamus, les sages, que chaque chose de la nature est une forme de vie, et que toute vie a une mère, l'eau a une mère, les arbres ont une mère. Les Kogis se réunissent avec les Mamus pour discuter des problèmes et des difficultés actuelles, pour essayer de trouver des solutions pour leurs villages, pour la Sierra ou pour la terre. Ils essayent de voir d'où viennent les problèmes, et le Mamu fait les offrandes pour chaque forme de vie. Le territoire Kogi est un cercle, délimité par une ligne, la ligne noire. C'est la représentation de l'ensemble du monde. C'est cette représentation que nous travaillons. Ce cercle, c'est aussi nos mochilas, la Kankurua, le poporo, et nous considérons que la mère nature est dans ce cercle. Il y a beaucoup de gens sur les territoires Kogis. Dans chaque village, on analyse les situations, puis on réunit les informations pour essayer de trouver ensemble des solutions. Les lieux où nous faisons des offrandes sont particulièrement sacrés. Il est impossible d'apporter des choses de l'extérieur qui ne soient pas adaptées.

Huitième monde

Au bout de quelques minutes, c'est au tour de Manuel Alimako de prendre la parole. Presque timidement, la main posée sur le cœur, il s'adresse au cercle des anciens venus pour les rencontrer.

— La mère nature a laissé des lois, les lois de la nature, pas celles des hommes. Ces lois sont gardées par les anciens, les Mamus, et transmises aux jeunes. Ces lois enseignent qu'une personne c'est aussi la nature, qu'une personne est aussi composée d'eau, de minéraux, d'air, et de tout ce qui compose la terre en général. C'est pour cela que la personne est la mère nature, et la nature un corps. Se faire du mal à soi, c'est faire du mal à la terre. Si on enlève le sang du corps, il meurt, si on enlève les minéraux du corps il meurt, c'est pareil pour la terre. Si on enlève le pétrole, le sang de la terre, elle meurt, si l'on coupe les arbres, ses cheveux, elle meurt. Nous sommes la nature. La question est de savoir comment nous allons protéger la terre. Pour cela, il faut faire des offrandes. Ici, nous ne savons pas où et comment vous faites des offrandes. C'est important pour que l'on puisse recréer des liens, échanger. Nous sommes venus ici pour dire que nous avons les mêmes problèmes et pour essayer ensemble d'y faire face et de trouver des solutions. La terre mère, la terre, est malade, nous sommes venus pour savoir ce que nous pouvons faire ensemble...

Pendant de longues minutes, les cinq représentants des cinquante chefs héréditaires de la communauté des Six Nations (Iroquois, Mohawk), ces peuples dont l'organisation politique a servi de base à la constitution américaine, se concertent entre eux. Puis Sarah Smith, une « grand-mère » particulièrement écoutée et respectée, se tourne vers les Kogis :

— C'est une grande surprise de voir les similitudes entre votre culture et la nôtre. C'est de la terre que nous venons. C'est pour cela que nous l'appelons aussi la mère.

Le chemin des neuf mondes

Si notre corps est malade, notre esprit n'est pas bien non plus. C'est la base de notre culture. Nous avons quatre directions, quatre cérémonies, et nous suivons ces cérémonies toute l'année. La mère nous a donné le tabac, nous le brûlons comme offrande. Nous faisons aussi des cérémonies pour les semences. Si quelque chose ne va pas, on réunit tout le monde et on fait des cérémonies pour purifier le corps et l'esprit. Mais aujourd'hui, nous avons perdu le lien avec la nature, avec les lois de la terre. Si nous prenons conscience de cela, nous pourrons retrouver l'équilibre.

Sur la réserve des Six Nations, au sud de Toronto, maisons, vêtements, écoles, tout est prêté ou mis à disposition par le gouvernement. Chaque membre de la communauté a une carte qui donne accès à un ensemble de services, « une carte qui nous rend totalement dépendant, comme des enfants », commente Sarah Smith. Une situation d'assistance qui étouffe depuis longtemps toute velléité de révolte ou de contestation. Son visage, à la fois doux et déterminé, se voile de larmes.

— Notre communauté est très fracturée, éclatée. Je vois ce qui se passe, mais je ne sais comment faire. Il y a beaucoup de suicides, de la drogue, de la souffrance, beaucoup de souffrance. Il y a cinquante ans, il y avait beaucoup de poissons dans notre rivière, des poissons différents. Aujourd'hui, il n'y en a plus. Nous avons encore le droit de chasser l'orignal, mais il n'y a plus d'orignaux. J'ai mal dans mon cœur et je ne peux rien faire. J'ai trop de douleur. Quand j'étais jeune, il y avait des chevaux, on pouvait couper du bois dans la forêt, maintenant c'est fini. C'est difficile d'expliquer ça à des adultes qui ne veulent pas écouter, les gouvernements qui veulent plus d'argent et encore plus, qui coupent les arbres, font disparaître les poissons. Les réponses, elles sont en nous, dans notre cœur.

Huitième monde

Un Cree, représentant des communautés amérindiennes de Colombie britannique, à l'ouest du pays, prend à son tour la parole :

— C'est important de s'asseoir ici pour parler. C'est un grand honneur de partager cet instant avec les Kogis. On peut discuter un an, mais ce n'est pas ce qu'ils nous demandent. J'ai écouté beaucoup de gens, des conférences, tout le monde parle des mêmes choses, mais il ne se passe pas grand-chose. Je sais que nous avons tous des choses communes, peu importe qui nous sommes et d'où nous venons. L'important aujourd'hui est : que faire et comment le faire ? Moi, je ne suis qu'un homme avec des yeux, des oreilles et une bouche pour partager avec vous. La différence que nous avons avec les plantes et les animaux, c'est que nous pouvons choisir entre plusieurs chemins. Chez nous seulement 1 % des enfants parlent notre langue, ce que nous savions est perdu, ce que nous connaissions est perdu. Ma grand-mère ne voulait pas nous apprendre notre langue, car les Blancs se moquaient de nous, même des Indiens se moquaient de nous. Aujourd'hui, je veux réapprendre ma langue et la transmettre à mes enfants. La seule manière de montrer que la tradition est importante, c'est de la vivre. Nous devons nous unir, travailler ensemble. C'est étonnant que les Kogis viennent nous demander de l'aide, alors que nous avons tellement à apprendre d'eux. Aujourd'hui, nous avons des technologies pour aller de plus en plus vite, pour faire la guerre, mais cela n'aide pas à vivre mieux, plus en paix.

C'est au tour d'Arvol Looking Horse, Indien Lakota, de s'avancer au centre du cercle. Sa voix grave et sa stature sont impressionnantes.

— Chez nous, il y a beaucoup d'enfants atteints par le mercure. Il y a beaucoup d'animaux malades ou qui disparaissent, beaucoup de maladies, de déséquilibres et de souffrances. C'est difficile de parler de la souffrance des

Le chemin des neuf mondes

mères dont les bébés sont malades. Il y a aussi beaucoup de violence, de suicides. On essaie souvent d'en parler, mais personne n'écoute. Depuis 1978, nous essayons de relancer notre culture, nos croyances, mais beaucoup de gens ont peur. Beaucoup s'enfuient dans les jeux, l'alcool. C'est le problème de tous les peuples indiens. Je vais beaucoup dans les prisons au Canada, aux États-Unis, c'est un voyage sans fin. Pour moi, c'est une immense tristesse de devoir vivre dans une réserve, de voir cette souffrance, la drogue, la violence. Dans ma famille, nous ne sommes plus que deux, les autres sont morts à cause de l'alcool, de la maladie ou de la violence. Beaucoup de gens pensent encore que nous vivons dans des tepees et que nous sommes un peuple spirituel. Mais c'est fini. Nous ne vivons plus dans des tepees, depuis longtemps. Il y en a beaucoup qui se disent spirituels, mais c'est faux, ils ne le sont pas. On connaît les problèmes, on sait ce qui se passe, mais personne ne fait rien. Comment faire pour que les gens écoutent ? Et quand ils vont écouter, est-ce qu'il ne sera pas trop tard ?

Après le déjeuner, le cercle reprend. Au centre les anciens, autour leurs accompagnateurs ou quelques curieux, je me demande ce qu'ils font là.

— Je m'appelle Angaangaq, je vis sur la côte ouest du Groenland. Je viens vous parler de la terre, de sa destruction, de la pollution qui, peu à peu, détruit mon peuple...

L'homme qui s'exprime ainsi est un Inuit. Le visage rond, barré par une petite barbiche grise, les cheveux noirs noués par une fine cordelette de cuir, il s'avance doucement au centre du cercle des anciens. Gilet, bottes, pantalon de peau, il porte ses vêtements traditionnels, ces vêtements qui font la fierté de son peuple, de sa culture.

— ... Ou nous agissons, ou je m'en vais, car il y a trop de choses à faire et peu de temps, il faut soigner la terre, former nos enfants, les accompagner dans la vie pour

Huitième monde

qu'ils ouvrent leur cœur, qu'ils écoutent leurs émotions. Il faut qu'ils aient une belle vie. Quand un homme a une belle vie, à l'heure de mourir il est prêt à passer dans l'autre monde, il porte la paix et l'harmonie...

Angaangaq nous parle de son peuple qui meurt, de la terre détruite, des animaux qui disparaissent ou qui naissent déformés, de la pollution qui s'échoue là-haut sur ces terres gelées. Dans ses propos, il y a de la gravité. De la gravité mais aussi de la légèreté, comme si, malgré tout, il fallait rester dans la vie, ne pas se laisser entraîner par cette pesanteur mortifère, cette obscurité qui nous gagne et nous attire.

— Quand j'étais jeune, un ancien m'a dit qu'un jour il nous faudrait acheter de l'eau dans des bouteilles. Quand il m'a dit ça, j'ai éclaté de rire. Chez nous l'eau, c'est la vie, elle est partout, alors pourquoi l'acheter dans des bouteilles ? Aujourd'hui, ma fille ne peut plus allaiter son bébé, l'eau des bouteilles est sans goût, elle est déminéralisée... mais les minéraux, c'est important pour le corps. Est-ce que vous avez déjà goûté de l'eau de source, vous vous souvenez de ce moment ? C'est la meilleure.

Angaangaq s'interrompt. Le silence s'installe. Il prend un large tambour, le met sur son épaule et appuie sa tête contre la toile sombre. Puis, il commence à chanter, pour la vie, pour les femmes, pour le monde. Sa voix est grave, profonde. Amplifiés par le tambour, cris, chants, mélodies résonnent profondément dans le cœur et le corps des personnes présentes. L'impression est saisissante. L'émotion est là. C'est comme s'il parlait un autre langage, comme s'il s'adressait à une autre partie de nous-même. Angaangaq se déplace, lentement. Il s'approche de l'un des participants, se recule, s'éloigne, se rapproche. De nouveau. Des masques tombes, s'effritent...

— C'est très difficile de poser les masques, de faire

fondre la glace qui entoure nos cœurs, de dénouer les nœuds de souffrance et d'ombre qui nous habitent...

Dernière vibration, dernière note, posée délicatement au milieu du cercle. Puis, Angaangaq se met à genoux, range son tambour et ouvre délicatement une curieuse boîte en bois qu'il dépose devant lui...

— Dénouer les sentiments, les nœuds de souffrance, ouvrir son cœur... J'ai avec moi beaucoup d'amulettes, de médecines qui m'ont été données pour m'aider dans ce travail. Il y a ce collier de graines et de plantes d'Amazonie. Il me relie à la puissance de la terre, à la forêt profonde, cette forêt que je connais peu. Et puis il y a cette griffe, c'est une griffe d'ours noir. Elle représente la vérité, pourquoi la vérité ? Quand tu rencontres un ours noir, un grand, tu as vraiment très très peur, tu ne peux plus mentir, ni à toi ni aux autres. Ce collier, il a une histoire à raconter, un jour, je grandirai, un jour je serai digne de porter cette dent...

Un salut, quelques mots de remerciements et Angaangaq se retire du cercle. Pendant quelques minutes, le silence est puissant, presque brûlant, un peu comme une note de musique dont la vibration serait toujours là, suspendue... Il s'est passé quelque chose. C'est la fin de la rencontre. Les regards se tournent vers Manuel et Manuel : que vont-ils dire, comment vont-ils répondre ?

— Si cela continue, le monde va disparaître. On est tristes, comment allons-nous protéger la nature, comment allons-nous faire les offrandes pour soigner la terre ? Je ne connaissais pas avant, chez vous, je suis venu, il y a des sites sacrés ici. Ensemble il faut les retrouver, les réveiller pour faire les offrandes. On va rechercher cela, nous sommes tous indiens, on va s'appuyer, s'aider pour cela, pour nourrir le père soleil et la mère lune. On va rechercher ensemble sincèrement, et on va continuer à travailler. À vous, je dis que là-bas, dans la Sierra, on va vraiment faire

Huitième monde

ce travail. Avant j'étais triste, j'ai entendu vos paroles, je sais que les lieux sacrés vont revivre. Vos paroles sont vraies, ensemble nous ferons revivre ces lieux, il ne faut pas simplement les réveiller, il faut les faire vivre, j'ai entendu vos paroles, les sites vont revivre.

Le voyage se termine. La veille du départ, assis à l'orée de la forêt, nous passons un dernier moment à parler de ce voyage, de ce qui les a surpris.

— Avant de venir, je craignais de rencontrer des Mamus importants ici, et moi, je suis jeune, j'avais peur de ne pas pouvoir répondre. J'avais amené tout ce qu'il faut pour les rituels, mais je n'ai rencontré personne. J'ai demandé où étaient les sites sacrés pour travailler, sentir leur importance, leurs vibrations, mais je n'ai rien vu. Il y a des sites, mais plus personne pour expliquer comment ils fonctionnent, comment ils vivent. Alors pourquoi parler, et à qui, s'il n'y a personne pour recevoir les paroles, elles s'envolent dans le vent...

Un moment de silence, quelques oiseaux tournent au-dessus de la maison, des aigles.

— C'est bizarre, chez vous, dans vos pays, vous dépensez une énergie folle pour faire des lois et pour les changer quand cela vous arrange. Vous avez une armée, la police, pour les faire respecter, et si quelqu'un ne les respecte pas, il va en prison. La nature a aussi ses lois, ce sont les lois de la vie, c'est celles-là qu'il faut connaître et protéger, et vous ne les respectez jamais. Pourquoi ? Si quelqu'un abîme la nature, détruit des lacs ou des rivières, vous ne lui dites rien... Pourquoi ?

Je reste silencieux, il y a parfois des évidences qui n'appellent aucune réponse.

Déjà l'aéroport. Avec une amie qui m'a accompagné, je repars vers la France. Lindo et les deux Manuel repartent vers la Colombie et la Sierra de Santa Marta. Derniers échanges...

— Tu te souviens des deux chauffeurs, ceux qui nous ont accompagnés pendant le tournage du film ?

— Oui.

— Ils sont tous les deux morts... tués...

— Tués ? Mais par qui et pourquoi ?

— Tu connais la Colombie, tu sais comment ça se passe. Un coup c'est la guérilla, un coup les paramilitaires, plus tous ceux qui en profitent pour régler leurs comptes...

Je suis intrigué et impressionné par le calme de Lindo. Ce n'est pas de l'indifférence, plutôt du détachement, ce détachement indispensable pour qui veut survivre au quotidien dans ce pays. Morts ! Je revois leurs visages, leur engagement à nos côtés lors de notre premier voyage avec les Kogis, les photos que nous avions prises, pour leurs amis, leurs familles. Dans la descente, le plus jeune des deux chauffeurs m'avait confié ses rêves, ses projets. On avait ri en pensant à la bière que nous allions partager, plus tard, dans la vallée... Absurde.

Chapitre 9

Neuvième monde

> *Être et dire... Alors, s'est formé le neuvième monde. Il y avait neuf Bùnkua-sé blancs. Alors, les pères du monde ont rencontré un grand arbre, et dans le ciel, sur la mère, sur l'eau, ils ont fait une grande maison. Ils l'ont faite en bois avec des palmes et des lianes, bien faite, grande et puissante comme une grande Kankurua. Cette maison, ils l'ont appelée Alnàua [Aluna]. Mais, il n'y avait pas encore de terre. Le jour n'était pа encore levé. Ainsi, les choses furent faites, ainsi est né Sintana. C'est la mort (l'ouverture au cosmos) de l'être et sa renaissance au monde. Ça pourrait être l'unicité, le dépassement dans un tout infini.*

Après quinze ans de vie entre ici et ailleurs, quinze ans d'errance entre l'ordre et le chaos, je me demande ce que je dois retenir de cette histoire. Pour m'être longtemps posé la question, je sais que la réponse ne m'est pas venue tout de suite. Il y a eu des moments d'expérience, où la vie m'a emporté, submergé dans son tumulte, des instants de répit, où, posé sur une rive calme, un lieu de tranquillité, j'ai tenté de remettre les choses en ordre, de les relier, il y a eu beaucoup de doutes et de solitude. Mais peu à peu, les mots ont (re)trouvé un sens, le sens a permis une

Le chemin des neuf mondes

organisation, une harmonie, l'harmonie m'a ouvert le chemin de la sérénité (le tout début) et les formes de l'évidence, de ce qui est, ont commencé à transparaître (un tout petit peu).

L'une de mes grandes découvertes, sans doute naïve, est d'avoir compris que je passais peu à peu, comme des milliers d'autres êtres humains avant moi, le frêle miroir qui sépare l'être aveugle de l'être humain. Que ce chemin, s'il ouvrait une multitude de possibles et de joie, plongeait souvent ceux qui l'empruntaient dans la solitude et le désespoir. Que, de tout temps, des hommes et des femmes de lumière s'y sont engagés pour tenter d'aider leurs frères, de les accompagner, parfois jusqu'à la mort. Que ce chemin, fils des cycles infinis et mystérieux de l'univers, n'est qu'un éternel recommencement qui permet la naissance et qui prépare à la mort. C'est pour assumer et entretenir ce cycle que chaque époque historique se doit de réinventer, réincarner les principes vitaux qui, de tout temps et à travers toutes les cultures du monde, jalonnent ce chemin de vie.

Autre découverte qui fut une grande délivrance : comprendre que le savoir n'est pas cumulatif. Dans une bibliothèque ou chez des amis, lorsque je laissais courir mon regard sur les centaines de livres, alignés, production multiforme de l'imagination humaine, je me demandais s'il était nécessaire de tout lire, tout comprendre, avant de pouvoir porter un regard sur le monde. Inquiet, je pensais à ceux qui allaient venir derrière, plus tard. Histoire, politique, géographie, biologie, sociologie, physique... Comment feront-ils pour saisir cet ensemble protéiforme porteur de mille chemins ? Discontinuité des apparences et perception linéaire du temps m'empêchaient d'accéder à la continuité du réel. Derrière les vagues, je ne voyais pas la mer.

Mon expérience chez les Kogis m'a permis de renouer,

Neuvième monde

de relier au sens latin de *religio*, de *re*, et *ligare*, c'est-à-dire de re-lier. Relier le cycle *et* le temps, la conscience *et* les connaissances. Alors, le savoir devient simple, gratuit, léger, chemin jubilatoire, mille fois parcouru, de redécouverte du monde des autres, de la vie.

Plusieurs fois, à l'issue de mes conférences, des participants m'ont posé cette question :

— Et finalement cette expérience, qu'est-ce qu'elle vous a apporté, ça a changé quelque chose dans votre vie ?

Ce que cette expérience m'a apporté ? La découverte d'une posture, d'un état qui permet de vivre, d'entrevoir et de comprendre. Si l'on accepte l'idée du chemin et de la posture qui permet de l'emprunter, alors tout peut être simple et juste. Comme pour une recette de cuisine, j'ai essayé de résumer en quelques mots ce qui pourrait fonder cette posture, quelques mots simples et si difficiles. Apprendre à être au présent, joyeux, juste et transparent. Si, finalement, on arrêtait de vouloir être autre chose que ce que l'on est, si enfin on habitait le présent, pour vivre et humer les jours qui passent, leur donner vie, le tout avec légèreté et en s'amusant ?

Quinze ans pour en arriver là, quinze ans pour (re)trouver le sens des choses et tenter d'y trouver sa juste place. Peut-être aurais-je pu aller plus vite, gagner du temps ? Mais dans notre société, où le chemin se mène au gré des rencontres et des ruptures de la vie, comment aller plus vite, pourquoi et vers où ?

Lors de l'un de mes voyages dans la Sierra, j'ai demandé à Miguel et à Mamu Khacüan ce que signifiait ce rêve qui m'avait habité, cet homme assis dans l'ombre d'une hutte et ce chemin qui disparaissait entre de hautes falaises blanches. Les deux m'ont fait la même réponse : « Tu vas rencontrer des hommes plus sages que toi, mais il te faudra du temps. » Quinze ans !

Aujourd'hui, je suis sur le pas d'une porte. Je sais qu'il

me reste un grand voyage à effectuer, le dernier, le plus beau, le plus effrayant aussi. Celui sans lequel le cercle ne serait pas complet. Le voyage de l'union et du partage avec les cycles du monde et les formes du vivant. Non pas un partage par la parole et les mots, mais un partage par la pensée et l'expérience. Un voyage qui éloigne et relie, qui permet de retrouver les liens ténus, immenses et minuscules qui relient les formes du vivant, toutes les formes du vivant.

« Celui qui pénètre dans la connaissance voit aussitôt s'abolir les cloisons qui séparent les différents règnes. Il perçoit le langage de l'animal comme celui des fleurs et des arbres[1]. »

J'aimerais pouvoir parler de dissolution, de disparition, presque de mort, mais je n'en suis pas sûr, ou plutôt, je ne suis pas sûr d'être prêt. J'ai pourtant la conviction que ce n'est qu'après avoir franchi cette étape, qu'après être mort au monde des idées et des illusions (sans pour autant en nier ou en rejeter la réalité) que l'homme peut enfin tenter de devenir humain. Un géographe du XIXe siècle, Élisée Reclus, évoque dans l'un de ses ouvrages que « l'homme n'est rien d'autre que la nature prenant conscience d'elle-même ». Ce cheminement de conscience s'inscrit dans le temps et dans le lien. Il est à la fois cumulatif, au regard de l'évolution générale du monde et de la pensée humaine, en expansion, par l'intégration progressive des connaissances, et cyclique, de par la réinvention régulière des règles et des principes qui le structurent et lui donnent sens. Et c'est là sans doute que se situe le point de fragilité. Sans les règles et les principes qui organisent le chaos, la société humaine est condamnée à errer et à se perdre entre immobilisme et destruction.

---

1. Marie-Madeleine Davy, *op. cit.*

Neuvième monde

Il y a quelques mois, Miguel m'a donné son accord pour venir vivre un an parmi son clan, pour les accompagner dans le réveil de leurs terres. Lorsque je lui avais fait ma demande, il avait penché la tête, puis m'avait répondu, un sourire malicieux aux lèvres :

— Tu pourras rien apprendre en un an, ou si peu !

Encore un voyage, mais quel voyage ! Cette fois-ci, je quitte tout. Consulting, clients, amis, compagne, je m'offre ce cadeau, ce luxe incroyable de pouvoir me libérer des attaches de notre monde. À quelques mois du départ, j'essaie d'imaginer ce qu'il me faudra emporter. Du papier, quelques crayons, une couverture, pour le reste... Ah ! si, de la peinture et une flûte, histoire de créer et de jouer, comme ça, sur les airs du temps.

Pendant un an, je vais m'imprégner de la Sierra, de ses rythmes, je vais vivre le monde de l'intérieur, aller enfin au-delà des mots, des apparences, m'immerger dans l'expérience et sa compréhension symbolique.

« Dans les cultures amérindiennes, la formation est inséparable de la quête du sacré. L'instruction est quasiment inexistante. L'accent est mis sur l'observation et la participation active. Le sens n'est pas donné à priori, il émerge des résonances symboliques qui se révèlent dans l'interaction entre une personne et un événement [1]... »

Je ressens un désir presque vital de sortir d'un monde sec et sans vie pour me replonger dans des origines lointaines, profondes, celles-là même qui donnent sens et couleurs aux jours qui passent. Désir de cheminer dans l'expérience.

« Fondamentalement, l'éducation indienne est une immersion dans l'expérience, elle ne se dissocie pas du processus global de la vie conçue comme un cercle sacré dans lequel chacun est immergé. L'éducation et la forma-

---

1. Pascal Glavani, *art. cit.*

Le chemin des neuf mondes

tion visent donc à créer un état d'équilibre avec le flux incessant de l'actualisation des expériences. La formation, ce n'est pas l'acquisition de connaissances isolées, c'est un type de comportement et de valeurs qui se développent au cœur de l'expérience par une relation globale avec les autres et le monde[1]. »

Mais, au-delà de ce voyage, il y a autre chose, une intuition que j'aimerais comprendre, vivre et sentir. Un quelque chose qui me trotte dans la tête, qui n'est pas vraiment une idée ou un concept, juste une direction, une piste.

Au même titre que quelques rares autres peuples à travers le monde, les Kogis portent et entretiennent encore ces règles et ces principes, véritables clés d'accès à la conscience du monde. Ils en sont les gardiens. À ce titre, ils sont les gardiens des chemins de conscience que les êtres humains se doivent d'entretenir, s'ils veulent rester humains. Ils sont les gardiens de la vie... cette phrase me tourne dans la tête...

« Dans les traditions religieuses d'Amérique, il n'y a pas de fondateur reconnu, pas d'autorité "biblique", pas d'Église ou d'organisation religieuse spécifique, pas de collège de chefs spirituels professionnels. [...] L'accent [est] mis sur le contact direct avec les êtres surnaturels à travers les rêves et les visions[2]... »

Visions intérieures, gardiens des chemins de conscience. J'essaie un moment d'imaginer ce que pourraient être ces chemins, ces voyages, s'ils n'étaient pas uniquement métaphoriques. S'ils exprimaient d'autres choses, d'autres réalités, d'autres connaissances. J'ai longtemps lu et entendu ces idées, ces concepts comme étant de simples représentations intellectuelles, sans fondement physique précis. Et si

---

1. *Ibid.*
2. Ake Hultkrantz, *Religions des Indiens d'Amérique*, Le Mail, 1993.

Neuvième monde

ces mondes, ces réalités existaient ? Et s'ils ne faisaient pas partie d'une simple projection de l'esprit ?

À plusieurs reprises, je leur ai demandé ce qu'ils pensaient des avions, des fusées et de toutes ces machines bizarres que l'homme blanc a inventées pour se déplacer.

Lorsqu'ils me répondaient : « Oui, oui, on connaît ces machines, on en a déjà inventé le principe... », je ne pouvais m'empêcher de comprendre cette réponse à travers l'idée que je me faisais du déplacement physique d'un corps dans l'espace, ou plus exactement, à travers l'expérience que j'en avais. Cette expérience étant le résultat d'un processus historique de développement que les Indiens n'avaient pas vécu, il m'était difficile, voire impossible d'imaginer qu'ils aient pu développer un autre processus porteur de résultats tout aussi stupéfiants. Et puis d'abord, comment auraient-ils pu inventer l'avion ou les fusées ? C'est impossible. Tellement impossible qu'il fallait bien trouver une autre explication. À ce propos, les analyses proposées par les ethnologues et autres spécialistes des sociétés premières me rassuraient presque. D'après eux, de telles réponses ne sont qu'une manière pour les sociétés premières de penser et d'intégrer notre modernité, de lui donner sens. Bon, alors ça va... En affirmant avoir déjà découvert les principes de ce que nos machines permettent, ils se donnent le possible d'intégrer notre histoire dans leur univers. Tout va bien.

Mais il y a toujours quelque chose qui me tracasse. Je me suis remémoré ce que je répétais consciencieusement durant mes conférences, mais sans toujours en comprendre les réelles implications. Cela fait plusieurs centaines d'années que les Kogis s'interrogent sur la manière la plus juste d'être au monde en équilibre avec ses différentes composantes. Peut-être n'ont-ils rien perçu du monde et de ses mystères, cela serait rassurant de le penser, mais sans doute ont-ils trouvé quelques principes, quelques concepts intéressants et différents de ce que l'on connaît par ailleurs.

Ils ont accès de *l'intérieur* aux règles clés qui fondent l'équilibre du monde. Ils sont capables d'aller au-delà des apparences, d'accéder aux liens invisibles qui tissent la vie. Gardiens de la vie, ils sont gardiens des portes de tous les mystères où s'ajustent l'apparent et l'invisible, il n'y a que des mots... ou il y a autre chose ?

« Le paradoxe est le suivant, pour découvrir le mystère du monde, il est nécessaire dans un premier temps de lui tourner le dos, de s'en écarter pour se diriger exclusivement vers le domaine intérieur. Ce n'est qu'au terme de ce voyage intérieur, au bout du cheminement dans "l'espace du dedans", qu'en redébouchant sur le monde l'être sera en mesure d'en avoir une vision absolument claire et neuve [1]. »

Bien sûr, on peut prendre cette affirmation de François Trotet, parlant des voyages intérieurs d'Henri Michaux, comme une simple métaphore, une façon d'illustrer le nécessaire travail de méditation, de voyage intérieur qui permet à l'homme de se recentrer, si ce n'est de se retrouver. Je ne peux m'empêcher de penser que, dans le cas des Kogis, il s'agit de cela, mais de bien plus que cela.

La première fois que je me suis posé ces questions, que j'ai eu ces intuitions, je crois que je n'ai pas bien réalisé ce vers quoi m'emmenait mon esprit. Cette idée, ce possible, je me suis presque amusé à le formuler pour voir, pour entendre comment il prenait forme, comment il résonnait dans mon esprit. À travers les symboles, concepts et pratiques qui structurent leur univers, les Kogis auraient accès à un autre niveau de réalité. *Aluna*, l'énergie, *Yuluka*, l'équilibre, *Sewa*, l'alliance, *Sêlda*, le contraire, et tous les

---

1. François Trotet, *Henri Michaux ou la sagesse du vide*, Éditions Albin Michel, 1992.

Neuvième monde

autres concepts qui fondent leur univers ne seraient pas que des concepts abstraits qui permettent de déterminer la vie des Kogis. « Ils se réfèrent à un autre ordre de réalité, étrangère à la nôtre [1]... »

La Kankurua, cette grande hutte sacrée, reproduction réduite de l'univers, représenterait une véritable porte d'accès à ces différentes dimensions et aux clés du savoir des Kogis. Entrer, pénétrer dans une Kankurua serait un peu, sous certaines conditions, comme pénétrer dans une « machine », sinon à voyager dans le temps tel que nous le concevons, au moins à voyager dans l'espace : l'espace de la connaissance, de la matière vivante, l'espace du microcosme, représentation réduite du macrocosme qu'est le monde.

Plusieurs indices m'ont mis sur la voie de cette hypothèse. L'idée de mondes parallèles, d'univers cosmique en interrelations les uns avec les autres, une idée qui revient souvent dans les propos des différents Mamus avec qui j'ai pu dialoguer. Autre indice, un dessin réalisé par Gerardo Reichel-Dolmatoff lors de ses travaux auprès des Kogis, dessin qui intègre la Kankurua dans ce qui semble être une grande spirale qui se perd dans l'infinie du monde.

L'idée, enfin, que dans la culture Kogi, chaque chose, chaque objet perceptible a sa contrepartie, son image exacte, mais inversée, au-delà du visible. Comme si un grand miroir divisait deux mondes, le monde perceptible, sensoriel, et un autre monde invisible, porteur de sens. Que dans ce monde, nous ne pouvons voir que la moitié visible des choses, qu'il faut aller au-delà des phénomènes pour rejoindre Aluna, communiquer avec Aluna, travailler en Aluna qui seule donne sens et oriente la vie.

Et puis, il y a tous ces points de convergence, d'étonnan-

---

1. Gerardo Reichel-Dolmatoff, *Indios de Colombia. Momentos vividos. Mundos concebidos*, op. cit.

Le chemin des neuf mondes

tes similitudes qui rapprochent traditions et recherches objectives. D'après Antoine Danchin, dans son remarquable ouvrage *La Barque de Delphes. Ce que révèle le texte des génomes*[1], la vie serait quelque chose qui réunirait « l'information, l'énergie et la mémoire ». Des informations stockées dans une forme, une mémoire donnée, qui serait réveillée, mise en relation par l'énergie, et qui permettrait une exploration aléatoire des possibles. Or, de quoi parlent les Kogis lorsqu'ils « travaillent » dans Aluna, si ce n'est d'informations et de mémoire ?

Mais « ... l'intuition, qui est un magnifique secours dans la recherche de l'essentiel, ne remplace pas ce qu'elle est précisément appelée à aider, à faire découvrir[2]... ».

« Nous ne pouvons rien connaître, à moins que le sujet à connaître ne prenne possession de nous, dans notre acte de connaître. Connaître ne signifie pas "penser", mais être ce que l'on connaît[3]. »

C'est pourquoi, pour comprendre cette idée, cette folle hypothèse, et d'une manière générale, la pensée de ceux que l'on appelle aujourd'hui les peuples premiers, pour comprendre où et comment leur sacré est relié à notre profane, leur savoir à nos connaissances, il faut presque redevenir Kogi soi-même. Entendons-nous bien : il ne s'agit pas de devenir Kogi au sens visible du terme, c'est-à-dire de porter les mêmes vêtements ou de vivre dans des huttes, cela n'aurait aucun sens. En revanche, percevoir les principes sur lesquels se fondent de telles sociétés, les comprendre, les intégrer, et dans notre culture en réinventer l'articulation, l'incarnation... oui, cela pourrait nous ouvrir des chemins de savoir, de compréhension du monde et de nous-mêmes que nous ne soupçonnons pas. Pour cela, je

---

1. *Op. cit.*
2. Dominique Aubier, *La Face cachée du cerveau*, Dervy, 1992.
3. Carlos Lenkersdorf, *op. cit.*

Neuvième monde

vais devoir désapprendre ces routines que j'ai vécues jour après jour et qui m'ont enfermé plus sûrement que des barreaux de prison.

Lorsque j'arrive sur les terres chaudes que nous avons restituée aux Kogis, je suis frappé par l'exubérance de la nature, fleurs, fruits, arbres aux mille senteurs, les plantes et les êtres semblent habités d'une énergie profonde, comme s'ils ne faisaient qu'un, composantes infinies d'un énorme écosystème aux formes changeantes. La forêt, encore largement présente, bruisse des rumeurs de ses habitants. Singes hurleurs, grenouilles, rapaces, oiseaux multicolores vous interpellent lorsque vous vous risquez trop près de leur demeure. Après quelques heures de marche, entre les arbres apparaît un toit de palme. Juchés au sommet, deux hommes fixent une grande liane entre deux pieux. Installés depuis quelques mois sur cette troisième terre, Mamu Antonino et sa famille terminent la construction d'une Kankurua masculine. Un de ces lieux magiques où les Kogis se relient à la terre et au ciel. Bientôt la construction du deuxième temple, féminin celui-là, va pouvoir commencer. L'atmosphère est lourde, chargée d'humidité. Comme toujours, les Kogis travaillent lentement, sans précipitation, en recherche permanente de cette « juste » manière d'être et de faire pour que les choses soient à leur place.

Le sol a été préparé, nettoyé, les plates-formes restaurées selon un savoir ancestral, les palmes coupées dans la vallée puis acheminées sur la terre. Deux arbres ont été abattus. Ils permettront la réalisation des deux bancs qui traverseront la Kankurua de part en part. Les premiers hamacs sont fixés au mur. Enfin, Antonino va disposer d'un lieu où il pourra être Kogi, un lieu où il pourra accueillir ses hôtes de passage et avec eux penser le monde. De la terre froide (restituée en 1998), aux terres tempérées (restituées en 1999), puis aux terres chaudes (restituées en 2000), l'énergie va se remettre à circuler, les Kogis vont de nouveau tisser le fil fragile de la vie. Ici, ils vont transmettre la mémoire, et les règles qui se doivent d'imprégner toutes leurs activités.

Peu à peu, les cultures et leur incroyable système de contrôle biologique sont remises en place. Ils retrouvent les animaux, les plantes, les rythmes du lieu, lui redonnent son harmonie, en équilibre, toujours, sans dominer la nature, juste en l'écoutant.

« Toute culture est menacée par des prédateurs naturels, insectes, rongeurs, oiseaux ou limaces. Ayant connaissance des rythmes diurnes et nocturnes des activités de ces animaux, le Mamu établit des correspondances entre ces derniers et les cycles soli-lunaires. Les animaux n'attaquent les plantes que lorsque leur cycle est synchronisé sur celui du végétal. Les phases lunaires sont donc déterminantes, car la croyance veut qu'elle détermine les cycles biologiques. De même, elle stipule que le comportement des animaux est totalement calqué sur les cycles soli-lunaires. Le rôle du Mamu, lié à son intime connaissance des cycles de vie d'un territoire, consiste à reporter le cycle normal de connaissance du végétal, en demandant à la communauté de retarder les semences de quelques jours, voire quelques semaines par rapport à la date propice. Lorsque les pluies surviennent, les animaux accordent sur elles leur rythme biologique. Lorsque les plantes vont commencer à germer et qu'elles pressentent leur plus grande vulnérabilité, leurs prédateurs naturels ont atteint un tel stade de développement qu'ils ne sont plus vraiment nuisibles [1]. »

Là où nous voulons dominer, les Kogis apprivoisent. Ils

---

1. Gerardo Reichel-Dolmatoff, *op. cit.*

Neuvième monde

pénètrent les rythmes de la nature, jouent de ses interrelations pour en manipuler, ou en retarder certaines composantes. Des pratiques qui révèlent des connaissances très précises en matière de synchronicité des phénomènes, des connaissances issues de l'observation des constellations célestes, des phases lunaires, de la pluie, des déplacements du vent, des changements de température et d'une multitude d'autres phénomènes. Pour eux, la nature n'est pas belle, harmonieuse en soi, c'est un univers d'épreuves où l'homme doit apprendre à cheminer entre le jour et la nuit, entre la droite et la gauche, entre le « bien » et le « mal ».

Demain, plusieurs Mamus doivent venir participer à la première récolte de coton. Un grand moment ! Dans le torrent aux multiples piscines qui bordent la terre, des enfants profitent de l'eau et de la lumière, quelques éclats de rire, la vie recommence.

Le soir s'installe. Antonino est là, gardien des nouvelles terres. Manuel et Manuel, les deux Kogis voyageurs, viennent s'asseoir devant la Kankurua. Échanges...

— Tu vas venir vivre ici ?
— Oui !...
— Tu vas avoir beaucoup de travail, beaucoup de choses à apprendre.
— Sûrement...
— Tu commenceras par apprendre à chasser l'iguane.
— L'iguane ?
— Oui, comme ça on verra si tu sais monter aux arbres !...

Mulkuakve

Prière Kogi
pour favoriser la pureté
de l'esprit et du cœur

Rien qu'une pensée
Rien qu'une mère
Rien qu'un mot
Qui monte vers le haut
Rien qu'une piste
Qui monte vers le ciel

Bibliographie

Aubier Dominique, *La Face cachée du cerveau*, Dervy, 1992.

Bouchard Jean-François, *Les Esprits, l'Or et le Chamane*, numéro hors série, *Beaux-Arts*.

Danchin Antoine, *La Barque de Delphes. Ce que révèle le texte des génomes*, Odile Jacob-Sciences, 1998.

Davy Marie-Madeleine, *Initiation à la symbolique romane (XIIe siècle)*, Champs-Flammarion, n° 19, 1977.

Desjardins Arnaud, *Les Chemins de la sagesse*, La Table Ronde, 1999.

Dherse Jean-Loup et Minguet Dom Hugues, *L'Éthique ou le Chaos ?*, Presses de la Renaissance, 1998.

Ereira Alan, *Le Cœur du monde. La civilisation inconnue des Indiens Kogi*, Albin Michel, 1994.

Ferry Luc, *Le Nouvel Ordre écologique. L'arbre, l'animal et l'homme*, Grasset, 1992.

Hultkrantz Ake, *Religions des Indiens d'Amérique. Des chasseurs des plaines aux cultivateurs du désert*, Le Mail, 1993.

Landaburu Jon, chargé de recherche au CNRS, « Les Indiens de Colombie, les Aruacos », *Indianité, ethnocide, indigénisme en Amérique latine*, Éditions du CNRS, 1982.

Le chemin des neuf mondes

Le Clézio J.-M.G., *Haï*, Albert Skira éditeur, 1991.

Lenkersdorf Carlos, *Les Hommes véritables, Paroles et témoignages des Tojolabales, Indiens du Chiapas*, Ludd, 1998.

Levalois Christophe, *Les Temps de confusion. Essai sur la fin du monde moderne*, Guy Trédaniel éditeur, 1991.

Morin Edgar, *Amour, poésie et sagesse*, Le Seuil, 1997.

Paz Octavio, *Une planete et quatre ou cinq mondes. Réflexions sur l'histoire contemporaine*, Gallimard, 1985.

Preuss Konrad Theodor, *Visita a los indigenas Kagaba de la Sierra Nevada de Santa Marta*, Instituto Colombiano de Antropologia, 1993.

Reclus Élisée, *Voyage à la Sierra Nevada de Sainte-Marthe*, Hachette, 1861, rééd. Zulma, 1991.

Reichel-Dolmatoff Gerardo, *Los Ika. Notas etnograficas 1946-1966*, Université nationale de Colombie, 1991.

Reichel-Dolmatoff Gerardo, *Los Kogi*, tomes I et II, Edición Procultura, 1985.

Reichel-Dolmatoff Gerardo, *Indios de Colombia, Momentos vividos. Mundos concebidos*, Villegas Editores, 1991.

Ricard Matthieu, Trinh Xuan Thuan, *L'Infini dans la paume de la main. Du Big Bang à l'Éveil*, Nil éditions / Fayard, 2000.

Saint-Exupéry Antoine de, *Le Petit Prince*, Gallimard.

Sénèque, « Apprendre à vivre », *Lettres à Lucilius* (62 après J.-C.), Arléa, 1996.

Serres Michel, *Le Contrat naturel*, François Bourin, 1990.

Solé, Andrew, *Créateurs de mondes : nos possibles et nos impossibles*, Rocher, 2000.

Simón, Fray Pedro, *Noticias Historiales de las Conquistas de Tierra Firma en las Indias Occidentales*, Bogotá, 1882.

Bibliographie

Trotet François, *Henri Michaux ou la sagesse du vide*, Albin Michel, 1992.

Wavrin, marquis de, *Les Indiens sauvages de l'Amérique du Sud*, Payot, 1948.

La Sierra Nevada de Santa Marta, ouvrage collectif, Juan Mayr, 1985.

La Mutation du futur, colloque de Tokyo, Albin Michel, coll. Essais-Clés, 1996.

« Ethnopsy. Les mondes contemporains de la guérison », *Actualités de la schizophrénie*, n° 1, Institut d'édition Sanofi-Synthélabo, février 2000.

Question de, n° 123, sous la direction de René Barbier, « Éducation et sagesse. La quête du sens », Albin Michel, 2001.

Remerciements

À D'Jack, ce livre est un peu le sien,
à Annette et Max pour leur soutien inconditionnel,
à mon directeur de collection Patrice Van Eersel pour son enthousiasme et ses conseils,
à Pierre Richard, Patrick Dumez, Geneviève Morand, Eric Bazin, Françoise Callier, Willy Randin et Gentil Cruz, pour leur présence et leur amitié,
à Arné, compagnon de la première heure,
à Manolo, Noël, Juan-Carlos, René-Charles, Carolina, Miguel, Joaquín, Antonino, Camilo, Fiscalito, Ignacio, Manuel et Manuel, Consuelo, Asalla et Luc, Bernadette et Jacques, Andreu, François, Guillaume, Denis, Jean-Marc, Jean-Pierre, Véronique et Anaël, Elisabeth et Christian, Huguette, Michèle, Emmanuel, Catherine, Nathalie, Michel, Nathanaël, Pascaline et tous mes amis de cœur pour leur soutien.

« Achetez de la terre, on n'en fabrique plus. »
Mark Twain

L'Association Tchendukua-Ici et Ailleurs est une association de soutien aux habitants de la Sierra Nevada de Santa Marta.
Elle réunit ceux et celles qui souhaitent préserver un mode d'existence basé sur le respect et l'harmonie.

Association Tchendukua-Ici et Ailleurs

11, rue de la Jarry
94300 Vincennes
Tél. : 01 43 65 07 00
Fax : 01 43 65 09 52
E-mail : alkhemia@club-internet.fr
Site : www.tchendukua.com

Table

Préface de Pierre Richard	9
Avant-propos	11
Chapitre 1. Premier monde	19
Chapitre 2. Deuxième monde	63
Chapitre 3. Troisième monde	83
Chapitre 4. Quatrième monde	121
Chapitre 5. Cinquième monde	167
Chapitre 6. Sixième monde	197
Chapitre 7. Septième monde	225
Chapitre 8. Huitième monde	247
Chapitre 9. Neuvième monde	271
Bibliographie	287

DANS LA MÊME COLLECTION

La mutation du futur
Colloque de Tokyo

Et le divin dans tout ça ?
Testament spirituel d'un grand physicien
entretien de Jean E. Charon avec Erik Pigani

Le secret d'Abou Simbel
Le chef-d'œuvre de Ramsès II décrypté
François Xavier Héry

Le cercle de vie
Initiation chamanique d'une psychothérapeute
Maud Séjournant

Le rire du sacré
Jean-Claude Marol

La source du bonheur est dans votre cerveau
Christian Boiron

Réapprivoiser la mort
Avènement des soins palliatifs en France
Patrice Van Eersel

Le cercle des Anciens
P. Van Eersel / A. Grosrey

Sans les animaux, le monde ne serait pas humain
Karine Lou Matignon

L'avenir de l'esprit
entretiens de Thierry Gaudin
avec François L'Yvonnet

Qui croyez-vous être ?
Dr Carlos Warter

Enquête sur la réincarnation
Collectif

*La composition de cet ouvrage
a été réalisée par Nord Compo
à Villeneuve-d'Ascq,
l'impression et le brochage ont été effectués
sur presse Cameron dans les ateliers
de **Bussière Camedan Imprimeries**
à Saint-Amand-Montrond (Cher),
pour le compte des Éditions Albin Michel.*

Achevé d'imprimer en février 2003.
N° d'édition : 21537. N° d'impression : 030465/4.
Dépôt légal : novembre 2001.
Imprimé en France